MANAGEMENT ACCOUNTING

"十二五"普通高等教育本科国家级规划教材

管理会计（第三版）

GUANLI KUAIJI

主　编　胡国柳　徐强国

副主编　任家华　马文超　王　云

中国教育出版传媒集团

高等教育出版社·北京

内容提要

本书为"十二五"普通高等教育本科国家级规划教材。全书共11章,主要内容包括:总论,成本的分类与变动成本法,本量利分析,短期经营决策,长期投资决策,全面预算,作业成本法,标准成本法,责任会计,业绩评价,智能管理会计。

本书融入了党的二十大精神,设置课程思政要点、引导案例、例题、复习思考题、练习题、案例讨论题等模块,理论与实践紧密结合,适合作为高等学校会计学与财务管理专业相关课程教材,也可作为相关从业人士的自学用书。

图书在版编目(CIP)数据

管理会计 / 胡国柳,徐强国主编. —3版. —北京:高等教育出版社,2022.1(2024.8重印)

ISBN 978-7-04-056603-1

Ⅰ. ①管⋯ Ⅱ. ①胡⋯ ②徐⋯ Ⅲ. ①管理会计—高等学校—教材 Ⅳ. ①F234.3

中国版本图书馆 CIP 数据核字(2021)第 186959 号

策划编辑 郭昕宇	**责任编辑** 郭昕宇	**封面设计** 张文豪	**责任印制** 高忠富

出版发行	高等教育出版社	**网　　址**	http://www.hep.edu.cn
社　　址	北京市西城区德外大街4号		http://www.hep.com.cn
邮政编码	100120	**网上订购**	http://www.hepmall.com.cn
印　　刷	杭州广育多莉印刷有限公司		http://www.hepmall.com
开　　本	787mm×1092mm　1/16		http://www.hepmall.cn
印　　张	17.5	**版　　次**	2011年2月第1版
字　　数	379千字		2022年1月第3版
购书热线	010-58581118	**印　　次**	2024年8月第4次印刷
咨询电话	400-810-0598	**定　　价**	40.00元

本书如有缺页、倒页、脱页等质量问题,请到所购图书销售部门联系调换

版权所有　侵权必究

物　料　号 56603-00

教师教学资源服务指南

教师可扫描下方二维码，关注微信公众号"高教财经教学研究"，免费申请课件和样书、下载试卷、观看师资培训课程和直播录像等。

🎯 课件申请

点击导航栏中的"教学服务"，点击子菜单中的"课件申请"，填写相关信息即可免费申请课件。

🎯 样书申请

点击导航栏中的"教学服务"，点击子菜单中的"免费样书"，填写相关信息即可免费申请样书。

🎯 试卷下载

点击导航栏中的"教学服务"，点击子菜单中的"免费试卷"，填写相关信息即可免费下载试卷，试卷涵盖基础会计学、中级财务会计、审计学、税法等多门课程。

🎯 教师培训

点击导航栏中的"教师培训"，点击子菜单中的"培训课程"，即可选择相应课程进行学习：
①点击"培训专栏"可以观看教师培训课程，由名师分享财会类课程的教学重点、难点及经验。
②点击"直播回放"可以回看"名师谈教学与科研直播讲堂"的直播录像。

第三版前言

本书自 2011 年首版以来一直受到广大读者的认可与喜爱，并入选"十二五"普通高等教育本科国家级规划教材。党的十八大以来，以习近平同志为核心的党中央高度重视和关心教材建设，提出"用心打造培根铸魂、启智增慧的精品教材，为培养德智体美劳全面发展的社会主义建设者和接班人、建设教育强国作出新的更大贡献"的建设要求。我们深刻领会党的要求，基于财政部发布的《管理会计基本指引》和《管理会计应用指引》，结合管理会计应用的创新与实践，在 2011 年对本书的第二版进行了修订与完善。

2022 年 10 月，党的二十大召开，我国经济社会迎来了一个新的发展阶段。会计类教材内容要全面融入"习近平新时代中国特色社会主义思想"，体现"绿色发展""创新发展""开放发展"等经济高质量发展理念，促进管理者经营理念与价值观的转变，助力中国式现代化建设。管理会计作为企业重要的决策支持系统，必须充分实现自身的预算、报告、评价等功能，兼顾"效益与环境、效率与公平、短期与长期"，科学决策，促进市场资源的优化配置，切实发挥控制成本、规范运营、防范风险等作用，合理引导企业"绿色、创新、协调"发展。随着"大智移云物"等新技术的变革，作为决策支持系统的管理会计需要将"信息、业务、财务、会计"等维度的工作充分融合，尊重员工的价值创造，实现企业价值最大化，构建"创新、开放、共享"的新发展格局。

为迎接管理会计学科发展的机遇和挑战，回应时代的新要求，我们在 2024 年 1 月，结合党的二十大精神，根据管理会计实践的新进展及广大读者的意见和建议，对本书进一步修改和完善，试图构建回应中国式现代化的内在要求，适应"大智移云物"时代背景；既能融入世界知识主流，又具有中国文化特色、关注中国故事、能解决中国实际问题的管理会计理论与方法体系，以推进具有中国特色的管理会计体系建设，为实务界提高经济效益、创造价值提供思想工具，助推经济高质量发展。

本次修订在保持原有体例的基础上，对内容作了如下调整：在新形态部分，修订了单元思政、增加了各章内容概述视频、完善了课后习题答案；在纸质教材部分，结合广大读者的反馈校对了各章正文，修订了各章的引例。

本书的特点主要有：

第一、注重思政引领。学习领会党的二十大精神，每章设置了思政元素模块并通过引例引导读者思考习近平新时代中国特色社会主义思想对管理会计实践的新要求以及管理会计在价值观弘扬、社会责任践行、高质量发展方面的重要作用。

第二，注重分析能力的培养。每章正文前设置引导案例，启发读者思考相关理论知识。正文中的"例题"专栏，章节后的本章小结、复习思考题、练习题、案例讨论题等内容，强化了对知识点的理解和分析。

第三，注重应用性。教材结构借鉴财政部印发的《管理会计基本指引》与《管理会计应用指引》体例,强调管理会计的应用,详细介绍各种工具方法,使得各章理论内容的应用呈现较为清晰和完整。

第四,注重新颖性。紧贴时代背景,对引例、案例等内容进行了更新;同时,引入了智能管理会计的最新研究成果。特别是,在各章的概述视频、章末小结模块,对理论上的探索和新进展进行了介绍。

第五,注重易懂性。教材内容深入浅出,易学易懂,既可作为高等学校经管类专业相关课程教材,也可作为企业管理人员的学习参考书。

本次修订由浙江工商大学会计学院胡国柳教授总负责。胡国柳教授和沈昊旻博士参与修订第一章,胡国柳教授与徐强国教授参与修订第六、七、八章,胡国柳教授与马文超教授参与修订第二、五、九章,王云副教授与胡国柳教授参与修订第三、四章,任家华副教授与沈昊旻博士参与修订第十、十一章,胡国柳教授负责全书的总撰。

在本版教材修订中,进一步转向新形态,进行了一定的创新,希望能够更好地满足读者对管理会计知识的需求,适应变化中的管理会计实践,为企业转型升级和高质量发展提供有力支持。但由于编者的视野和水平有限,难免存在不足或疏漏之处。我们期待读者有更多的反馈意见,谢谢大家。

编 者
2024 年 1 月

本书课程
思政要点
与在线讲
解视频

第一版前言

　　管理会计源自西方,经过多年的借鉴、探索、研究和实践,管理会计在我国已成为一门理论体系完整、基本内容相对稳定的应用性学科,然而,管理会计的具体内容和方法却是十分丰富和灵活的。随着社会生产力和管理科学的不断发展以及企业生产方式的转变,管理会计也需要不断地除旧布新、与时俱进。

　　在编写本书时,编者更多地考虑是否有利于学生深刻领会和把握管理会计的基本理论和方法,是否有利于提高学生"理论联系实际"的能力。基于这一认识,本书的基本特点是通俗易懂、简明扼要,在确保理论体系完整的前提下,凸显了管理会计的实践特点,主要表现在以下几个方面:

　　第一,摒弃了缺乏实用性、复杂的计量模型。管理会计解析的是企业内部管理方面的问题,借助于数学方法进行定量分析,为企业决策提供依据,是十分必要的,同时也是管理会计的重要特征。但是,过于复杂的计量模型对于许多人来说却难以理解,同时,在实务中缺乏可操作性。因此,本书在编写过程中对于管理会计的具体方法进行了筛选,力求简单、实用。

　　第二,引用了大量案例。每一章从问题的提出、方法的解析,到课后的复习思考题都融入了真实或模拟案例,可以激发学生学习兴趣,帮助学生正确理解和掌握管理会计的理论和方法。同时,也可以引导学生将理论与实践有机结合,提高动手能力。

　　第三,配套要件完整。为了帮助学生更好地学习和巩固管理会计的基本知识,本书每章都附有本章小结、复习思考题、练习题、案例讨论题,供学生课后巩固练习与思考。

　　本书由海南大学经济与管理学院胡国柳教授担任主编,刘学兵任副主编。各章分工如下:第1章由胡国柳编写,第5章由刘学兵编写,第2章由海南师范大学经济与管理学院罗声明编写,第3章由三亚学院夏冬艳编写,第4、7章由海南大学经济与管理学院韩蕙慧编写,第6章由海南大学应用科技学院王莉编写,第8章由海南师范大学经济与管理学院金永编写。全书由胡国柳、刘学兵负责审稿和定稿。

　　本书在编写过程中参考了大量文献资料,谨向相关作者表示衷心感谢。

　　由于时间仓促,编者水平所限,书中难免存在不当和错误之处,恳请各位专家、同行批评指正,并提出宝贵意见。

作　者

2011年1月

目　　录

目　录

第一章 总 论

课程思政要点

学习目标

1. 了解管理会计的形成与发展;
2. 理解管理会计与相关学科的关系;
3. 掌握管理会计的应用原则;
4. 掌握管理会计的工具方法;
5. 了解管理会计指引体系。

引导案例

海尔集团是世界著名的家电企业,其背后是海尔集团在战略创新、组织变革与管理创新等方面的持续探索。在财务创新上,公司的会计角色已转变为驱动业务的"决策支持者"和"战略引领者",即管理会计。在这个转型过程中,海尔集团从事基础会计工作的财务人员从过去的1 800人减少到200多人,降幅高达80％以上,多余人员要逐步转型为管理会计人员。海尔集团的管理会计实践从"小型核算单位"的组织变革入手,通过再造流程促使财务人员高效聚焦业务进程。将传统的财务报表转化为每个自主经营体的战略损益表、日清表和人单酬表,使包括财务在内的各级组织与市场需求精准对接;建立零存和零应收的营运资金管理,实现与供应商和经销商的双赢。海尔集团的管理会计着眼于谋取企业整体的竞争优势,通过对企业内部研发、采购、生产、销售和售后等全价值链各个环节的分析、企业上下游产业链的分析,及竞争对手与行业信息的分析研判,以财务和非财务信息为企业战略制定、业务经营、决策分析和投资并购等提供全方位服务。

实际上,海尔集团不是个案,国内许多著名的大企业都在推动管理会计转型和应用,如华为技术、中兴通讯、海康威视。在这些大企业中,财务人员逐步参与经营决策和价值创造。中小企业的管理者也发现财务报表无法提供未来决策信息,财务人员沉溺于埋头算账,对企业决策的参与和支持较少。

财政部原部长楼继伟把管理会计重要性上升到一个前所未有的高度,并通过财政部力推管理会计应用。如果说打造中国经济"升级版"的关键在于推动经济转型,打造中国会计工作"升级版"的重点就在于大力培育和发展管理会计。与美、英等发达国家相比,我国管理会计发展相对滞后。美国具备一定规模的企业,90%的会计人员从事管理会计工作,75%的工作时间用于决策支持。

请思考:

(1)管理会计是什么？如何应用？

(2)管理会计与传统的会计有何差别？为什么要推动管理会计转型？

第一节　管理会计的形成与发展

管理会计是会计的一个重要分支,主要服务于单位(包括企业和行政事业单位)内部管理需要,通过利用相关信息,有机融合财务与业务活动,在单位规划、决策、控制和评价等方面发挥重要作用的管理活动。管理会计体系是企业管理体系中唯一可以联接战略、业务、财务的方法体系。

1952年,国际会计师联合会年会正式采用"管理会计"来统称企业内部会计体系,标志着管理会计正式形成,自此现代会计分为财务会计和管理会计两大分支。经过多年的发展,我国财政部已初步建立了一套具有中国特色的管理会计应用体系。管理会计吸收了社会科学、行为科学、运筹学、统计学、计量经济学以及管理学和数学相关理论,成为现代企业治理结构下加强企业内部管理、提升经济效益的重要工具。按照管理会计的发展历程,管理会计的形成与发展可以分为以下三个主要阶段。

一、成本决策与财务控制阶段(20世纪初—20世纪50年代)

这个阶段,管理会计形成了以预算体系和成本会计体系为基础的成本决策和财务控制体系,其主要内容包括标准成本、预算控制和差异分析等。

1911年,美国科学管理学家泰罗出版了《科学管理原理》一书,开创了企业管理新纪元,也标志着"泰罗制"的诞生。随着"泰罗制"在企业经营管理中的广泛应用,会计学界开始对管理会计相关问题进行研究,科学的管理理念、方法开始与会计相结合,"标准成本法""差异分析""预算控制"等陆续产生,逐渐形成了特有的标准成本系统,管理会计雏形逐渐形成。1918年,美国工程师出身的哈里森先后发表《有助于生产的成本会计》《新工业时代的成本会计》《成本会计的科学基础》等管理会计方面的著作。1921年,哈里森又设计了一套标准成本制度,同时给出了成本差异分析公式。同年,美国颁布《预算与会计法》,积极推动预算运用及研究。

1922年,美国著名会计学教授麦金西出版了《预算控制论》,这是第一部对预算进行系统论述的著作。同年,会计学家奎因坦斯出版了《管理的会计:财务管理入门》,首次提出"管理会计"一词。1924年,麦金西出版了《管理会计》,这是世界上首部以管理会计为名的著作;同年,会计学教授布利斯出版了《通过会计进行经营管理》,这两本著作标志着管理会计在美国初步形成了统一的基础理论。

1930年,哈里森把标准成本的研究成果编著成了《标准成本》一书,建立了标准成本法,为企业的生产成本控制提供了思路和方法,从而推动了管理会计领域预算控制问题的研究。1933年,著名会计学教授诺泊尔发表著作《利润工程学——促使企业盈利的应用经济学》,首次把"本量利"分析的理论研究与实践应用进行了有机的结合,随后"本量利分析法"逐步成为管理会计方法的重要组成部分。

二、管理控制与决策阶段(20 世纪 50 年代—20 世纪 80 年代)

在这个阶段,质量成本管理、作业成本法、价值链分析以及战略成本管理等创新的管理会计方法相继采用,初步形成了一套新的成本管理控制体系。管理会计完成了从"为产品定价提供信息"到"为企业经营管理决策提供信息"的转变,并逐渐形成了预测、决策、预算、控制、考核、评价的管理会计体系。

1955年,美国会计学会(American Accounting Association,AAA)明确了管理会计学中的一些重要的成本概念,包括标准成本、历史成本、计划成本、重置成本、差别成本、预算成本和责任成本等,并在1958年确立了管理会计体系,包括标准成本制度、本量利分析、贡献毛益、差量成本分析、预算控制管理、变动预算以及责任会计等,形成了一套较为完整的管理会计理论与方法体系。

1960年以后,计算机科学与信息化迅速发展,为管理会计与决策紧密相结合提供了技术支持,出现了"决策会计"与"业绩会计",丰富了管理会计理论与方法体系。1962年,著名学者贝格尔与格林共同编著了《预算编制与职工行为》一书,精辟论述了行为会计学理论,形成了现代管理会计学领域的另一重要内容。

20世纪70年代,许多管理会计方面的著作涌现,典型的代表作有霍普伍德的《会计系统与管理行为》、柯普兰的《管理会计与行为科学》、杰德凯和穆尔共同编著的《管理会计》、米勒和纳尔逊共同编著的《现代管理会计》以及著名会计学家霍恩格伦出版的《管理会计导论》等。这些优秀的管理会计著作,促使现代管理会计理论与方法体系的研究达到了又一高峰。

三、战略管理会计阶段(20 世纪 90 年代以后)

这一阶段,为顺应外部环境的变化,实现价值创造的需要,管理会计与战略管理进行了深度融合,管理会计引入了战略管理理念和诸多战略管理工具,包括价值链分析、SWOT分析、战略成本管理、人力资源管理和战略性绩效评价等。

著名管理学家西蒙于1981年首次提出了"战略管理会计"一词,将管理会计的研究带入了一个新的时代。卡普兰与罗宾·库珀发表了一系列有关作业成本管理的著作,由此在西方国家掀起了作业成本法研究的热潮。"作业成本管理"与波特的"价值链"管理理念相结合,催生了企业以"价值链"优化管理的管理会计应用。在这段时期,管理会计的进一步发展大多围绕优化企业"价值链"及企业价值增值而展开。

20世纪90年代以后,社会经济不断发展,管理会计所处的环境也在不断变化,其研究方向也逐步从企业内部的价值增值转向适应企业外部环境及企业战略性规划上来,管理会计进入研究主题转变时期。美国著名会计学教授阿特金森等认为,在组织中有三个领域将成为管理会计的理论与方法研究的趋势,分别是管理会计在企业组织变更中的地位与作用、管理会计与组织结构的共同发展和互动性,以及管理会计在组织决策支持系统中的作用。

第二节　管理会计与相关学科的关系

一、管理会计与财务会计

管理会计和财务会计作为现代企业会计的两大分支,属于企业内部会计信息系统的两个主要子系统,为企业内外部信息使用者提供信息,两者既有联系又有区别。

(一)管理会计与财务会计的联系

(1)两者起源相同,同属于现代企业会计。从逻辑上看,在管理会计产生之前,财务会计无从谈起;从结构上看,两者源于同一母体,都属于现代企业会计,两者相互依存、相互制约、相互补充。

(2)两者最终目标相同,都是为了使企业能够提高经济效益,获取更多利润。两者均服从于现代企业会计的总体要求,共同为实现企业和企业管理目标提供服务。

(3)两者相互分享部分信息。管理会计为了协助企业管理者预测、决策、规划生产经营活动,必须从不同渠道取得各种各样的信息资料,如财会信息、统计信息、市场供求信息,其中财会信息是其主要需获取的信息;而管理会计方面的信息,有时也会进入财务会计信息的范畴。

(二)管理会计与财务会计的区别

(1)两者服务的对象不同。管理会计主要的服务对象是企业内部的经营管理人员,为其进行预测、决策等提供信息支持。财务会计主要是通过定期的财务报表,为企业外部的利益相关者,如投资者、债权人、政府部门等提供信息服务。

(2)两者核算的对象不同。管理会计的核算对象可以分为多个层次,既可以是企业整体,也可以是某个生产或职能部门,甚至可以是某个生产班组。财务会计核算的对象是企业整体,是整个企业生产经营的全过程。

(3)两者遵循的原则、标准和依据的基本概念框架结构不同。管理会计不受法定会计规范和会计制度的约束,可以采用各种灵活多样的方法和手段,定期或不定期地为企业管理部门正确地进行最优管理决策和有效经营提供有用的资料。财务会计为了客观公正地反映企业生产经营的盈利情况、负债情况、营运情况以及现金流量情况,同时为了提高信息的公信力,必须以企业财务通则和财务制度为指导,以企业会计准则和会计制度为依据,严格按照固有的会计程序、会计方法处理日常经济业务,严格按照统一的报表种类、指标体系、填列方法定期编制财务报告。

(4)两者作用的时效不同。管理会计不仅反映过去经营状况,更重要的是对企业未来的生产经营活动进行事前的预测、计量和分析,并据此作出正确的规划和科学的决策。财务会计主要着眼于企业过去的经济活动,对已经发生的经济业务进行事后的记录和总结,对过去的生产经营活动如实地进行反映和监督。

（5）两者信息特征及信息载体不同。管理会计提供的信息往往是为满足内部管理的特定需要而有选择的、部分的和不定期的信息，并不具备法律效力。财务会计一般提供系统的、综合的和定期的信息，且具备法律效力。

二、管理会计与成本会计

从管理会计的发展历程可以看到，成本会计是管理会计发展的早期阶段，与管理会计有一定的联系。现代管理会计中的一些内容如"标准成本""差异分析""全面预算""作业成本法"等都是成本会计的范畴，两者存在一定程度的交叉。这种交叉，在现实中导致的问题是：各财经院校会计学专业与财务管理专业在讲授成本会计与管理会计这两门主干课程时，存在重复现象，如成本会计与管理会计中的成本预测、成本决策、成本计划及标准成本、作业成本、质量成本、责任成本等内容重复。但是，管理会计与成本会计仍然存在着明显的不同。

首先，两者对"成本"的理解不同。成本会计中的"成本"指的是已经发生的资源耗费或价值牺牲的货币表现，强调"实际成本"。管理会计中的"成本"则既包括已经发生的耗费，也包括潜在的支出或价值牺牲；既包括"实际成本"，也包括"虚拟成本"。其次，两者的基本职能不同。成本会计的基本职能在于对产品生产成本的核算；而管理会计更加注重对企业未来生产经营活动的预测和决策。最后，两者的独立性不同。管理会计已经成为一门独立的会计学科，而成本会计从属于财务会计。

基于此重新界定两者的范畴：①成本会计作为管理会计、财务管理的基础课程，其教学内容主要包括：成本核算的基本原理，现行会计制度对企业成本费用的界定，以及成本核算、成本报表、成本分析的基本方法。其中成本核算可以以工业企业经济业务为背景，重点讲述会计制度中规定的成本计算方法，如产品成本计算的品种法、分批法、分步法、分类法、定额法，同时兼顾其他行业，如餐饮、酒店、娱乐业的成本核算。②管理会计主要包括：成本性态分析、本量利分析、变动成本法、预测分析（销售量预测、成本预测）、短期决策分析（生产决策、定价决策、存货决策）、全面预算、标准成本法、作业成本法及责任会计。随着管理科学的发展，新的管理理论和方法不断出现，其中，凡是有利于企业日常经营管理和控制的方法都列入管理会计范畴。

三、管理会计与财务管理

研究者对管理会计与财务管理的广泛研究，使各学科外延进一步扩大，导致学科间界限越来越模糊。目前，管理会计与财务管理同样存在着内容交叉重复的现象。比如，财务管理课程中的长期投资决策分析、存货管理、销售预测、资金需求量预测、本量利分析及全面预算等。从两者关系来看，既有一定联系，又有本质的区别。

两者的联系体现在管理会计与财务管理最终的目的都是为企业加强管理提供服务，都是以企业再生产过程中的资金运动为研究对象，两者均可以采用定量分析与定性分析相结合的方法体系。管理会计与财务管理有时甚至采用相同的分析方法，如趋势分析法、因素分析法、平衡计分卡等。

而两者的区别体现在以下几个方面：首先，管理会计与财务管理属于不同的独立学科。管理会计仍然属于现代会计学科，而财务管理属于财务学科。其次，两者研究的内容不同。管理会计主要以现代企业经营活动及其价值表现为对象，通过对财务等信息的深加工和再利用，为企业进行决策提供参考。财务管理则研究企业如何在激烈的竞争中进行科学的筹资、投资决策，如何合理利用财务杠杆，来降低资本成本、提高经济效益，以及如何正确估量和尽量减少财务风险等。最后，两者的职能不同。管理会计的主要职能在于提供信息，管理会计人员是企业内部生产经营活动的参谋者，而不是决策者；财务管理人员则具有决策权。

第三节　管理会计的应用原则与基本内容

一、管理会计的目标与应用原则

管理会计的目标是通过运用管理会计工具方法，参与单位规划、决策、控制、评价活动并为之提供有用信息，推动单位实现战略规划。

单位应用管理会计，应遵循下列原则：

（1）战略导向原则。管理会计的应用应以战略规划为导向，以持续创造价值为核心，促进单位可持续发展。

（2）融合性原则。管理会计应嵌入单位相关领域、层次、环节，以业务流程为基础，利用管理会计工具方法，将财务和业务等有机融合。单位应准确分析和把握价值创造模式，推动财务与业务的融合。

（3）适应性原则。管理会计的应用应与单位应用环境和自身特征相适应。单位自身特征包括单位性质、规模、发展阶段、管理模式、治理水平等。

（4）成本效益原则。管理会计的应用应权衡实施成本和预期效益，合理、有效地推进管理会计应用。

二、管理会计的基本内容

（一）管理会计应用环境

单位应用管理会计，应充分了解和分析其应用环境。管理会计应用环境，是单位应用管理会计的基础，包括内外部环境。

内部环境主要包括与管理会计建设和实施相关的价值创造模式、组织架构、管理模式、资源保障、信息系统等因素。

外部环境主要包括国内外经济、市场、法律、行业等因素。

（二）管理会计活动

管理会计活动是单位利用管理会计信息，运用管理会计工具方法，在规划、决策、控制、评价等方面服务于单位管理需要的相关活动。

1. 提供战略规划支撑

单位应用管理会计，应做好相关信息支持，参与战略规划拟定，从支持其定位、目标设定、实施方案选择等方面,为单位合理制定战略规划提供支撑。

2. 提供战略规划决策

单位应用管理会计,应融合财务和业务等活动,及时充分提供和利用相关信息,支持单位各层级根据战略规划作出决策。

3. 实施战略控制

单位应用管理会计,应设定定量定性标准,强化分析、沟通、协调、反馈等控制机制,支持和引导单位持续高质高效地实施单位战略规划。

4. 实施战略评价与考核

单位应用管理会计,应合理设计评价体系,基于管理会计信息等,评价单位战略规划实施情况,并以此为基础进行考核,完善激励机制;同时,对管理会计活动进行评估和完善,以持续改进管理会计应用。

(三)管理会计工具方法

1. 管理会计工具方法的概念

管理会计工具方法是实现管理会计目标的具体手段。管理会计工具方法具有开放性,并且随着实践发展不断丰富完善。

2. 管理会计工具方法的应用领域

管理会计主要应用于战略管理、预算管理、成本管理、营运管理、投融资管理、绩效管理、风险管理等领域。单位应用管理会计时应结合自身实际情况,根据管理特点和实践需要选择适用的管理会计工具方法,并加强管理会计工具方法的系统化、集成化应用。

各应用领域的常见管理会计工具方法如下:

(1)战略管理领域应用的管理会计工具方法包括但不限于战略地图、价值链管理等。

(2)预算管理领域应用的管理会计工具方法包括但不限于全面预算管理、滚动预算管理、作业预算管理、零基预算管理、弹性预算管理等。

(3)成本管理领域应用的管理会计工具方法包括但不限于目标成本管理、标准成本管理、变动成本管理、作业成本管理、生命周期成本管理等。

(4)营运管理领域应用的管理会计工具方法包括但不限于本量利分析、敏感性分析、边际分析、标杆管理等。

(5)投融资管理领域应用的管理会计工具方法包括但不限于贴现现金流法、项目管理、资本成本分析等。

(6)绩效管理领域应用的管理会计工具方法包括但不限于关键指标法、经济增加值、平衡计分卡等。

(7)风险管理领域应用的管理会计工具方法包括但不限于单位风险管理框架、风险矩阵模型等。

(四)管理会计信息与管理会计报告

1. 管理会计信息

管理会计信息包括管理会计应用过程中所使用和生成的财务信息和非财务信息。

单位应充分利用内外部各种渠道,通过采集、转换等多种方式,获得相关、可靠的管理会计基础信息。单位应有效利用现代信息技术,对管理会计基础信息进行加工、整理、分析和传递,以满足管理会计应用需要。

2. 管理会计报告

管理会计报告是管理会计活动成果的重要表现形式,旨在为报告使用者提供满足管理需要的信息。管理会计报告按期间不同可以分为定期报告和不定期报告;按内容不同可以分为综合性报告和专项报告等类别。

单位可以根据管理需要和管理会计活动性质设定报告期间。通常以公历期间作为报告期间。

第四节　管理会计指引体系

一、管理会计指引体系的作用

经过多年的发展,我国形成了以管理会计基本指引为统领、以管理会计应用指引为具体指导、以管理会计案例库为补充的管理会计指引体系。

全面推进管理会计体系建设,是建立现代财政制度、推进国家治理体系和治理能力现代化的重要举措;是推动企业建立、完善现代企业制度,推动事业单位加强治理的重要制度安排;是激发管理活力,增强企业价值创造力,推进行政事业单位加强预算绩效管理、决算分析和评价的重要手段;是财政部门更好发挥政府作用,进一步深化会计改革,推动会计人才上水平、会计工作上层次、会计事业上台阶的重要方向。

二、管理会计指引体系的内容

管理会计指引体系包括基本指引、应用指引和案例库,用以指导单位管理会计实践。

(一) 管理会计基本指引

基本指引在管理会计指引体系中起统领作用,是制定应用指引和建设案例库的基础。

《管理会计基本指引》总结提炼了应用环境、管理会计活动、工具方法、信息与报告这四项管理会计要素。这四项要素构成了管理会计应用的有机体系,单位应在分析管理会计应用环境的基础上,合理运用管理会计工具方法,全面开展管理会计活动,并提供有用信息,生成管理会计报告,支持单位决策,推动单位实现战略规划。

(二) 管理会计应用指引

美国管理会计师协会先后出版了领导力与道德、技术应用、战略成本管理,企业绩效管理等4辑六大类管理会计公告,还将根据实务需要发布新的管理会计公告。英国皇家特许管理会计师公会尽管没有发布管理会计公告,但陆续发布了管理会计系列研究资料,为企业应用管理会计工具方法提供了一定的参考,2014年10月,还与美国注册会计师协会联合推出了《全球管理会计原则》。我国财政部在总结国内外管理会计理论和实践基础上,发布了一套立足于管理会计实践、服务单位管理会计应用的指导性文件,即管理会计应用指引。该指引体系通过分领域、分工具方法构建,注重指导性、应用性、开放性、操作性,这在全球管理会计领域具有开创性。

我国财政部《管理会计基本指引》规定,管理会计应用指引分为概括性指引与具体应用指引。

1. 概括性指引

概况性指引主要介绍该领域的相关管理程序,概括总结本领域内相关管理会计工具方法的共性内容,一般由总则、应用程序和附则等组成。概括性指引以"100""200"等标示,主要介绍该领域的相关管理程序。

2. 具体应用指引

每个领域下的具体应用指引一般由总则、应用环境、应用程序、工具方法评价和附则等组成。其中,总则主要介绍应用相关工具方法的目标、基本定义、原则等;应用环境主要介绍应用相关工具方法所需要的内、外部环境;应用程序主要介绍应用相关工具方法的应用流程;工具方法评价主要介绍应用相关工具方法的优缺点。具体应用指引以"101""102"等标示,主要介绍管理会计工具方法。

(三) 管理会计案例库

国际会计师联合会所属国际工商业界职业会计师委员会发布了八项管理会计国际较佳实践指南;美国管理会计师协会先后出版了领导力与道德、技术应用等管理会计公告;英国皇家特许管理会计师公会发布了管理会计系列研究资料。

我国鼓励单位通过与科研院校合作等方式,及时总结、梳理管理会计实践经验,组织建立管理会计案例库,为管理会计的推广与应用提供示范。

本 章 小 结

1. 管理会计是会计的重要分支,在单位的战略规划、决策、控制和评价等方面发挥重要的作用。在信息经济时代,管理会计的作用越发重要。

2. 管理会计的形成与发展,包括三个主要阶段:成本决策与财务控制阶段、管理控制与决策阶段、战略管理会计阶段。

3. 管理会计的基本内容,包括管理会计应用环境、管理会计活动、管理会计工具方法、管理会计信息与管理会计报告等。

4. 管理会计指引体系,包括管理会计基本指引、管理会计应用指引和管理会计案例库。

复习思考题

1. 简述管理会计的内涵,以及管理会计与财务会计的差异。
2. 简述管理会计工具方法。
3. 管理会计指引体系有何作用?
4. 简述管理会计不同发展阶段的特征。
5. 有人说:"管理会计是企业会计的转型方向。"请谈谈你的理解。

案例讨论题

　　随着经济全球化和知识经济的不断发展,以计算机技术和现代网络技术为代表的信息革命向社会生活的深度和广度渗透,科技在经济发展中的贡献大幅提升。信息技术的高速发展带来了全球经济一体化和互联性、平台化的快速发展,对企业管理提出新的挑战,要求企业实行集成管理,将上游和下游的环节形成一个整体,通过网络对全球的资源进行优化配置,以取得最佳的经济效益。特别是各种技术创新层出不穷,人工智能、云计算、大数据、区块链等技术的出现加速了企业信息化和运营模式的不断改变。在这一过程中,企业的财务管理模式也在发生着剧烈的变化。比如,阿里巴巴的阿里云,可以通过云计算对客户的所有信息进行全面分析,从而判断客户的信用情况、供货或消费倾向、是否可以放贷等。管理会计作为单位管理中决策支持的一个重要组成部分,要不断拓展应用的深度与广度,进一步适应信息技术飞速发展、管理模式不断变革、外部环境不确定性增加的现实,在集成数据处理、长期与短期决策平衡、不确定性风险识别与规避等方面发挥作用,为单位提供更多财务信息系统所不能提供的、更高层次的信息支持,更好地发挥价值创造的作用。

　　讨论题:

　　在这个数字经济时代,会计应如何转型?

第二章　成本的分类与变动成本法

 学习目标

1. 了解和掌握成本分类之间的相互关系；
2. 掌握变动成本和固定成本的性态划分；
3. 了解变动成本法的计算方法；
4. 掌握变动成本法与完全成本法的区别。

课程思政要点

 引导案例

小王打算在大学附近租赁一间10平方米的商铺开一家奶茶店。小王租赁的商铺附近有一家奶茶店，生意红火；有一家奶茶店正在装修，预计月底开业；还有一间商铺准备开奶茶店，正在洽谈租金事宜。小王的奶茶店准备供应原味奶茶、木瓜奶茶、茉香奶茶和香芋奶茶四个品种，以满足大学生的不同口味偏好，预计日均销售400杯。小王列出了奶茶店的价格/成本清单，如表2-1所示。

表 2-1　奶茶店的价格/成本清单

序号	价格/成本	发生额	成本特性
1	均价	10 元/杯	四个奶茶品种，以满足不同客户口味
2	装修费	10 000 元/5 年	停止营业不可获得补偿
3	封杯机	3 000 元/3 年	停止营业可折价出售
4	租金	100 000 元/年	停止营业可再出租获得租金补偿
5	广告费	5 000 元/年	不做广告不发生，做广告可提升销售
6	培训费	5 000 元/年	不培训不发生，培训可增加新品种
7	人工费	8 000 元/2 人每月	停止营业不发生，可聘1名钟点工
8	杯子/吸管/封口	1.50 元/杯	停止营业不发生，随产量增减
9	奶精/茶叶/糖水	1.00 元/杯	停止营业不发生，随产量增减

注：营业天数270天＝一年360天－3个月假期90天。

小王通过初步分析,认为奶茶店进入退出成本较低、投资回报较高,竞争激烈、风险也较高。

请思考:

小王是怎样得出上述结论的? 表2-1列示的这些成本特性对小王的奶茶店经营会有哪些影响?

企业利润是成本转换、增值的结果,企业成本结构决定了其盈利能力和竞争优势。成本分类是认识成本结构的基本方法,建立在成本分类基础上的信息加工、输出制度,对于解释企业盈利能力、分析企业竞争优势,起着基础性的支持作用。

第一节　成本的分类

当资源为特定目的而耗用时,就发生了成本。目的不同发生的成本就有所不同,不同的成本为不同的目的服务。"特定目的"称作成本动因,被认为是驱动成本发生的原因。成本向成本对象归集分配的过程,称作成本分配。成本对象是特定目的的指向物,是所有需要成本数据的对象,包括产品、产品线、客户、服务或者是组织内的一个单位(或部门)等。

财务会计,又称对外报告会计,主要是向存在于企业外界与企业有经济利害关系的团体和个人提供财务报告,服务对象主要是投资者(股东)、债权人和监管机构等。其成本概念及其分类,要依据对外报告的需要,遵循会计准则和会计制度进行定义、划分、确认和计量。而管理会计被称为对内报告会计,主要是为企业内部管理者进行有效决策提供信息,参与企业战略管理。其成本概念及其分类,主要是用于分析过去、控制现在和筹划未来。

一、成本按经济用途的分类

成本按经济用途分类,可分为生产成本和非生产成本。

(一) 生产成本

生产成本又称制造成本,是企业为生产产品而发生的成本,可分为直接材料、直接人工和制造费用。

(1) 直接材料,是指能够直接追溯到每个产品,并构成产品实体的原材料、辅助材料等。

(2) 直接人工,是指能够直接追溯到每个产品的在生产过程中直接改变原材料的性质或形态所耗用的人工成本。

(3) 制造费用,也称工厂间接费用,是指企业各生产单位为组织和管理生产而发生的各项间接费用。制造费用可进一步细分为以下三部分:

①间接材料,是指在生产过程中耗用的,但不易明确归属于某一特定产品的材料成本,如维修用耗材。

②间接人工,是指为生产服务而不直接进行产品生产加工的人工成本,如维修人员的工资。

③其他费用,是指不能归于上述两种费用的其他各种间接制造费用,如固定资产折旧费、维护费、修理费。

(二)非生产成本

非生产成本又称非制造成本,是指产品在非生产过程中发生的成本,可分为销售费用、管理费用和财务费用。

(1)销售费用,是指企业在销售商品和材料、提供劳务过程中发生的各种费用,以及为销售本企业商品而专设的销售机构的相关费用,如广告费、运输费、差旅费、职工工资。

(2)管理费用,是指企业为组织和管理生产经营所发生的费用,如高管薪酬、公共关系及组织内部管理所发生的类似费用。

(3)财务费用,是指企业为筹集生产经营所需资金等而发生的费用,如利息支出。中小型企业的财务费用归于管理费用项下,可以不单独列示。

成本按经济用途的分类,如图 2-1 所示。

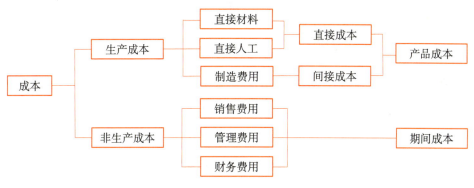

图 2-1 成本按经济用途的分类

二、成本按计入产品的方式分类

成本按照计入产品的方式,可分为直接成本和间接成本。

(1)直接成本,是指可以直接计入各类各种产品成本的成本,如直接材料和直接人工。

(2)间接成本,是不能直接计入各类各种产品成本的成本,如制造费用。制造费用在成本发生时不能直接计入各类各种产品的成本,在其成本发生时先记入"制造费用"账户进行归集汇总,然后通过一定的分配标准,再分配计入各产品成本。

三、成本按编制财务报表的要求分类

编制资产负债表和利润表时,需要将成本分为产品成本和期间成本。

(一)产品成本

产品成本,是指为获取和生产一项产品的所有成本,包括直接材料、直接人工和制造费用。在生产多种产品的情况下,直接材料、直接人工在成本发生时能够直接计入某一产品的成本,所以被称为直接成本。而制造费用不能直接计入某一产品成本,在其发生时通过"制造费用"账户进行归集和汇总,期末按照一定的标准分配计入各种产品成本,所以被称为间接成本。产品成本随着产品实体的流动而流动,已经销售出去的产品的成本作为"已销产品成本"项目列示于利润表,在"营业收入"项下扣除;没有销售出去的产品的成本,作为"存货"项下的"产成品"项目列示于资产负债表;尚未完工产品,在"存货"项下的"在产品"项目列示于资产负债表。

(二) 期间成本

期间成本,是指企业经营活动中所发生的与该会计期间的销售、经营和管理等活动相关的成本,应当在其发生时直接计入当期损益,主要包括销售费用、管理费用和财务费用。

期间成本与产品成本相对应,已经发生的成本计入产品成本就不能列入期间成本;反之,列入期间成本就不能计入产品成本。

四、成本按成本性态分类

成本性态也称为成本习性,是指成本变动与业务量①之间的依存关系,这种关系是客观存在的。虽然影响成本的因素较多,如供求关系、物价变动、原材料质量、人工素质,但在正常的生产经营活动中,引起成本变动的主要因素是业务量的变动。成本性态分析就是研究成本对业务量的依存性,从数量上掌握成本与业务量之间的规律性联系,为企业管理者进行预测、计划、决策和控制提供很多有价值的资料,有助于企业进行最优化管理,争取实现最大的经济效益。

按照成本性态,通常把成本分为固定成本与变动成本两大类。

(一) 固定成本

凡成本总额在一定时期和一定业务量范围内,不受业务量增减变动影响而固定不变的成本,称为固定成本。但就单位产品中的固定成本而言,则与业务量的增减呈反比例变动。

例如,南极摩托车厂专门生产摩托车,所使用的主要设备价值 40 000 元,估计可使用 5 年,期满无残值。在直线折旧法下,年折旧费为 8 000 元(40 000÷5)。

假定设备最大生产能力为 5 000 辆,南极摩托车厂每年产量在 5 000 辆以内时,其设备折旧费不随产量的变动而变动,保持固定不变,为每年 8 000 元,预计可持续 5 年(在此期间设备无需更新和改造的话)。因而南极摩托车厂的设备折旧就是一项固定成本。现假定摩托车产量为 x,年折旧费(即固定成本总额)为 a,单位产品年折旧费(即单位固定成本)为 a/x,它们的关系如表 2-2、图 2-2 和图 2-3 所示。

表 2-2　固定成本性态表

年限	产量(x)/辆	年折旧费(a)/元	单位产品年折旧费(a/x)/(元/辆)
1	1 000	8 000	8.00
2	2 000	8 000	4.00
3	3 000	8 000	2.67
4	4 000	8 000	2.00
5	5 000	8 000	1.60
合计	15 000	40 000	

---

① 业务量泛指产量、销量、人工小时、机器小时等。

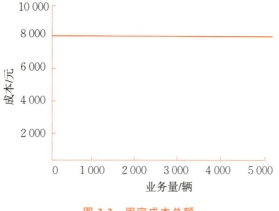

图 2-2 固定成本总额

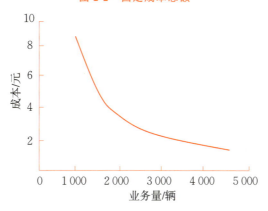

图 2-3 单位固定成本

固定成本通常可进一步区分为约束性固定成本和酌量性固定成本两类。

（1）约束性固定成本主要属于"经营能力成本"，它和整个企业的经营能力、生产条件的形成及正常维护直接相联系，如固定资产折旧、保险费、设备租金、管理人员工资等。这些费用是企业生产经营活动必须负担的最低成本，企业生产经营能力一经形成，在短时期内难于做重大改变，因而这些成本也将在较长时期持续存在，具有较强的约束性。

（2）酌量性固定成本则是由企业高层管理者根据企业的经营目标确定的一定期间（一般是一年）的预算额而形成的固定成本，主要包括广告费，培训费等。它与约束性固定成本不同，企业高层管理者可以根据经营情况的变化对不同预算期的用款数额进行调整，酌量性固定成本也将随之变动。

（二）变动成本

凡是成本总额随业务量变动呈正比例增减变动的成本，叫变动成本。单位产品中的变动成本则是固定不变的。

例如，南极摩托车厂生产的摩托车，每辆车上的车灯都是外购的，一个车灯 20 元，当摩托车产量增加和减少时，耗用的车灯成本随产量变动呈正比例增减，但单位车灯成本不随产量变动而变动，而是保持不变，因此车灯成本就是一项变动成本。假定摩托车产量为 x，单位车灯成本（即单位变动成本）为 b，那么车灯总成本（即变动成本总额）则为 bx。变动成本与业务量之间的关系如图表 2-3、图 2-4 和图 2-5 所示。

表 2-3　变动成本变动表

年限	产量(x)/辆	车灯总成本(bx)/元	单位车灯成本(b)/(元/辆)
1	1 000	20 000	20
2	2 000	40 000	20
3	3 000	60 000	20
4	4 000	80 000	20
5	5 000	100 000	20
合计	15 000	300 000	20

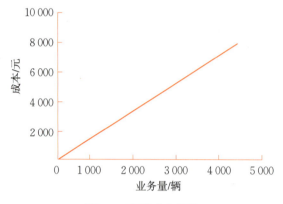

图 2-4　变动成本总额

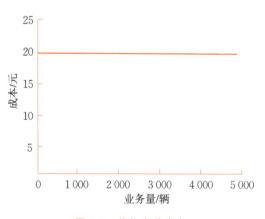

图 2-5　单位变动成本

成本性态分析只有在"一定时期和一定的业务量范围内"才能成立,这就是相关范围。前面所讲南极摩托车厂的主要设备的每年折旧费 8 000 元,它的最大生产能力为 5 000 辆,要是南极摩托车厂想提高企业生产能力,就需要增加生产设备,这样每年设备折旧费就会相应增加;另外,当设备使用一定时期后,总是要进行更新和改造,这样也会引起设备折旧费的变动。所以固定成本这一概念的存在总是与相关范围相联系的。同样,在相关范围之内变动成本总额与业务量之间才能保持线性关系,超出相关范围,它们之间往往形成非线性联系。企业的生产经营能力形成后,在一定数量和质量的生产设备和生产设施所决定的相关范围内,直接人工、直接材料的耗用比较稳定,从而使之与业务量之间呈现出比较严格的线性联系。如超出相关范围,它们之间往往形成非线性联系。

固定成本和变动成本受一定条件制约的相关范围如图 2-6 所示。

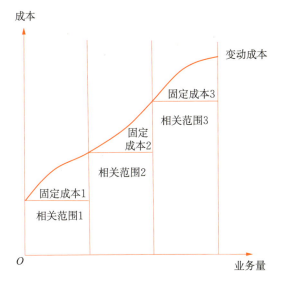

图 2-6　固定成本和变动成本受一定条件制约的相关范围

(三) 混合成本及其分解

1. 混合成本的概念和分类

在实际工作中,有一些成本项目发生额虽受业务量变动的影响,但其变动并不与业务量变动保持严格的线性关系,因而把它们统归入"混合成本"。混合成本同时兼有变动成本与固定成本两种性质,根据不同情况,它可进一步细分为半变动成本、延期变动成本和阶梯型固定成本,其性态模型见图 2-7 所示。

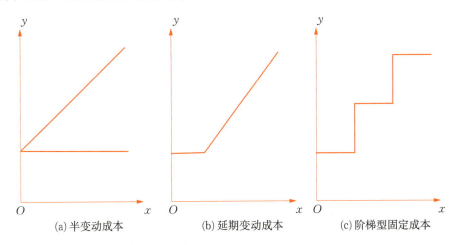

图 2-7　混合成本性态模型

半变动成本是指在初始基数的基础上随业务量正比例增加的成本。常见的半变动成本有电费、水费、煤气费、电话费、蒸汽费等。例如,供电单位开来的账单通常分两部分:一部分是基数,无论企业是否使用都必须交付,属固定成本性质;超过基数部分,根据使用量乘上单价,属变动成本性质。因此,电费就属于半变动成本。

递延变动成本,是指在一定的业务量范围内其总额保持固定不变,一旦突破这个业务量限度,其超额部分的成本就相当于变动成本。如在正常工作时间,企业管理人员的工资是固定的;超过正常工作时间,则需要根据加班时间长短支付加班工资或津贴,这类成本叫延期变动成本。

阶梯型固定成本是指随业务量增加,成本总额跳跃式增加,呈现阶梯型变动。常见的阶梯型固定成本有运货员、检验员、化验员的工资等。例如一个检验员一个月检验 100 件产品,工资每月 200 元;当产量在 100 件以上 200 件以内则需检验人员两人,检验人员的工资为 400 元;以后每增加 100 件产品、检验人员工资都需要在原有的基础上增加 200 元。这样,检验人员工资就呈阶梯型跳跃增加,这类成本属阶梯型固定成本。

2. 混合成本的分解方法

为了规划和控制企业经济活动,必须将全部成本划分为固定成本和变动成本,而混合成本包含了固定成本和变动成本两种性质,为此,需要对混合成本进行分解,将其具体分解为"固定"与"变动"两个部分,再分别纳入变动成本与固定成本中。

(1) 高低点法。

高低点法是一种应用比较广泛和简便的分解混合成本的方法。它是通过观测相关范围内业务量的最高与最低点之差以及所对应的成本之差来推算出混合成本中固定成本总额与单位变动成本。

由于混合成本的项目都兼有固定成本与变动成本两种因素,因而其数学模型与总成本模型类似,也可以用 $y = a + bx$ 来表示。其中,y 代表一定期间某项混合成本总额,x 代表业务量,a 代表混合成本中的固定成本总额,b 代表混合成本中的单位变动成本。

[例 2-1] 某企业在 1—10 月每月的设备工作时间和维修成本,通过观测所得记录,如表 2-4 所示。

表 2-4 设备工作时间与维修成本资料

月份	1	2	3	4	5	6	7	8	9	10
设备工作时间/小时	6	4	7	6	8	9	5	10	9	8
维修成本/元	300	250	350	320	400	420	260	480	450	410

通过观察发现业务量(设备工作时间)低时,所发生的维修成本也低;业务量高时,发生的维修成本也高,但不能说明业务量与成本之间存在何种关系。采用高低点法,首先将最高点和最低点业务量所对应的成本之差除以最高点和最低点业务量之差所得的商,就是单位变动成本 b。其计算公式为:

$$b=\frac{\Delta y}{\Delta x}$$

式中，Δx 为最高点与最低点业务量之差；Δy 为最高点和最低点业务量所对应的成本之差。

从表 2-4 中我们可以看到，最高业务量是 8 月份工作小时为 10 小时，最低业务量是 2 月份工作小时为 4 小时，其所对应的成本点分别是 480 元和 250 元。代入公式，得出单位变动成本为：

$$b=\frac{\Delta y}{\Delta x}=\frac{480-250}{10-4}=38.33（元）$$

然后将 b 值代入高点或低点，则：

$$a=y_{高点}-b\cdot x_{高点}=480-38.33\times10=96.7（元）$$

或

$$a=y_{低点}-b\cdot x_{低点}=250-38.33\times4=96.7（元）$$

把 a、b 值代入公式，得出设备维修成本为：

$$y=96.7+38.33x$$

采用高低点法分解混合成本，最大的优点是计算简便。必须指出，在采用高低点法时，观测的数据应确能反映正常的生产经营状态。此外，所求得的混合成本分解式只适用于最高点业务量与最低点业务量之间的活动范围，超出这一范围即不适用。

（2）散布图法。

散布图法是先将观测到的混合成本数据逐一在坐标图上标出。再通过目测，在各成本点之间画一条反映成本变动的平均趋势线，据此来推算出混合成本中固定成本总额和单位变动成本。

沿用［例 2-1］中的资料，分别将十个月的维修成本数据绘制在坐标图上，并通过目测，在各散点之间画一条平均变动趋势直线，得到设备工作时间与维修成本散布图，如图 2-8 所示。

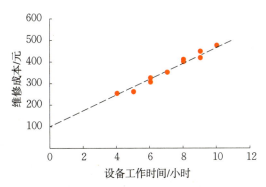

图 2-8　设备工作时间与维修成本散布图

从图 2-8 中，我们可以看到成本平均变动趋势直线与纵轴相交处 100 元，就是固定成本部分 a 的值；成本平均变动趋势直线的斜率为单位变动成本 b。为确定单位变

动成本 b，可在该直线上任取一点，如 $(10,480)$，利用该点坐标及 a 值，便可得 b：

$$b=\frac{y-a}{x}=\frac{480-100}{10}=38(元)$$

把 a、b 值代入公式，得出设备维修成本为：

$$y=100+38x$$

散布图法虽然直观简便，但目测画线因人而异，精确性较差。这种方法一般不单独使用，而是与其他方法结合使用。

（3）一元线性回归分析法。

一元线性回归分析法就是根据" $y=a+bx$ "这个公式，按照最小二乘法来确定一条能反映 x 和 y 之间的线性关系的直线。从数学的意义上讲，与观测点的距离（误差）的平方和最小的直线最为合理。a、b 的值由下列方程组确定：

$$\begin{cases} \sum y=na+b\sum x \\ \sum x\cdot y=a\sum x+b\sum x^2 \end{cases}$$

解此方程组，得 a、b 值：

$$a=\frac{\sum y-b\sum x}{n}$$

$$b=\frac{n\sum xy-\sum x\cdot\sum y}{n\sum x^2-\left(\sum x\right)^2}$$

$$R=\frac{n\sum xy-\sum x\sum y}{\sqrt{\left[n\sum x^2-\left(\sum x\right)^2\right]\left[n\sum y^2-\left(\sum y\right)^2\right]}}$$

沿用［例 2-1］中的资料，运用 Excel 图表功能，能够快捷地得到维修费用的分解图表和分解公式。操作步骤如下：打开 Excel 输入表 2-4 中的数据，单击［插入］［散点图］，右击数据点，添加趋势线，选择线性、显示公式、显示 R 平方值（R），操作结果如图 2-9 所示。

从图 2-9 中，得到 $y=40.833x+70$，$R^2=0.975\ 3$，其中，$a=70$，$b=40.833$，相关系数 $R^2=0.975\ 3$。相较于高低点法和散布图法，回归分析法分解得出的 a、b 值更加精确，运用电子表格也更加方便、快捷。

应该指出的是，采用一元线性回归法分解混合成本的前提，是混合成本总额与业务量之间必须是线性关系。如果没有这种相关关系，分解出来的固定成本和变动成本没有任何意义。因此，应当进行相关性分析，并根据相关程度的分析结果来确定这种方法的适用性。相关程度用相关系数 R 来表示，R 的取值范围在 0 与 ±1 之间，由于在管理会计中不用负相关，因此 R 的取值范围在 0 与 1 之间。当 $R=1$ 时，说明混合成本总额与业务量之间完全正相关；当 $R=0$ 时，说明两者完全没有相关性。在数学统计中，一般当 $R\geqslant0.7$ 时，就表明混合成本与业务量之间存在密切的相关性。

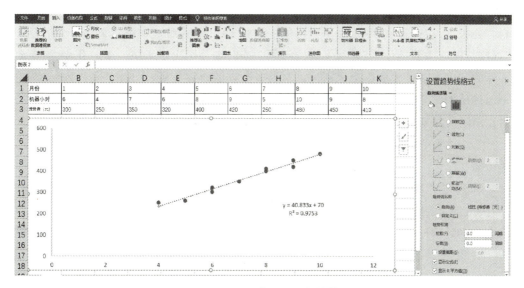

图 2-9　Excel 图表——添加趋势线

第二节　变动成本法

一、变动成本法的产生与发展

　　管理会计是会计学的两个分支之一,但是其产生和发展比财务会计晚了六七百年的时间,而变动成本法形成的时间并没有滞后于完全成本法。变动成本法最初称为直接成本法,主要原因是变动成本只包括与业务量成正相关关系的直接材料和直接人工。实际上没有直接计入生产成本而计入制造费用的某些费用要素,其费用总额也随业务量的变动趋势呈同方向变动。而有的直接成本虽然直接计入特定成本计算对象,但其变动轨迹并没有与业务量成正比例关系。直接成本与变动成本之间、间接成本与固定成本之间并非两个完全对立的概念。因此,变动成本法的称谓逐渐取代直接成本法。由于变动成本法能够提供贡献毛益(也称边际贡献),在英国也把变动成本法称为边际成本法。关于变动成本法的起源,国外存在不同的考证。英国的曼彻斯特工厂1836 年在损益计算方面就出现了变动成本法的雏形。1904 年在英国出版的《会计百科全书》中记载了与变动成本法有关的内容。1906 年 2 月美国《制度》杂志刊载的一段话,反映了变动成本法的思想:"在生产经营活动的抉择中,为估计其所期望的净损益,第一步就要找出适合衡量一定的生产经营活动效果的单位费用,单位直接收入减去单位直接费用得单位净收入或单位净贡献,然后以它来抵偿不影响生产经营活动的费用——这些不影响生产经营活动的费用是指无论选择什么生产经营活动方式,都一样固定不变。单位净收入(贡献)乘以产品数量就可以用来比较由于选择各种不同的生产经营活动而产生不同的损益。"

　　美国较权威的《柯勒会计词典》认为,第一篇专业论述直接成本法的论文是由美籍英国会计学家乔纳森·N.哈里斯撰写的,刊登于 1936 年 1 月 15 日的《全国会计师联合会公报》。在这篇文章中,哈里斯反复提到其 1934 年在杜威—阿尔末化学公司设计"直接标准成本制造计划"时所发现的问题。当时该公司出现了销售量上升、收益反而下降的让人费解的现象。哈里斯通过对财务数据的研究分析,发现问题的根源就在于采用传统的完全成本法。他同时采用完全成本法和变动成本法对营业利润进行计算,对比两种方法对营业利润的不同影响,揭示了变动成本法的优点。哈里斯的这篇文章公开发表之后,在世界范围内引起极大的反响,变动成本法的观念得以在欧美国家迅速传播。

从 20 世纪 50 年代开始,随着社会经济及科学技术的迅猛发展,市场竞争日趋激烈,决策的重要性在日常管理的过程中日显突出,加之企业广泛实行预算管理,强烈要求企业会计部门提供与之相应的成本资料,以便加强对经济活动的事前规划与日常控制。由此,变动成本法得到广泛重视并应用于西方各国的企业内部管理,成为管理会计的一项重要内容。美国的一些实体在实务中试行变动成本法,并将变动成本法中的边际贡献这一概念用于本量利分析及其他方面。长期的实践过程使人们认识到变动成本法的重要性,不仅有利于企业加强成本管理,而且对利润预算的编制、进行科学的经营决策也起着十分重要的作用。到 20 世纪 60 年代,变动成本法在欧美国家得到广泛运用。厦门大学的余绪缨教授于 1983 年编著出版了我国第一部《管理会计》教材,我国才正式出现变动成本法这一概念。

二、变动成本法的概念

变动成本法或直接成本计算法、边际成本计算法,是在组织常规产品成本计算过程中,以成本性态分析为前提,只将变动生产成本作为产品成本的构成内容。将固定制造费用及非生产成本作为期间费用,直接计入当期损益。它和完全成本计算法一样,也是一种收益计量的方法,但变动成本法是按贡献式损益确定程序计量损益的一种成本计算模式(贡献毛益的概念、计算及运用等具体问题将在第三章第一节进行讨论)。

用完全成本法计算损益,应先将生产某种产品所发生的各种耗费和支出全部计入产品成本,而不管这些成本是否是变动成本;当产品完成销售时,再转入销售成本,继而计算出企业的当期损益。由于这种方法计算的产品成本主要是用于反映企业的财务状况和经营成果,因而也称为财务成本。在这种方法下,只要某个会计期间的产量大于销量时,就有一部分固定制造费用留存在存货成本中。其结果是企业产量的大小和销量的多少都对税前收益产生较大的影响。

用变动成本法计算收益时,只将生产某种产品所发生的所有耗费和支出中的变动成本计入该产品的成本,包括直接材料、直接人工和变动性的制造费用;将制造费用中的固定部分全部作为期间费用计入当期损益。在这种方法下,产品成本只包括变动生产成本。当产品销售时,转入销售成本的也只包括变动生产成本。因此,它与完全成本法计算损益的方法存在着差别。尽管变动成本法不符合公认会计准则的要求,在编制对外报送的会计报表时还不能采用此法,但是这种成本计算的方法对企业内部管理,包括决策、控制和考核业绩方面都有不可忽视的作用。目前,这种方法已经成为企业管理的一种重要方法。

三、变动成本法的理论依据

(一)产品成本只应该包括变动生产成本

在管理会计中,有各种各样的成本概念,其中产品成本,是指那些随产品实体的流动而流动,只有当产品实现销售时才能得以补偿的成本。也就是说,构成产品成本的价值要素,最终要在产品的各种实物形态(包括本期销货和期末存货)上得以体现,即物化为产品,表现为本期销售成本与期末存货成本。产品成本只有在产品实现销售时才能转化为与收入相配比的费用。因此,本期发生的产品成本得以补偿的期间有两种情况:一种是以销售成本的形式计入当期利润表,成为与当期收入相配比的费用;另一种是以当期完工但是尚未销售的产成品和当期尚未完工的在产品等存货成本的形式计入资产负债表,与在以后期间实现的收入相配比。

按照变动成本法的解释,产品成本必然与产品产量密切相关,在生产技术和劳动生产率没有发生实质性变化、成本水平不变的条件下,生产过程中产品成本总额应当随着完成的产品产量呈正比例变动。若不存在产品这个物质承担者,就不应当有产品成本存在,这也就是所谓的"随产品实体的流动而流动"的"成本流动",显然,在变动成本法下,只有变动性生产成本才能构成产品成本的内容。

与之相对应,固定制造费用和全部非生产成本(包括销售费用、管理费用和财务费用),则列入期间成本,在利润表中一次性扣除。

在完全成本法下,产品成本就是生产成本,包括直接材料、直接人工、制造费用(变动制造费用和固定制造费用)。与之相对应的期间成本包括销售费用、管理费用和财务费用,则列入利润表中一次性全部扣除。

变动成本法和完全成本法比较,其差别就在于固定制造费用的处理。变动成本法下没有将固定制造费用计入产品成本,而是作为期间成本处理。完全成本法下则将固定制造费用计入产品成本,随产品流转而随之"成本流动",没有计入期间成本。完全成本法和变动成本法的成本流转,分别如图 2-10 和图 2-11 所示。

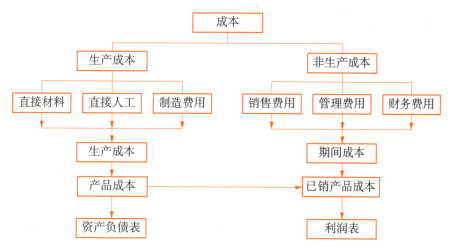

图 2-10　完全成本法的成本流转

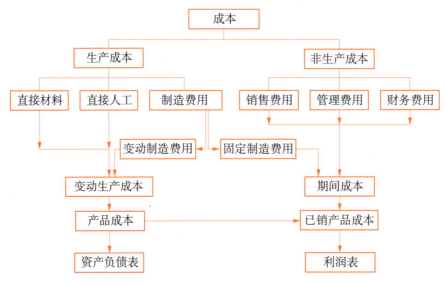

图 2-11 变动成本法的成本流转

(二)固定制造费用应当作为期间费用处理

管理会计上的期间费用与财务会计意义上的期间费用在概念上是一致的,是指那些不计入产品的非生产成本,直接计入损益,在计算当期利润时全额予以扣除,由当期收入来补偿的成本。如果本月生产的产品能够全部销售,那么它与生产费用在计算利润时就没有区别,因为在计算损益时都是全额扣除,进入利润表。如果本月生产的产品没有全部销售,就会有部分生产费用留存在期末存货的成本中,作为资产进入资产负债表。

按照变动成本法的解释,在生产过程中发生的所有成本不一定都是产品成本。如固定制造费用,在相关范围内,它的发生与产品实际产量的多少无关,它只是定期为企业提供一定的生产经营条件,因而与会计期间的关系更为密切。在这一点上它与销售费用、管理费用和财务费用等非生产成本一样,只是定期地创造了维持企业生产经营的必要条件,具有时效性。不管这些条件是否在当期被利用以及被利用得是否充分,这种成本都会固定地发生而不受任何影响,其效益随着时间的推移而逐渐丧失,不能递延到下期。因此,固定制造费用应当与非生产成本一样作为期间费用处理。而按照完全成本法的解释,只要是生产过程中所发生的全部生产成本,包括直接材料、直接人工、变动制造费用和固定制造费用,都应该全部计入产品成本。固定制造费用,如发生的固定资产折旧,从其成本动因上讲也是为生产产品而发生的,理所应当计入产品成本当中。正因如此,目前对外财务报表仍然采用完全成本法编制利润表。

四、变动成本法与完全成本法的差别

变动成本法与完全成本法主要有四个方面的差别:一是利润表项目排列不同;二是单位产品成本计算不同,导致存货计价不同;三是利润计算不同;四是信息质量特征不同。

(一)利润表项目排列不同

变动成本法下采用贡献式利润表,其项目排列及计算公式如下:

$$贡献毛益=营业收入-变动成本 \tag{2-1}$$

$$净利润＝贡献毛益－固定成本 \qquad (2-2)$$

完全成本法下采用职能式利润表，其项目排列及计算公式如下：

$$毛利＝营业收入－已销产品成本 \qquad (2-3)$$

$$净利润＝毛利－销售费用－管理费用－财务费用 \qquad (2-4)$$

贡献式利润表与职能式利润表的比较，如表 2-5 所示。

表 2-5 贡献式利润表与职能式利润表的比较

贡献式利润表：变动成本法	职能式利润表：完全成本法
营业收入	营业收入
减：变动成本	减：已销产品成本
变动生产成本	毛利
变动非生产成本	减：销售费用
贡献毛益	管理费用
减：固定成本	财务费用
固定生产成本	
固定非生产成本	
净利润	净利润

（二）存货估价不同

如前所述，变动成本法计算的产品成本只包含变动生产成本，即直接材料、直接人工和变动制造费用，不包括固定制造费用；而完全成本法计算的产品成本既包括变动生产成本，即直接材料、直接人工和变动制造费用，还包括固定制造费用。所以用变动成本法计算的产品成本小于完全成本法计算的产品成本。这样，用变动成本法反映的期末存货的价值就比较小。

［例 2-2］ 天目公司生产销售 A 产品，单价 100 元/件，1 月份生产 200 件，销售 150 件，存货 50 件；2 月份生产 150 件，销售 200 件，2 月份期末存货为 0。天目公司 A 产品生产销售情况表，如表 2-6 所示。

表 2-6 天目公司 A 产品生产销售情况表 单位：件

项目	1 月份	2 月份
期初存货	0	50
本期生产	200	150
本期销售	150	200
期末存货	50	0

天目公司 1 月份为生产 A 产品，发生直接材料 6 000 元，直接人工 4 000 元，制造费用 5 000 元，其中：变动制造费用 3 000 元，固定制造费用 2 000 元。假定没有发生销售费用、管理费用等。完全成本法与变动成本法下 A 产品单位成本计算表如表 2-7 所示。

表2-7　完全成本法与变动成本法下A产品单位成本计算表　　产量:200件

成本项目	直接材料/元	直接人工/元	变动制造费用/元	固定制造费用/元	单位成本/元
	6 000	4 000	3 000	2 000	
完全成本法	30	20	15	10	75
变动成本法	30	20	15		65

完全成本法下 50 件存货成本＝75×50＝3 750(元)

变动成本法下 50 件存货成本＝65×50＝3 250(元)

差额＝3 750－3 250＝500(元)

　　在变动成本法下 1 月份发生的固定制造费用 2 000 元,作为期间费用在本期全部扣除。而完全成本法下只扣除了固定制造费用 1 500 元,还有 500 元固定制造费用随着 50 件存货转入下一会计期间(2 月份)期初存货,本期没有扣除。这样变动成本法下 1 月份多扣除了 500 元固定制造费用,这将会对本期(1 月份)利润产生影响。

(三) 利润计算不同

　　在完全成本法下,固定制造费用计入产品成本,只有当产品实现销售,这部分成本才转入损益。当这些产品没有实现销售时,其成本就作为存货价值,所以在存货价值中也包含了一定的固定制造费用,固定制造费用由此而成为一项存货成本。但是在变动成本法下,固定制造费用被看作是一项存货成本,因而必须作为期间费用,直接列入当期的损益计算。所以,当本期生产的产品没有全部完工或未全部销售时,两种方法计算的利润就不一致。变动成本法与完全成本法下利润表的比较,如表 2-8 所示。

表2-8　变动成本法与完全成本法下利润表的比较　　单位:元

利润表:变动成本法			利润表:完全成本法		
项目	1月份	2月份	项目	1月份	2月份
营业收入	15 000	20 000	营业收入	15 000	20 000
减:变动成本			减:已销产品成本	11 250①	15 500②
变动生产成本	9 750	13 000	毛利	3 750	4 500
变动非生产成本			减:销售费用		
贡献毛益	5 250	7 000	管理费用		
减:固定成本			财务费用		
固定生产成本	2 000	2 000			
固定非生产成本					
净利润	3 250	5 000	净利润	3 750	4 500

　　注:①1 月份单位成本＝30+20+15+2 000/200＝75(元/件)

　　　　1 月份已销产品成本＝75×150＝11 250(元)

　　　　②2 月份单位成本＝30+20+15+2 000/150＝78.33(元/件)

　　　　2 月份已销产品成本＝75×50+78.33×150＝15 500(元)

如上所述,由于存货估价不同,在变动成本法下本期发生的全部固定制造费用2 000元作为期间费用在1月份全部扣除;而完全成本法下将固定制造费用计入了产品成本,随着50件存货转入下一会计期间,由此本期少扣除了500元固定制造费用,所以1月份利润比变动成本法下的利润多500元(3 750-3 250)。同样,2月份变动成本法下本期发生的全部固定制造费用2 000元作为本期期间费用在2月份全部扣除;而完全成本法下不仅要扣除2月份全部固定制造费用2 000元,还要扣除由上月50件期末存货转入本期的500元固定制造费用,由此2月份利润比变动成本法下的利润少500元(5 000-4 500)。

从这个比较利润表中可以看出,两种方法计算的利润是不一样的,主要区别体现在以下几个方面:

(1)在变动成本法下,产品成本只包括变动成本,不包括固定制造费用;而在完全成本法下,产品成本包括变动成本和固定制造费用。

(2)在变动成本法下,期末存货只包括变动成本,不包括固定制造费用;在完全成本法下,期末存货中包括变动成本和固定制造费用。

(3)在变动成本法下,固定成本全部列作期间费用;在完全成本法下,固定制造费用计入产品成本,随存货转入期末存货价值。

(4)由于固定成本的处理方法不一致,两种方法计算的利润也不一致。

(四)信息质量特征不同

变动成本法与完全成本法由于对固定制造费用的处理不一样,计算出的利润也不一样。但如果企业所生产的产品全部完工并销售,没有产成品和在产品的期初和期末存货,两种方法计算的利润总额就是一样的,因为当期发生的固定制造费用无论是计入存货成本还是期间费用,期末均全部计入当期损益。然而对于大多数制造企业而言,这种情况非常少见,因为很少有企业能达到零库存的物流水平,因此用变动成本法就会对利润计算产生一定的影响,而且这种影响与产销量的稳定与否有密切的联系。如果各期的产量不同,完全成本法下,期初和期末存货包含的固定制造费用就存在差异,因此计入当期利润表的固定制造费用的数额不仅受到当期发生的全部固定制造费用水平的影响,还受到期初和期末存货水平的影响。

[例2-3] 天目公司只生产的B产品,单价为60元/件。第一年和第二年生产量分别为4 000件和3 000件;销售量分别为3 000件和4 000件。生产成本资料:单位变动成本30元,固定成本20 000元。非生产成本资料:变动费用为销售收入的5%,固定费用为10 000元。天目公司B产品生产、销售及成本情况表如表2-9所示。

表2-9 天目公司B产品生产、销售及成本情况表

项目	第一年	第二年
期初存货/件	0	1 000
本期生产/件	4 000	3 000
本期销售/件	3 000	4 000

项目	第一年	第二年
期末存货/件	1 000	0
单价/(元/件)	60	
生产成本:		
变动生产成本/元	单位成本:30	
固定制造费用/元	20 000	
非生产成本:		
变动费用/元	销售收入的5%	
固定费用/元	10 000	

变动成本法与完全成本法下利润表的比较,如表2-10所示。

表2-10　变动成本法与完全成本法下利润表的比较　　　　　　　　单位:元

利润表:变动成本法			利润表:完全成本法		
项目	第一年	第二年	项目	第一年	第二年
营业收入	180 000	240 000	营业收入	180 000	240 000
减:变动成本			减:已销产品成本	105 000	145 000
变动生产成本	90 000	120 000	毛利	75 000	95 000
变动非生产成本	9 000	12 000	减:销售费用		
贡献毛益	81 000	108 000	管理费用	19 000	22 000
减:固定成本			财务费用		
固定生产成本	20 000	20 000			
固定非生产成本	10 000	10 000			
净利润	51 000	78 000	净利润	56 000	73 000

注:第一年变动成本法减除的非生产成本19 000元＝变动非生产成本9 000元＋固定非生产成本10 000元,与完全成本法减掉的非生产成本19 000元相等。第二年变动成本法减除的非生产成本22 000元＝变动非生产成本12 000元＋固定非生产成本10 000元;与完全成本法减掉的非生产成本22 000元一致。所以,变动成本法与完全成本法下每年减除的非生产成本数额相等,只不过两种方法扣减的项目不同而已。正因为如此,两种方法区别主要是固定制造费用处理不同。

由于两种方法对固定制造费用的处理不同,变动成本法将固定制造费用作为期间费用,在发生的当期直接扣除;而完全成本法将固定制造费用计入产品成本,随存货流转。使得两种方法提供的期间利润产生明显差异,呈现出明显的信息质量差异。总结如下:

第一,当生产量大于销售量时,增加库存,完全成本法下计算的利润大于变动成本法下计算的利润。在表2-10中第一年生产量4 000件大于销售量3 000件,库存增加 1 000 件,完全成本法下计算的利润(56 000 元)大于变动成本法下计算的利润(51 000 元),差额为 5 000 元。

第二,当生产量小于销售量时,增加销量,减少库存,变动成本法下计算的利润大于完全成本法下计算的利润。在表 2-10 中,第二年生产量 3 000 件小于销售量 4 000 件,变动成本法下计算的利润(78 000 元),大于完全成本法下计算的利润(73 000 元),差额为 5 000 元。

第三,当生产量=销售量时,没有存货,也不存在固定制造费用随存货流转的问题,两种方法计算的利润相等。

综上所述,变动成本法计算的利润信息质量特征要优于完全成本法。因为生产量小于销售量,扩大销售,减少库存,变动成本法计算的利润大于完全成本法的利润,反映了利润由销售量提供,利润大小由销售量决定的真实经济现实;促使管理者注重销售,减少库存,通过扩大销售增加利润。而完全成本法下,利润由生产量驱动,当生产量大于销售量,增加库存,完全成本法计算的利润大于变动成本法计算的利润,增加库存也会导致利润增加,与真实经济现实相悖;误导管理者通过扩大生产量,通过增加库存来粉饰利润。

变动成本法提供了贡献毛益这一重要指标。贡献毛益反映了一家企业的产品在市场上的创利能力,揭示了企业的竞争优势和核心竞争力,为企业分析竞争优势,构筑企业的核心竞争力提供指南。另外,变动成本法简化了成本计算手续,避免了固定制造费用的归集和分配程序。

五、产量和销量变动对利润表的影响

(一) 各期产量稳定而销量变动

产量稳定也就是说我们控制了单位固定制造费用对期初和期末存货成本水平的影响,即产品单位成本保持不变。因为如果不同会计期间的产量不一致,就会导致各个期间单位产品包含的固定制造费用不一致,从而期初和期末存货的成本也不一致。销量变动表明各期的期初和期末产成品的库存不相同。我们把[例 2-3]的数字稍微做一个变化来说明变动成本法对利润计算的影响。

[例 2-4] 天目公司第一季度成本结构如表 2-11 所示。

表 2-11 天目公司第一季度成本结构 单位:元

单价	60
生产成本	
单位变动生产成本	30
固定制造费用	20 000
非生产成本	
变动销售及管理费用	销售收入的 5%
固定销售及管理费用	10 000

表 2-12　产量稳定而销量变动时的利润表　　　　　　　金额单位:元

项目	1 月	2 月	3 月
期初存货/件	0	1 000	1 000
本期生产/件	4 000	4 000	4 000
本期销售/件	3 000	4 000	5 000
期末存货/件	1 000	1 000	0
贡献式利润表:变动成本法			
营业收入	180 000	240 000	300 000
变动成本			
变动生产成本	90 000	120 000	150 000
变动非生产成本	9 000	12 000	15 000
贡献毛益	81 000	108 000	135 000
固定成本			
固定生产成本	20 000	20 000	20 000
固定非生产成本	10 000	10 000	10 000
净利润	51 000	78 000	105 000
职能式利润表:完全成本法			
营业收入	180 000	240 000	300 000
已销产品成本	105 000①	140 000②	175 000③
毛利	75 000	100 000	125 000
销售及管理费用	19 000	22 000	25 000
净利润	56 000	78 000	100 000

注:①1 月单位产品成本＝30＋20 000/4 000＝35(元/件)

　　　1 月已销产品成本＝3 000×35＝105 000(元)

　　②2 月单位产品成本＝30＋20 000/4 000＝35(元/件)

　　　2 月已销产品成本＝1 000×35＋3 000×35＝140 000(元)

　　③3 月单位产品成本＝30＋20 000/4 000＝35(元/件)

　　　3 月已销产品成本＝1 000×35＋4 000×35＝175 000(元)

　　比较表 2-12 的计算结果,在控制产量(即控制单位固定制造费用)不变的情况下,变动成本法对利润计算的影响规律如下:

　　(1)如果期末存货大于期初存货(即产大于销),按变动成本法计算的利润小于按完全成本法计算的利润。这是因为在完全成本法下,一部分固定制造费用计入期末存货而递延到下期。其差额等于单位固定成本乘以期末存货比期初存货增加的数量。在表 2-12 中,1 月份利润差额 5 000 元就等于单位固定制造费用成本 5 元(20 000/4 000)乘以期末比期初存货增加的数量 1 000 件。2 月、3 月以此类推。

（2）如果期末存货与期初存货相等（即产销平衡），两种方法计算的利润相等。在例 2-2 中，2 月份两种方法计算出来的税前利润均为 78 000 元，这是因为在产量稳定和成本消耗水平固定的情况下，各年单位产品的完全成本是相等的。期末与期初存货中包括的固定成本也相等，在完全成本法下，当月发生的固定制造费用也在计算利润时全额扣除，其利润计算的结果也就与变动成本法完全相同。

（3）如果期末存货小于期初存货（即销大于产），按变动成本法计算的利润大于按完全成本法计算的利润。这是因为变动成本法只承担本月的固定制造费用，而完全成本法除了承担本月的固定制造费用以外，还需承担以前月份的固定制造费用，这部分固定制造费用就是期末存货比期初存货的减少数乘以单位固定制造费用，如表 2-12 中 3 月份，变动成本法比完全成本法计算的利润多出 5 000 元，就是因为在完全成本法下，期末存货减少了 1 000 件，每件固定制造费用 5 元，比变动成本法多了5 000 元，所以利润减少了 5 000 元。

（二）各期产量变动而销量稳定

在这种情况下，销量稳定意味着各期的销售收入相同；而产量变动意味着在完全成本法下各期的单位成本不同。因为我们假设在相关范围内固定总成本不变，而产量不同，单位固定成本也就不同了。我们仍采用[例 2-3]的相关资料，来说明变动成本法对利润的影响。

[例 2-5] 根据天目公司第一季度有关产量水平，分别采用完全成本法和变动成本法编制利润表，得到产量变动而销量稳定时的利润表，如表 2-13 所示。

表 2-13 产量变动而销量稳定时的利润表　　　　　　　　　　金额单位:元

项目	1 月	2 月	3 月
期初存货/件	0	1 000	1 000
本期生产/件	5 000	4 000	3 000
本期销售/件	4 000	4 000	4 000
期末存货/件	1 000	1 000	0
贡献式利润表:变动成本法			
营业收入	240 000	240 000	240 000
变动成本			
变动生产成本	120 000	120 000	120 000
变动非生产成本	12 000	12 000	12 000
贡献毛益	108 000	108 000	108 000
固定成本			
固定生产成本	20 000	20 000	20 000
固定非生产成本	10 000	10 000	10 000
净利润	78 000	78 000	78 000

			续　表
项目	1 月	2 月	3 月
职能式利润表:完全成本法			
营业收入	240 000	240 000	240 000
已销产品成本	136 000①	139 000②	145 010③
毛利	104 000	101 000	94 990
销售及管理费用	22 000	22 000	22 000
净利润	82 000	79 000	73 000

注:①1月单位产品成本＝30＋20 000/5 000＝34(元/件)

　　1月已销产品成本＝4 000×34＝136 000(元)

　②2月单位产品成本＝30＋20 000/4 000＝35(元/件)

　　2月已销产品成本＝1 000×34＋3 000×35＝139 000(元)

　③3月单位产品成本＝30＋20 000/3 000＝36.67(元/件)

　　3月已销产品成本＝1 000×35＋3 000×36.67＝145 010(元)

根据表 2-13 的计算结果,在产量变动而销售稳定的情况下,得出结论如下:

(1)采用变动成本法,各月的税前利润相等,因为每个月的销售量相同,而且每年的成本水平和费用水平一致,所以税前利润的计算结果也相同。

(2)前述产量稳定、销量不同的情况下,变动成本法对利润影响的三个规律基本适用,但不完全一致。这是因为各个月度的产量发生变动后,各年产品的单位完全成本不相同,即使期初和期末存货数量相同,但是单位成本不同。如 2 月份,期初和期末的存货数量都是 2 000 件,但是期初存货的单位完全成本为 12.5 元,而期末存货的单位完全成本为 13 元。在这种情况下按照完全成本法计算出来的利润与变动成本法就不一致,其差额就等于期初和期末存货单位成本的差额乘以存货的数量。如 2 月份两种方法下的利润差额为 1 000 元(79 000－78 000),就等于 1 元(35－34)乘以期末存货数量 1 000 件。

(3)期末存货大于期初存货(如 1 月份)时,完全成本法计算的税前利润大于变动成本法计算的税前利润。超出部分等于单位固定制造费用乘以期末存货增加量,4 000 元(82 000－78 000)等于单位固定制造费用的 4 元/件(20 000/5 000)乘以期末存货增加量 1 000 件(5 000－4 000)。

(4)当期初存货大于期末存货时(如 3 月份),期末存货减少,销售增加,完全成本法计算的税前利润小于变动成本法计算的税前利润。反过来说,销售增加,期末存货减少,变动成本法计算的税前利润大于完全成本法计算的税前利润。只有销售量才能提供利润,利润由销售量决定。变动成本法计算的税前利润与经济现实相符,利润信息质量要优于完全成本法。

按照变动成本法编制的利润表,当销量一致时,每个月的利润额都是一致的。因此,按变动成本法编制的利润表更加合理和科学,可以避免企业不顾销售情况而盲目生产,避免提供无效供给使社会资源造成极大浪费。

六、变动成本法的优缺点

（一）变动成本法的优点

变动成本法是计量利润的一种新思路和新方法，虽然这种方法不能满足公认会计准则的要求，因而不能作为对外报告的依据，但它能够提供科学反映成本与业务量之间，利润与业务量之间量的变化规律的信息，因而有助于加强成本管理，强化管理会计预测、决策、规划、控制和业绩考核等职能。具体而言，其优点表现在以下几个方面。

1. 能为企业内部管理提供有用的决策信息，有利于强化企业内部管理，提高经济效益

采用变动成本法预测和计算利润，将成本划分为变动成本和固定成本两个部分，使业务量的变化与利润之间的关系得到正确的揭示，这样有利于企业进行决策、控制和业绩考核。比如，预测和规划未来的经营目标利润，制定日常经营决策包括薄利多销的决策、特殊订货的决策，编制预算以确保经营目标的实现，以及进行恰当合理的业绩考核等。从而促进各管理职能的实施，有效地提高企业的管理能力和水平。

2. 能够促使企业重视市场，以销定产

在变动成本法下，产量的高低与存货的增减对营业利润没有影响。在售价、单位变动成本、固定成本总额与销售结构不变的情况下，企业的营业利润随销售量同方向变动，这样，营业利润成了企业经营状况的晴雨表，有助于促使企业树立市场观念，努力开发市场，重视销售。

3. 有利于正确考核企业内部各部门的经营业绩

一般而言，企业管理层为了履行受托责任，其主要职责就是尽可能实现利润最大化。而实现目标利润的重要环节就是确保销售渠道的畅通和销售目标的实现。所以，只有销售得越多而不是生产得越多，管理层的受托责任才履行得越好。但是在完全成本法下就不能如实反映这种情况，相反会出现令人疑惑的现象，也不能合理地考评各部门的经营绩效。

4. 能够简化成本核算、强化成本控制，促使成本降低

采用变动成本法，把固定制造费用列入期间费用，从贡献毛益直接扣除，简化了产品成本计算中间接费用的分配过程，而且还可以减少由于分配标准的多样化而产生的主观随意性及同行业成本水平的不可比，大大简化了成本核算工作，把财务部门的核算工作从繁重的成本核算中解放出来，将工作重心向事前预测、事中控制方面转移。采用变动成本法，产品成本不受固定成本和产量的影响，而取决于各项变动成本的高低，因此可直接分析因成本控制工作本身的好坏而造成的成本升降。同时，变动成本法还有助于将固定成本和变动成本指标分解落实给各个责任部门，分清各部门的责任，调动各个部门降低成本的积极性，鼓励各部门采取各项降低成本的措施和方法。

5. 有利于开展本量利分析，促进科学的预测和短期经营决策

变动成本法是本量利分析的基础和前提，通过分析采用变动成本法所提供的成本及贡献毛益指标,可以完成成本预测和短期经营决策等多个方面的工作。

(二) 变动成本法的缺点

虽然变动成本法有诸多的优点,但是也存在一些不足,主要是因为存货计价的差异而导致对资产和损益计量的影响。

1. 不符合传统财务会计的产品成本概念以及对外报告的要求

无论是传统财务会计的理念还是经济理论,都要求产品成本能反映在生产领域为生产产品而发生的全部生产成本,当然也包括固定制造费用。这种观念长期以来在世界范围内得到广泛的支持和认可,并作为财务会计准则,作为对外报送财务报告的标准。但是变动成本法只包括产品成本中的变动部分,如果在一些变动成本所占成本比例比较小的企业,产品成本的计算差异就很大,也不符合会计准则的要求,不能成为对外报送财务报告的标准。这是变动成本法最大的局限性,也是其至今未能在全世界范围全面推广的根本原因。

2. 不能适应企业长期决策的需要

变动成本法建立在成本性态分析的基础之上,因此它以相关范围假定为存在前提。但是成本的性态受多个因素的影响,因此,固定成本和变动成本的水平不可能长期不变。而长期决策涵盖的时间范畴比较长,需要对增加或减少生产能力和扩大或缩小经营规模等问题进行决策,必然突破相关范围。因此变动成本法所提供的成本信息不能满足企业进行长期决策的需要。而长期决策具有战略管理的特征,在如今强调战略管理和风险控制的环境下,变动成本法需要随着相关范围变动,对变动成本和固定成本进行相应的调整。

3. 可能对利益相关者造成不利影响

会计政策的执行一般都会产生一定的经济后果,会出现经济利益的再分配。如果采用变动成本法,在期末有库存的情况下,相对完全成本法而言,一般都会降低存货的计价,增加当期的期间费用,减少当期的营业利润,从而减少所得税的上缴和投资者的投资报酬。因此,在其施行过程中必然会遭到来自政府和投资者两方面的阻力。

在实务中,也有企业将两种成本计算方法结合起来使用的做法,即在平时记账时,将固定制造费用记入一个暂记账户,内部核算时用变动成本法,暂记账户中反映的固定制造费用全部作为期间费用处理。对外编报则用完全成本法,在期末将暂记账户所记录的固定制造费用在已销产品与期末存货之间进行分配,应由存货承担的固定制造费用仍保留在暂记账户中,在资产负债表中反映时,则合并到存货项目中。应由销售成本负担的固定制造费用则转入主营业务成本账户,列入利润表。这样,既可满足内部管理的需要,又能满足对外报告的要求。

本 章 小 结

1. 成本按经济用途分类,可分为生产成本和非生产成本。生产成本又可分为直接材料、直接人工和制造费用;非生产成本又称非制造成本,可细分为销售费用(又称推销费用)和管理费用。按照将成本计入产品成本的方式,可将成本分为直接成本和间接成本。

2. 编制资产负债表和利润表时,需要将成本分为产品成本和期间成本。按照成本性态,通常把成本分为固定成本与变动成本两大类。

3. 完全成本法与变动成本法是编制利润表的两种方法。变动成本法计算收益时,只将生产某种产品所发生的所有耗费和支出中的变动成本计入该产品的成本,包括直接材料、直接人工和变动制造费用;将制造费用中的固定部分全部作为期间费用计入当期损益。在这种方法下,产品成本只包括变动生产成本。当产品销售时,转入销售成本的也只包括变动生产成本。因此,它与完全成本法计算损益的方法存在着差别。

4. 尽管变动成本法不符合公认会计准则的要求,在编制对外报送的会计报表时还不能采用此法,但是变动成本法所计算的利润信息质量特征,能让企业内部管理者充分利用所提供的相关信息,更好地分析过去、控制现在和筹划未来。

复习思考题

1. 成本可以按经济用途分类、按计入产品成本方式分类、按编制财务报表要求分类以及按成本性态分类,这四种分类之间存在何种内在联系?

2. 什么是混合成本? 混合成本有哪三种分解方法?

3. 变动成本法计算的利润信息质量特征是什么? 管理者利用这些信息进行决策有哪些优势和缺点?

练 习 题

1. 根据某厂的历史记录,其机器维修成本的变动情况如表2-14所示。

表2-14 机器维修成本的变动情况

机器工作时间/小时	22	23	19	12	12	9	7	11	14
维修成本/元	26	25	20	20	20	15	14	14	16

要求:

(1)用高低点法、回归分析法进行维修成本的分解。

(2)如下期机器工作时间预计为25小时,请预测其维修成本。

2. 某工厂过去一年12个月中机器工作时间高、低点时的制造费用资料如表2-15所示。

表2-15 机器工作时间高、低点时的制造费用资料

摘要	高点(11月)	低点(4月)
机器工作时间/小时	75 000	50 000
制造费用总额/元	176 250	142 500

表2-15的制造费用总额中包括变动成本、固定成本和混合成本三类。该厂会计部门曾对机器工作时间在50 000小时的制造费用总额做了分析,其组成如下:

变动成本总额　　　　　50 000元

固定成本总额　　　　　60 000元

混合成本总额　　　　　32 500元

　　　　　　　　　　　142 500元

要求:

(1)采用高低点法将该厂的混合成本分解为变动成本和固定成本,并写出分解公式。

(2)若计划期间的机器工作时间为65 000小时,计算其制造费用总额。

3. 某公司只生产A产品,A产品生产、销售及成本资料如表2-16所示。

表 2-16　A 产品生产、销售及成本资料

摘要	第一年	第二年
生产量/件	30 000	24 000
销售量/件	22 000	32 000
销售单价/元	18	18
单位变动生产成本/元	12	12
固定制造费用/元	90 000	90 000
固定销售费用/元	40 000	40 000
固定管理及财务费用/元	20 000	20 000

要求：

(1) 分别用变动成本法与完全成本法编制两年的利润表。

(2) 比较两种方法计算的净利润差异并分析原因。

4. 阳光公司只生产一种产品，单价为 30 元，第一、二两年生产量分别为 10 000 件和 8 000 件；销售量分别为 8 000 件和 9 000 件。生产成本中，单位变动成本 15 元，固定成本 30 000 元。非生产成本中，变动费用为销售收入的 6%，固定费用为 10 000 元。

要求：

(1) 分别用变动成本法与完全成本法编制利润表。

(2) 分析如何结合运用变动成本法与完全成本法。

案例讨论题

承接引导案例，对小王收集的有关奶茶店资料进行分析和讨论。

我们就小王收集的资料，进行了利润分析、进出成本分析和寻求差异化分析，以便同学们有针对性地讨论。分析如下：

1. 利润丰厚

奶茶平均售价 10 元/杯，而材料成本 2.5 元/杯，人工成本 0.888 9 元/杯，每杯贡献的毛利为 6.61 元/杯(10−2.5−0.888 9)，每年奶茶在市场上创造的毛利为 713 880 元/年(6.61×400×270)，减去每年装修费/封杯机费/租金共 103 000 元，每年利润为 611 000 元。平均每人创造利润 305 500 元/年，利润丰厚。

　　2. 进出成本低

　　进入成本为 1 013 000 元（装修费 10 000 元＋封装机 3 000 元＋租金 1 000 000 元）；退出成本较低：退出成本扣除停止营业不发生的成本（包括人工费、杯子/吸管/封口/奶精/茶叶/糖水），主要是租金成本 1 000 000 元/年，但要是不做奶茶店可以转租，所以租金是可以通过再出租得到补偿的；封装机可以折价出售得到补偿 1 000 元，实际损失 2 000 元；而店面装修费将损失 10 000 元；退出成本也就 12 000 元。

　　3. 寻求差异化

　　寻求差异化的投入主要包括培训费、广告费等 10 000 元/年。从表 2-1 可以看出，培训可以创新奶茶品种、改善口味，以适应需求变化；广告可以创造客户，扩大销量；同时可以聘请在校实习学生做钟点工，一方面引入学生参与奶茶品种创新，另一方面可以通过学生改善服务创新。

　　"知进退存亡而不失其正"，通过表 2-1 分析，基本上就可以弄清奶茶店的进入和退出成本，寻求差异化途径，谋划奶茶店的进一步发展。

　　讨论题：

　　人们总是希望通过相应的投入获得所期望的产出，那么，怎样通过成本投入分类，来认识或构筑企业的盈利能力和核心竞争力呢？

第三章 本量利分析

 学习目标

1. 了解本量利分析的假设前提和基本定量模型；
2. 掌握保本点、保利点有关公式及其应用；
3. 掌握多品种条件下本量利分析具体方法及其应用；
4. 掌握本量利分析的敏感度分析；
5. 应用本量利分析进行战略规划。

课程思政要点

 引导案例

金熊广告公司正在策划一个报纸广告项目，打算利用当地晚报 1/3 版面做周末（每周五）民宿广告。1/3 版面费 12 000 元，能容纳 200 条广告，每条预计收费 100 元。项目经理小周打算在报社大楼租赁一间办公室，租金 6 000 元/月；小周的薪酬是 6 000 元/月，主要负责联系业务；办公室常驻 1 人，薪酬 4 000 元/月，主要负责接收电话、编辑广告页面并报送报社等；电话费、宣传费等办公费 2 000 元/月。

如果是长期在周末做广告的话，1/3 版面费会优惠至 8 000 元。现在小周最担心的是广告业务量的稳定性，报纸广告明显地受到了网络平台的严重冲击。为了保证足够的业务量，小周打算聘请业务员，许诺每接一条民宿广告支付 15 元（100×15％）报酬，若是民宿老板直接来登广告给予 85 元的优惠价。

请思考：

该项目的月利润是多少？为了保障民宿广告项目不至于亏损，每月至少需要多少条广告？与网络平台比，报纸广告的优势主要是价格低廉，那么，民宿广告的价格底线是多少呢？

第一节　本量利分析概述

一、本量利分析的概念

本量利分析（cost-volume-profit analysis），简称 CVP 分析，是成本-业务量-利润关系分析的简称，是指在成本性态分析和变动成本法的基础上，以数量化的会计模型与图示来揭示固定成本、变动成本、销售量、销售单价和利润等变量之间的内在规律性联系，为企业进行预测、决策、计划和控制提供必要的决策信息的一种定量分析方法。也有人将本量利分析称为量本利分析（VCP 分析）。

本量利分析是现代管理会计学的重要组成部分，其应用范围非常广泛。将本量利分析与经营风险分析相结合，可促使企业努力降低风险；与预测技术相结合，企业可以进行保本预测、确定保本销售水平，进而确定实现目标利润的业务量；与决策融为一体，可以进行生产决策、定价决策和投资决策等。另外，还可以将其应用于全面预算、成本控制和责任会计中，为企业实现科学管理服务。

二、本量利分析的基本假设

本量利分析所建立和使用的模型，是以一系列基本假设为前提条件的。

（一）成本性态分析假设

假设成本性态分析工作已经完成，全部成本已经被划分为固定成本和变动成本两类，相关的成本性态模型已经形成。

（二）相关范围及线性假设

假设在一定时期和一定产销业务量范围内，成本水平始终保持不变，即固定成本总额和单位变动成本均保持不变性的特点，使成本函数表现为线性方程（$y = a + bx$）；同时，在相关范围内，单价也不因业务量变化而改变，使得销售收入函数也是一个直线方程（$y = px$）。这一假定排除了在时间和业务量变动情况下，各生产要素（原材料、工资等）价格、技术条件、工作效率和生产率以及市场条件变化的可能性。

（三）产销平衡和品种结构稳定假设

假定企业只安排生产一种产品的条件下，生产出来的产品总是可以按照确定的价格在市场上售出，实现产销平衡。对于安排多品种生产的企业，不仅假设产销平衡，而且假设在销售总量（额）发生变化时，各产品之间的销售结构保持不变。这种假设可以使分析人员将注意力集中于单价、成本以及业务量对营业利润的影响。

（四）变动成本法假设

假定产品成本是按变动成本法计算的，即产品成本中只包含变动生产成本，而所有的固定成本（包括固定制造费用在内）均视作期间费用，直接列入当期的损益计算。

（五）目标利润假设

除特别说明外，本量利分析中的利润一般指未扣除利息和所得税以前的"营业利润"，即"息税前利润"。

三、本量利分析的基本公式

依前述基本假定，本量利分析考虑的相关因素主要包括固定成本总额、单位变动成本、产量或销售量、单价和营业利润。这些因素之间的关系可表达如下：

利润＝销售收入－变动成本总额－固定成本总额

＝单价×销售量－单位变动成本×销售量－固定成本总额

＝（单价－单位变动成本）×销售量－固定成本总额

设利润为 P，单价为 p，单位变动成本为 b，销售量为 x，固定成本总额为 a，则以上公式又可表示为：

$$P = (p - b) \times x - a \tag{3-1}$$

该公式通常被称为本量利的基本关系式，含有相互联系的 5 个变量，给定其中任意 4 个变量，即可求出另外一个变量值。

四、贡献毛益及其相关指标的计算

在本量利分析中，单位贡献毛益（contribution margin，CM）是一个十分重要的概念，是指产品销售收入超过其变动成本的差额，又称边际利润或创利额，反映企业投放的产品在市场上的创利能力。因为竞争优势就是获取超额利润的能力，贡献毛益越大，说明企业产品在市场上的竞争优势越明显。它可以用绝对数单位贡献毛益、贡献毛益总额（total contribution margin，TCM）来表示，也可以用相对数贡献毛益率（contribution margin ratio，CMR）来表示。

单位贡献毛益是指产品的销售单价减去单位变动成本后的差额，其计算公式为：

$$单位贡献毛益（CM）＝单价－单位变动成本＝p - b \tag{3-2}$$

贡献毛益总额是销售收入总额与变动成本总额的差额，其计算公式为：

$$\begin{aligned}贡献毛益总额（TCM）&＝销售收入－变动成本总额\\ &＝ px - bx = (p - b) \times x = CM \times x\end{aligned} \tag{3-3}$$

贡献毛益率是单位贡献毛益与销售单价之间的比率，或贡献毛益总额与销售收入之间的比率，它表示每百元销售收入能提供的贡献毛益。其计算公式为：

$$贡献毛益率（CMR）＝\frac{单位贡献毛益}{单价}＝\frac{CM}{p} \times 100\% \tag{3-4}$$

或

$$贡献毛益率（CMR）＝\frac{贡献毛益总额}{销售收入} \times 100\%＝\frac{TCM}{p \times x} \times 100\% \tag{3-5}$$

通常情况下,贡献毛益率越高,产品创利能力越强;贡献毛益率越低,产品创利能力越弱。

[例 3-1]　天目公司只生产一种产品为 A 产品,单价为 20 元,单位变动成本为 12 元,固定成本总额为 40 000 元,本月预计销量为 10 000 件。

要求:

(1) 计算该产品的单位贡献毛益与贡献毛益总额。

(2) 计算该产品的贡献毛益率。

计算分析如下:

(1) 单位贡献毛益(CM)=20−12=8(元)

贡献毛益总额(TCM)=8×10 000=80 000(元)

从以上计算中可知,产销 10 000 件产品的贡献毛益总额为 80 000 元,并非该企业的销售利润,因为该公司的贡献毛益总额首先要用来弥补其 40 000 元的固定成本总额,补偿固定成本后的剩余,才能为企业提供利润。如果贡献毛益总额不足以补偿固定成本,那么企业就会发生亏损。因此,贡献毛益是补偿固定成本能力大小的度量。

(2) 贡献毛益率(CMR)=$\dfrac{8}{20}$×100%=40%

从以上计算中可知,该企业每销售一件产品,可产生 40% 的贡献毛益。

与贡献毛益率密切相关的指标是变动成本率。变动成本率(variable cost ratio, VCR)是产品变动成本与产品销售收入之间的比率,它表示每一元销售收入中变动成本所占的比重。其计算公式为:

$$变动成本率(VCR)=变动成本总额/销售收入总额×100\%$$

$$=(b×x)/(p×x)×100\%$$

$$=单位变动成本/单价×100\%$$

$$=\frac{b}{p}×100\%$$

[例 3-2]　根据例 3-1 中有关 A 产品的资料,计算该企业的变动成本率为:

$$变动成本率(VCR)=\frac{12}{20}×100\%=60\%$$

分析可知,变动成本率与边际贡献率之间存在着互补关系,即:

$$贡献毛益率(CMR)+变动成本率(VCR)=1$$

变动成本率低的企业,贡献毛益率就高,创利能力也强。反之,变动成本率高的企业,则贡献毛益率就低,创利能力也弱。

第二节　保本条件下的本量利分析

保本是指企业在一定时期内收支相等、不盈不亏、利润为零的专门术语。当企业处于这种特殊情形时,可称企业达到保本状态。保本点(break-even point)也称盈亏临界点,是指能使企业达到保本状态时的业务量。保本条件下的本量利分析是研究当企业恰好处于保本状态时本量利关系的一种定量分析方法。它是确定企业经营安全程度和进行保利分析的基础,又称盈亏平衡分析、损益两平分析等。保本分析的内容包括确立保本点、评价企业经营安全和保本状态的判定。具体而言,保本点分析主要涉及三个方面的内容:保本点的计算、保本分析图以及有关因素变动对保本点的影响。

一、保本点的计算

保本点的业务量通常有两种表现形式:一种是用实物量表现,称为"保本点销售量",即销售多少数量的产品才能保本,简称"保本量";另一种是用货币金额表现,称为"保本点销售额",即销售多少金额的产品才能保本,简称"保本额"。

(一) 单一品种保本点的计算

1. 保本点的基本公式

由本量利的基本公式:

$$利润 =(单价 - 单位变动成本)\times 销售量 - 固定成本总额 \tag{3-6}$$

令利润等于零,即可得到保本量的计算公式:

$$保本量 = \frac{固定成本总额}{单价 - 单位变动成本} = \frac{固定成本总额}{单位贡献毛益} = \frac{a}{CM} \tag{3-7}$$

由于保本点既可以用实物量表示,又可用金额表示,因而可得到保本额的计算公式:

$$保本额 = 保本量 \times 单价 = \frac{固定成本总额}{贡献毛益率} = \frac{固定成本总额}{1 - 变动成本率} = \frac{a}{1 - VCR} \tag{3-8}$$

[例 3-3]　根据例 3-1 中有关 A 产品的资料,计算该产品的保本量和保本额。

$$保本量 = \frac{40\,000}{20-12} = \frac{40\,000}{8} = 5\,000(件)$$

$$保本额 = \frac{40\,000}{40\%} = 100\,000(元)$$

以上计算表明,天目公司销售 5 000 件产品,或销售额达到 100 000 元时,才能保证不亏损。

2. 安全边际

企业处于保本点只是意味着贡献毛益可以补偿全部的固定成本,而企业最终的目的是要获得利润,为达到这一目标,其销量就必须超过保本点,并且超过保本点的销量越多,企业经营发生亏损的可能性就越小,企业经营状况也就越安全,由此得到了与保本点密切相关的指标——安全边际。

安全边际(margin of safety,MS),是指产品实际销售量或预计销售量(销售额)超过保本点的销售量(销售额)的差额。它可以用绝对数安全边际量、绝对数安全边际额来表示,也可以用相对数安全边际率来表示。其计算公式分别为:

$$安全边际量 = 实际(预计)销售量 - 保本量 \tag{3-9}$$

$$安全边际额 = 实际(预计)销售额 - 保本额 = 安全边际量 \times 单价 \tag{3-10}$$

$$安全边际率 = \frac{安全边际量}{实际(预计)销售量} \times 100\% \tag{3-11}$$

$$或 \quad 安全边际率 = \frac{安全边际额}{实际(预计)销售额} \times 100\% \tag{3-12}$$

安全边际能反映企业经营的安全程度,安全边际(绝对数或相对数)越大,企业经营越安全;安全边际(绝对数或相对数)越小,企业越容易发生亏损。西方企业一般采用安全边际率来衡量企业经营的安全程度,并且有一个检验标准。企业经营安全性检验标准,如表3-1所示。

表 3-1 企业经营安全性检验标准

安全边际率	10%以下	10%～<20%	20%～<30%	30%～<40%	40%及以上
安全程度	危险	值得注意	比较安全	安全	很安全

[例 3-4] 根据例3-1中有关A产品的资料,计算该产品的安全边际量、安全边际额和安全边际率。

$$安全边际量 = 10\ 000 - 5\ 000 = 5\ 000(件)$$

$$安全边际额 = 5\ 000 \times 20 = 100\ 000(元)$$

$$安全边际率 = 5\ 000 \div 10\ 000 \times 100\% = 50\%$$

以上计算表明,天目公司经营的安全边际量是5 000件,安全边际率是50%。按检验标准来衡量的话,A产品的经营业务安全性很高。安全边际率也表明企业销售所能下降的幅度,超过这一限度就会出现亏损。

保本点业务量所创造的贡献毛益正好补偿了全部的固定成本,那么,超过保本点的业务量(即安全边际)所创造的贡献毛益就是企业的利润。由此,可以得到计算利润的另一种计算公式:

$$销售利润 = 安全边际量 \times 单位贡献毛益$$

$$或 \quad 销售利润 = 安全边际额 \times 贡献毛益率 \tag{3-13}$$

$$销售利润率 = 安全边际率 \times 贡献毛益率 \tag{3-14}$$

[例 3-5]　根据例 3-1 中有关 A 产品的资料,计算天目公司的销售利润和销售利润率。

$$销售利润 = 5\,000 \times 8 = 40\,000(元)$$

$$销售利润率 = 50\% \times 40\% = 20\%$$

以上计算表明,天目公司本期获得的销售利润为 40 000 元,销售利润率为 20%。

3. 保本作业率

有的企业在衡量经营安全程度时,不用安全边际指标,而是用逆指标"保本作业率"来表示。保本作业率(danger rate,DR)又称危险率、盈亏临界点作业率,是指保本点业务量占实际业务量或预计业务量的百分比,其计算公式如下:

$$保本作业率 = \frac{保本量}{实际(预计)销售量} \times 100\% \qquad (3\text{-}15)$$

或

$$保本作业率 = \frac{保本额}{实际(预计)销售额} \times 100\% \qquad (3\text{-}16)$$

该指标越小,说明企业实际业务量(预计业务量)远远大于保本点业务量,企业经营安全性越高,危险性越小;反之,则说明企业经营安全性越差,危险性越大。

保本作业率与安全边际率之间具有互补关系,即:

$$保本作业率 + 安全边际率 = 1 \qquad (3\text{-}17)$$

[例 3-6]　根据例 3-1 中的资料,计算天目公司的保本作业率,并验证保本作业率与安全边际率之间的关系。

$$保本作业率 = 5\,000 \div 10\,000 \times 100\% = 50\%$$

$$50\%(保本作业率) + 50\%(安全边际率) = 1$$

以上计算表明,如果天目公司的实际保本作业率越低于 50%,那么经营风险越小;实际保本作业率越高于 50%,则经营风险越大。

(二) 多品种保本点的计算

前面介绍了单一品种保本点的计算,但实际上大部分企业都不止生产经营一种产品。在企业生产并销售多种产品的情况下,其保本点处的销量不能直接相加,原因在于不同产品在实物量上不具有可加性,所以也就无法直接应用单一品种为基础的保本量和保本额的计算公式。在多品种条件下,企业可以采用的保本点的计算方法通常有加权平均贡献毛益率法、联合单位法等。这里我们主要介绍"加权平均贡献毛益率法。"

加权平均贡献毛益率又称综合贡献毛益率,是在明确各产品的贡献毛益率的基础上,以各产品的销售额在总销售额中所占的比重作为权数,两者相乘,计算得出的反映企业多产品综合创利能力的一个指标。将固定成本总额与加权平均贡献毛益率相比,即可得到全部产品的综合保本点销售额。其计算公式为：

$$加权平均贡献毛益率 = \sum(某产品贡献毛益率 \times 该种产品的销售比重) \qquad (3\text{-}18)$$

$$综合保本额 = \frac{固定成本总额}{加权平均贡献毛益率} \qquad (3\text{-}19)$$

$$某种产品的保本额 = 综合保本额 \times 该产品的销售比重 \qquad (3\text{-}20)$$

$$某产品的保本量 = \frac{该产品保本额}{该产品单价} \qquad (3\text{-}21)$$

[例3-7]　天目公司本月计划生产甲、乙、丙三种产品,固定成本总额为 150 000 元,其基本资料如表 3-2 所示。

表 3-2　甲、乙、丙三种产品的基本资料　　　金额单位:元

产品	销量/件	单价	单位变动成本	单位贡献毛益	贡献毛益率
甲	1 000	40	30	10	25%
乙	2 000	20	16	4	20%
丙	3 000	5	4	1	20%

按照加权平均贡献毛益率法计算保本点,计算过程如下:

销售总额 $= 1\,000 \times 40 + 2\,000 \times 20 + 3\,000 \times 5 = 95\,000$(元)

甲产品的销售比重 $= 1\,000 \times 40 \div 95\,000 = 0.42$

乙产品的销售比重 $= 2\,000 \times 20 \div 95\,000 = 0.42$

丙产品的销售比重 $= 3\,000 \times 5 \div 95\,000 = 0.16$

加权平均贡献毛益率 $= 25\% \times 0.42 + 20\% \times 0.42 + 20\% \times 0.16 = 22.10\%$

综合保本额 $= 150\,000 \div 22.10\% = 678\,733.03$(元)

甲产品保本额 $= 678\,733.03 \times 0.42 = 285\,067.87$(元)

甲产品保本量 $= 285\,067.87 \div 40 = 7\,127$(件)

乙产品保本额 $= 678\,733.03 \times 0.42 = 285\,067.87$(元)

乙产品保本量 $= 285\,067.87 \div 20 = 14\,253$(件)

丙产品保本额 $= 678\,733.03 \times 0.16 = 108\,597.29$(元)

丙产品保本量 $= 108\,597.29 \div 5 = 21\,719$(件)

需要注意的是,上述加权平均贡献毛益率法的应用,是基于甲、乙、丙三种产品的销售比重可以预计,且保持不变。实际销售过程中,各产品的销售比重难免发生变化,进而导致加权平均贡献毛益率发生改变。其变动规律是:当贡献毛益率比较高的产品

销售比重增加,加权平均边际贡献率就会上升,则实际保本点就会降低。反之,当贡献毛益率低的产品销售比重增加,加权平均贡献毛益率就会下降,则实际保本点就会提高。所以,多品种保本点确定时应假定各产品销售比重保持不变。

二、保本分析图

保本点的分析,也可以用图示的方法来进行。保本分析图,是指围绕保本点将影响企业利润的有关因素集中在一张图上形象而具体地表现出来。利用它可以直观地反映成本、业务量、利润之间的相互关系。常见的保本分析图有基本式、贡献式和量利式三种。

(一) 基本式

基本式保本分析图是一种较为常见的,能够反映本量利基本关系的图形,在实际中应用最广泛。该图的绘制方法如下:

(1)以横轴表示业务量,以纵轴表示销售收入与成本,绘制直角坐标系。

(2)绘制销售总成本线。在纵轴上确定固定成本数值,以此为起点,画一条平行于横轴的直线,即固定成本线;在横轴上取一整数业务量,计算其总成本,在坐标上标出该点,并将该点与固定成本起点连接,即为销售总成本线。

(3)绘制销售总收入线。在横轴上取一整数业务量,计算其销售收入,在坐标中找出与之相对应的点,并将该点与坐标原点连接,即为销售总收入线。

(4)销售总收入线与销售总成本线的交点即为保本点。

基本式保本分析图,如图 3-1 所示。

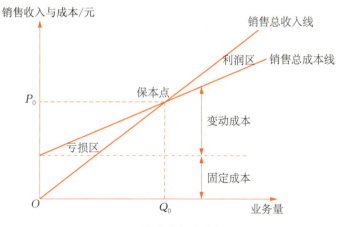

图 3-1　基本式保本分析图

通过观察图 3-1,可以得出以下几条基本规律:

(1)当保本点不变时,销售量超过保本点越多,企业实现的利润越多;反之,若销售量未达到保本点,与保本点差距越大,则企业亏损越多。

(2)当销售量不变时,保本点越低,利润区面积越大,亏损区面积越小,企业实现的利润越多或亏损越少;反之,若保本点越高,则利润区面积越少,亏损区面积越大,企业实现的利润就越少或亏损越多。

（二）贡献式

贡献式保本分析图是一种将固定成本置于变动成本线之上，能直观地反映出贡献毛益、固定成本及利润之间关系的图形。当贡献毛益总额正好弥补固定成本时，即可确定保本点。贡献式保本分析图最大的优点是能够形象地反映贡献毛益的形成过程和构成，如图 3-2 所示。

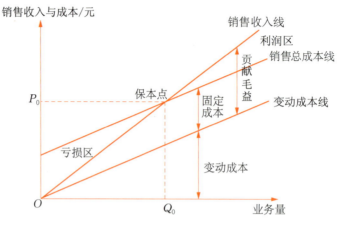

图 3-2　贡献式保本分析图

（三）量利式

量利式保本分析图也称利润图，它能够直观地反映利润与业务量之间的关系，但无法反映成本与业务量之间的关系，是一种简化的保本分析图，如图 3-3 所示。在绘制图形时，首先，以横轴表示业务量，以纵轴代表利润，确定坐标系；然后，在横轴上任取一整数，计算出相应的利润，在坐标上标出该点，并将其与纵轴上负数的固定成本连接，确定利润线，利润线与横轴的交点，即为保本点。

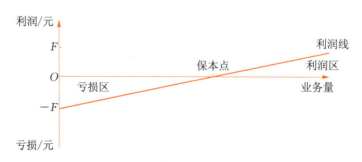

图 3-3　量利式保本分析图

三、有关因素变动对保本点的影响

前面保本点的本量利分析，都是假设在相关范围内除业务量以外的销售单价、单位变动成本、固定成本总额、品种结构等诸因素保持不变的条件下进行讨论的，实际工作中难免有关因素会发生变动，并由此导致保本点提高或降低。在这里，我们将具体分析有关因素变动对保本点的影响。

(一) 单价变动对保本点的影响

在单位变动成本和固定成本总额保持不变的情况下,单位产品销售价格上升,则销售收入增加,相应的销售收入线斜率增大,保本点就会降低;反之,单位产品销售价格下降,会使保本点提高。

[例 3-8] 天目公司生产 A 产品,单价为 20 元,单位变动成本为 12 元,固定成本总额为 40 000 元,本月预计销售 10 000 件。天目公司原 A 产品的保本点如下:

$$保本量 = \frac{40\,000}{20-12} = \frac{40\,000}{8} = 5\,000(件)$$

$$保本额 = 5\,000 \times 20 = 100\,000(元)$$

若单价上调 10%,其他因素不变,则新的保本点为:

$$保本量 = \frac{40\,000}{22-12} = 4\,000(件)$$

$$保本额 = 4\,000 \times 22 = 88\,000(元)$$

可见,随着单价上升,保本量和保本额都相比原来降低了。

(二) 单位变动成本变动对保本点的影响

在其他因素保持不变的情况下,单位变动成本上升,会使单位贡献毛益减少,导致保本点提高;相反,单位变动成本下降,会使单位贡献毛益增加,导致保本点降低。

[例 3-9] 根据例 3-8 资料,若单位变动成本上调 10%,其他因素不变,则:

$$保本量 = \frac{40\,000}{20-13.2} \approx 5\,882(件)$$

$$保本额 = 5\,882 \times 20 = 117\,640(元)$$

可见,随着单位变动成本上升,保本量和保本额都相比原来提高了。

(三) 固定成本总额变动对保本点的影响

在其他因素保持不变的情况下,固定成本总额增加,则需要贡献毛益补偿的金额越大,保本点提高;相反,固定成本总额减少,则保本点降低。

[例 3-10] 根据例 3-8 资料,若固定成本总额上调 10%,其他因素不变,则:

$$保本量 = \frac{44\,000}{20-12} = \frac{44\,000}{8} = 5\,500(件)$$

$$保本额 = 5\,500 \times 20 = 110\,000(元)$$

可见,随着固定成本总额的增加,保本量和保本额都相比原来提高了。

（四）产品品种变动对保本点的影响

当企业经营多种产品时，有关产品之间的产销结构发生改变，即使各种产品的销售单价、单位变动成本和固定成本总额不变时，企业的保本点也会随之变化。当贡献毛益率低的产品销售比重增加时，会使加权平均贡献毛益率下降，从而导致保本点增加；反之，当贡献毛益率高的产品销售比重增加时，保本点降低。

> **[例 3-11]** 根据例 3-7 资料，若天目公司甲、乙、丙三种产品的单价、单位变动成本、总成本不变，销售比重变为 0.7∶0.2∶0.1，则
>
> 加权平均边际贡献率＝25％×0.7＋20％×0.2＋20％×0.1＝23.5％
>
> 保本点销售额＝150 000÷23.5％＝638 297.87(元)
>
> 可见，在其他因素不变的情况下，企业应提高贡献毛益率高的产品的销售比重，这样也即提高了企业的加权平均贡献毛益率，从而降低保本点。

第三节 保利条件下的本量利分析

保本分析是假定企业利润为零，不盈不亏条件下的本量利分析，它有助于我们了解企业的最低生存条件和企业经营的安全程度。但是，从现实的角度看，企业经营的目的，不是为了不亏本，而是获得盈利，谋求进一步发展。所谓保利条件下的本量利分析，就是将目标利润引进本量利分析的基本公式，在确保目标利润实现的条件下，充分揭示成本、业务量、利润三者之间的关系。保利分析实际上是保本分析的延伸和扩展，具体而言，保利分析主要包括两方面的内容：保利点的计算和利润的敏感性分析。

一、保利点的计算

保利点是指在单价和成本水平确定的情况下，为确保预先确定的目标利润能够实现，而应达到的销售量和销售额的统称。因而，保利点也称实现目标利润的业务量，具体包括两种表现形式：保利量和保利额。

（一）单一品种保利点的计算

1. 不考虑所得税的保利点的确定

由于本量利分析中的"利润"一般为营业利润（或利润总额），所以不考虑所得税的保利点计算公式，可以通过本量利分析的基本公式推导得出，其公式如下：

$$保利量＝\frac{固定成本＋目标利润}{单价－单位变动成本}＝\frac{固定成本＋目标利润}{单位贡献毛益} \tag{3-22}$$

$$保利额＝保利量×单价＝\frac{固定成本＋目标利润}{贡献毛益率} \tag{3-23}$$

[例 3-12] 根据例 3-8 资料，假设本月目标利润为 48 000 元，价格和成本水平不变，则保利点计算如下：

$$保利量 = \frac{40\,000 + 48\,000}{20 - 12} = 11\,000（件）$$

$$保利额 = 11\,000 \times 20 = 220\,000（元）$$

以上计算表明，天目公司在现有售价和成本水平的条件下，本月要实现 48 000 元的目标利润，必须销售 11 000 件 A 产品，或实现 220 000 元的销售额。

2. 考虑所得税的保利点的确定

考虑所得税的目标利润，就是指目标税后利润，又称目标净利润，是企业在一定时期缴纳所得税后实现的利润目标。只有这部分利润，才是企业可以实际支配的利润，因而，更受企业管理者重视。因为：

$$目标税后利润 = 目标利润 \times (1 - 所得税税率) \tag{3-24}$$

所以，考虑所得税的保利点计算公式如下：

$$保利量 = \frac{固定成本 + \dfrac{目标税后利润}{1 - 所得税税率}}{单价 - 单位变动成本} = \frac{固定成本 + \dfrac{目标税后利润}{1 - 所得税税率}}{单位贡献毛益} \tag{3-25}$$

$$保利额 = 保利量 \times 单价 = \frac{固定成本 + \dfrac{目标税后利润}{1 - 所得税税率}}{贡献毛益率} \tag{3-26}$$

[例 3-13] 根据例 3-9 资料，假设企业本月欲实现目标税后利润 48 000 元，所得税税率为 25%，则：

$$保利量 = \frac{40\,000 + \dfrac{48\,000}{1 - 25\%}}{20 - 12} = 13\,000（件）$$

$$保利额 = 13\,000 \times 20 = 260\,000（元）$$

以上计算表明，相同的目标利润，但目标税后利润需要企业销售更多的产品，实现更多的销售额才可以达到。

（二）多品种保利点的计算

当企业生产多种产品时，不同品种产品的销售量不能直接相加，所以，多品种保利点一般指的是以货币量为表现形式的综合保利额，其计算公式如下：

$$综合保利额 = \frac{固定成本 + \dfrac{目标税后利润}{1 - 所得税税率}}{加权平均贡献毛益率} \tag{3-27}$$

$$某产品的保利额 = 综合保利额 \times 该产品的销售比重 \tag{3-28}$$

$$某产品的保利量 = \frac{该产品的保利额}{该产品单价} \tag{3-29}$$

二、相关因素变动对实现目标利润的影响

由于保利分析是保本分析的拓展与延伸,所以导致保本点变化的各个因素都可能会对保利点产生影响。根据利润的计算公式:

$$利润＝（单价－单位变动成本）×销售量－固定成本总额 \qquad (3-30)$$

我们可以发现单价、销售量、单位变动成本和固定成本总额都是影响利润的因素;在多品种生产的企业,产品品种结构会影响到利润;而在进行目标税后利润的分析时,所得税税率的变动也会对目标利润产生影响。

（一）单价变动对利润的影响

根据利润的计算公式,当其他因素保持不变,单位产品售价上升时,单位贡献毛益会增加,进而导致利润增加;相反,当单价下降时,单位贡献毛益减少,则企业利润减少。

（二）单位变动成本变动对利润的影响

当其他因素保持不变时,单位变动成本上升,会使单位贡献毛益减少,利润降低;相反,单位变动成本下降,会使单位贡献毛益增加,利润增加。

（三）固定成本总额变动对利润的影响

当其他因素保持不变时,固定成本总额增加,则利润减少;相反,固定成本总额减少,则利润增加。

（四）销售量变动对利润的影响

当其他因素保持不变时,销售量增加,贡献毛益总额增加,则利润增加;相反,销售量减少,则利润减少。

（五）产品品种变动对利润的影响

当企业经营多种产品时,有关产品之间的产销结构发生改变,即使各种产品的销售单价、单位变动成本和固定成本总额不变时,企业的利润也会随之变化。当贡献毛益率低的产品销售比重增加时,会使加权平均贡献毛益率下降,从而导致保本点提高,利润减少;相反,当贡献毛益率高的产品销售比重增加时,保利点降低,利润增加。

三、利润的敏感性分析

敏感性分析是指从定量分析的角度研究有关因素发生某种变化对某一个或一组关键指标影响程度的一种不确定分析技术。其实质是通过逐一改变相关变量数值的方法来揭示关键指标受这些因素变动影响大小的规律。

利润的敏感性分析是指专门研究制约利润的有关因素在特定条件下发生变化时对利润所产生影响的一种敏感性的分析方法。本量利关系中利润的敏感性分析主要研究两个方面的问题:一是有关因素发生多大变化时会使企业由盈利变为亏损;二是有关因素变化对利润变化的影响程度。

（一）确定影响利润的各变量的临界值

如前所述,影响利润的主要因素有单价、单位变动成本、销售量和固定成本总额。这些因素变动到何种程度时,才不会使产品由盈利转为亏损,也就是说,不使产品发生

亏损的各因素变动的最大允许范围,为保本临界值(盈亏临界值)。

据本量利分析的基本公式:$P=(p-b)\times x-a$,令 $P=0$ 时,则 $(p-b)\times x-a=0$,根据此公式,即可求出保本临界值。

1. 单价的最小允许值(p_{min})

$$p_{min}=\frac{固定成本}{销售量}+单位变动成本=\frac{a}{x}+b \tag{3-31}$$

2. 销售量的最小允许值(x_{min})

$$x_{min}=\frac{固定成本}{单价-单位变动成本}=\frac{a}{p-b} \tag{3-32}$$

3. 单位变动成本的最大允许值(b_{max})

$$b_{max}=单价-\frac{固定成本}{销售量}=p-\frac{a}{x} \tag{3-33}$$

4. 固定成本总额的最大允许值(a_{max})

$$a_{max}=(单价-单位变动成本)\times 销售量=(p-b)\times x \tag{3-34}$$

除以上四个因素外,产品销售结构也是影响利润的一个因素,企业应尽量生产和销售单位贡献毛益多的产品。

[例3-14] 天目公司生产的 B 产品,销售单价为 20 元,单位变动成本为 12 元,每月固定成本总额为 40 000 元,若本月计划销售 10 000 件,要求计算各因素的临界值。

$$目标利润=10\,000\times(20-12)-40\,000=40\,000(元)$$

1. 单价的最小允许值

$$p_{min}=\frac{40\,000}{10\,000}+12=16(元)$$

$$单价的降低值=20-16=4(元)$$

$$降低率=\frac{4}{20}\times 100\%=20\%$$

计算结果表明,产品单价最低不能低于 16 元,即单价下降幅度不能超过 20%,否则企业就会发生亏损。

2. 销售量的最小允许值

$$x_{min}=\frac{40\,000}{20-12}=5\,000(件)$$

$$销售量的降低值=10\,000-5\,000=5\,000(件)$$

$$降低率=\frac{5\,000}{10\,000}\times 100\%=50\%$$

计算结果表明,产品销售量不能低于 5 000 件,即下降幅度不能超过 50%,否则企业就会发生亏损。

3. 单位变动成本的最大允许值

$$b_{\max} = 20 - \frac{40\ 000}{10\ 000} = 16(元)$$

$$单位变动成本的上升值 = 16 - 12 = 4(元)$$

$$上升率 = \frac{4}{12} \times 100\% = 33.33\%$$

计算结果表明,单位变动成本不能高于 16 元,即上升幅度不能超过 33.33%,否则企业就会发生亏损。

4. 固定成本总额的最大允许值

$$a_{\max} = (20 - 12) \times 10\ 000 = 80\ 000(元)$$

$$固定成本总额的上升值 = 80\ 000 - 40\ 000 = 40\ 000(元)$$

$$上升率 = \frac{40\ 000}{40\ 000} \times 100\% = 100\%$$

计算结果表明,固定成本总额不能高于 80 000 元,即上升幅度不能超过 100%,否则企业会发生亏损。

(二) 敏感系数

单价、销售量、单位变动成本和固定成本总额等这些因素的变化都会对利润产生影响,但其影响程度不一样。有些因素只要有较小的变动就会引起利润发生较大的变动,这些因素被称为强敏感性因素。而有些因素即使变动幅度很大,对利润也只能产生较小的影响,被称为弱敏感性因素。人们往往用敏感系数来衡量各因素变化对某一指标的敏感程度,其计算公式为:

$$敏感系数 = \frac{利润变动百分比}{因素值变动百分比} \tag{3-35}$$

上式中,敏感系数为正数,表明它与利润同向增减;敏感系数为负数,表明它与利润反向增减。敏感系数绝对值越大,表明影响程度越大。

[例 3-15]　天目公司生产的 C 产品,销售单价为 10 元,单位变动成本为 6 元,每月固定成本总额为 2 000 元,若本月计划销售 1 000 件,利润为 2 000 元,则各因素的敏感系数计算如下:

1. 单价的敏感系数
当单价提高 20% 时,

$$单价 = 10 \times (1 + 20\%) = 12(元)$$

$$利润＝1\,000×(12-6)-2\,000＝4\,000(元)$$

$$利润变化百分比＝\frac{4\,000-2\,000}{2\,000}＝100\%$$

$$单价的敏感系数＝\frac{100\%}{20\%}＝5$$

2. 单位变动成本的敏感系数

当单位变动成本增加20%时，

$$单位变动成本＝6×(1+20\%)＝7.2(元)$$

$$利润＝1\,000×(10-7.2)-2\,000＝800(元)$$

$$利润变化百分比＝\frac{800-2\,000}{2\,000}＝-60\%$$

$$单位变动成本的敏感系数＝\frac{-60\%}{20\%}＝-3$$

3. 销售量的敏感系数

当销售量增加20%时，

$$销售量＝1\,000×(1+20\%)＝1\,200(件)$$

$$利润＝1\,200×(10-6)-2\,000＝2\,800(元)$$

$$利润变化百分比＝\frac{2\,800-2\,000}{2\,000}＝40\%$$

$$销售量的敏感系数＝\frac{40\%}{20\%}＝2$$

4. 固定成本总额的敏感系数

当固定成本总额增加20%时，

$$固定成本＝2\,000×(1+20\%)＝2\,400(元)$$

$$利润＝1\,000×(10-6)-2\,400＝1\,600(元)$$

$$利润变化百分比＝\frac{1\,600-2\,000}{2\,000}＝-20\%$$

$$固定成本的敏感系数＝\frac{-20\%}{20\%}＝-1$$

从以上计算结果可以看出，在例3-15中，单价对利润的敏感性最强，固定成本总额对利润的敏感性最小。

不同案例中，计算出的敏感系数往往是不同的，各因素敏感系数的一般计算公式如下：

$$单价的敏感系数 = \frac{单价 \times 销售量}{利润} \tag{3-36}$$

$$单位变动成本的敏感系数 = -\frac{单位变动成本 \times 销售量}{利润} \tag{3-37}$$

$$销售量的敏感系数 = \frac{(单价 - 单位变动成本) \times 销售量}{利润} \tag{3-38}$$

$$固定成本总额的敏感系数 = -\frac{固定成本总额}{利润} \tag{3-39}$$

同样是例 3-15,计算得出各因素的敏感系数为：

$$单价的敏感系数 = \frac{10 \times 1\,000}{2\,000} = 5$$

$$单位变动成本的敏感系数 = -\frac{6 \times 1\,000}{2\,000} = -3$$

$$销售量的敏感系数 = \frac{(10-6) \times 1\,000}{2\,000} = 2$$

$$固定成本总额的敏感系数 = -\frac{2\,000}{2\,000} = -1$$

敏感系数揭示了各因素变动对利润的影响程度,但不能直观地显示变化后的利润值。因此,在计算出敏感系数的同时,还需要编制敏感系数分析表,即当因素发生变动时,将利润值的变动情况集中反映在一张表中。

根据例 3-15 资料,编制敏感分析表,如表 3-3 所示。

表 3-3　敏感分析表　　　　　　　　　　　　　　　　　　金额单位:元

项目	变动百分比				
	20%	10%	0	−10%	−20%
单价	4 000	3 000	2 000	1 000	0
单位变动成本	800	1 400	2 000	2 600	3 200
销售量/件	2 800	2 400	2 000	1 600	1 200
固定成本总额	1 600	1 800	2 000	2 200	2 400

综上所述,本量利分析的四个因素按照敏感度系数的绝对值从大到小排序,分别是单价、单位变动成本、销售量、固定成本。本量利分析的敏感度分析在战略分析、项目策划、商业模式分析等方面有着广泛应用。就单因素比较来看:要是广告费增加,即固定成本增加,导致销售量同比增加的话,将相应增加利润,这就是为什么很多企业愿意做广告的内在机制;同样,要是包装费增加,即单位变动成本增加,促使单价同比增加的话,也会相应增加利润,这就是为什么很多厂商过度包装的内在动力。在实务中,本量利分析中的四个因素会相互联动,比如,广告导致销售量

增加,会相应增加利润;要是生产量增加不能满足销售量增加的需要的话,就会导致涨价;涨价导致消费升级,产品步入高端市场,要求更为精美的高档包装——每一轮循环,都导致利润增加,这就叫良性循环。产品更新换代要是能够步入良性循环,将推动企业不断向前发展。

本 章 小 结

1. 本量利分析是指在成本性态分析和变动成本法的基础上,以数量化的会计模型与图示来揭示固定成本、变动成本、销售量、销售单价和利润等变量之间的内在规律性联系,为企业进行预测、决策、计划和控制,提供必要的决策信息的一种定量分析方法。保本点也称盈亏临界点,是指能使企业达到保本状态时的业务量。

2. 保本分析主要是分析单价、单位变动成本、业务量和固定成本变动对保本点的影响。

3. 安全边际是指产品实际销售量或预计销售量(销售额)超过保本点的销售量(销售额)的差额,用以衡量经营风险。

4. 保利条件下的本量利分析,就是将目标利润引进本量利分析的基本公式,在确保目标利润实现的条件下,充分揭示成本、业务量、利润三者之间的关系。

5. 本量利关系中利润的敏感性分析主要研究两个方面的问题:一是有关因素发生多大变化时会使企业由盈利变为亏损;二是有关因素变化对利润变化的影响程度。

复习思考题

1. 贡献毛益是什么?贡献毛益等于毛利吗?

2. 什么是保本点?本量利分析中四个因素怎样变动才能增加利润?

3. 在产销多品种的情况下,如何增加企业的利润?

4. 怎样利用本量利分析中的四个因素敏感度进行战略规划?

练 习 题

1. 天目公司本月预计销售 A 产品 5 000 件,单位售价 10 元,单位变动成本 5 元,固定成本 10 000 元。

要求:

(1) 计算保本点。

(2) 计算安全边际、安全边际率。

(3) 计算达到保本点的作业率。

(4) 计算销售利润率达到 30% 时的销售量。

(5) 计算目标利润达到 30 000 元时的目标销售量。

2. 天目公司 D 产品 10 月份的销售信息和成本信息如表 3-4 所示。

表 3-4　天目公司 D 产品 10 月份的销售和成本信息

销售量/件	4 000
销售单价/(元/件)	25
单位变动成本/(元/件)	20
当月固定成本/元	1 500

要求:

(1) 计算该公司的单位贡献毛益和贡献毛益率。

(2) 计算该公司 10 月份的边际贡献总额和利润。

(3) 计算该公司保本点的销售量和销售额。

(4) 在其他条件不变的情况下,若公司 11 月份的目标利润为 30 000 元。在不考虑所得税的情况下,计算该公司的目标销售量和目标销售额。

(5) 在其他条件不变的情况下,若公司 11 月份的目标税后利润为 50 000 元,在考虑所得税的情况下,所得税税率为 25%,计算该公司的目标销售量和目标销售额。

3. 某企业在计划期间产销甲、乙两种产品,固定成本总额为 13 000 元,甲、乙产品销售和成本信息如表 3-5 所示。

表 3-5　甲、乙产品销售和成本信息

项目	甲产品	乙产品
预计销售量/件	2 000	1 000
单位售价/元	40	20
单位变动成本/元	30	12

要求:

(1)计算综合保本点。

(2)计算各产品的保本点。

4. 辉煌公司决定生产 A 产品,现有甲、乙、丙三种不同的工艺方案,甲、乙、丙方案的成本信息如表 3-6 所示。

表 3-6　甲、乙、丙方案的成本信息　　　　　　　　　　单位:元

方案	单位变动成本	专属固定成本
甲	4	650
乙	5	400
丙	6	250

要求:

通过本量利分析,对甲、乙、丙三种不同的方案进行选择。

案例讨论题

2002 年五粮液集团在五粮液经销大会上,提出了"三个转变"和"四个贴近"。"三个转变"即要从生产销售低价位产品转变到生产中高价位产品上来;要从生产销售普通产品转变到打造销售名牌产品上来;经销商销售产品要从一般批发、分销模式为主转变到以抓终端、抓直销上来。"四个贴近"即要贴近市场,贴近实际,贴近消费需求,贴近消费场所的氛围。简单地讲,就是肩扛品牌大旗,一手抓提价,一手抓销量。该战略在 2003 年 1218 会议上得以重申,2004 年 1218 会议上再次强调,直至 2008 年 1218 会议上再次重提"三个转变""四个贴近"。

肩扛品牌大旗:从 1915 年荣获巴拿马万国博览会金奖至今,五粮液已先后获得国家名酒、国家金质奖章、国家质量管理奖、中国最佳诚信企业、百年世博·百年金奖等上百项国内国际荣誉。2020 年,五粮液品牌位居"全球品牌价值 500 强"第 79 位、"亚洲品牌 500 强"第 37 位、"中国品牌价值 100 强"第 3 位。

一手抓提价:改革开放以来,跟随"金奖"步伐,五粮液的市场价格随着消费升级一直攀升,从 20 世纪 80 年代 5.30 元/瓶直到目前几千元一瓶。目标消费群体的不断升级,包装设计及时更新换代,五粮液成功实施了"最贵"价格战略,成为高端白酒的标志品牌。

一手抓销量:"金奖＋广告"的品牌战略,支撑着五粮液的高速发展。同时五粮

液从通过品牌买断经营,到"现代人"品牌经销商、五粮液品牌营运商,再到团购、五粮液专卖店等,不断组建、整合和升级销售渠道,促使五粮液的销售量迅速增长,奠定了五粮液在中国酒业的龙头地位。

讨论题:

在网上收集秦池特曲的资料,与五粮液进行比较,并通过本量利分析的敏感度分析,讨论两家公司的发展路径的区别。

第四章 短期经营决策

学习目标

1. 了解决策的概念、意义和程序；
2. 掌握经营决策常用的方法；
3. 掌握定价决策的种类和常见的定价策略；
4. 掌握生产决策的种类和主要的决策方法。

课程思政要点

引导案例

图强汽配公司是通用汽车中国分公司汽车零配件的长期供应商。根据通用汽车中国分公司的要求，在汽车零配件的生产过程中需要增加一种塑料配件 A，A 配件年需求量为 40 000 件。对于图强汽配公司来讲，目前尚有一部分剩余生产能力，可以自制 A 配件。如果自制，单位生产成本为 62 元（直接材料 28 元，直接人工 14 元，变动制造费用 10 元，固定制造费用 10 元），此外还需花费生产准备成本与产品设计成本共计 10 000 元。现有一家塑料制品生产企业，可提供该配件，供货方案为：以 2 400 000 元的价格向图强汽配公司提供 40 000 件该塑料配件，同时按照 200 000 元的价格租用图强汽配公司的剩余生产能力。

请思考：

（1）如果你是图强汽配公司的总经理，你认为该塑料配件是应该选择自制方案还是外购方案？为什么？

（2）在选择是否外购方案过程中，还要考虑哪些战略因素？

第一节 短期经营决策概述

一、决策的概念

决策（decision-making）就是在充分考虑各种可能的前提下，人们基于对客观规律的认识，对未来实践的方向、目标、原则和方法作出决定的过程。

管理会计中的决策是指针对企业未来经营活动所面临的问题，由各级管理人员做出的有关未来经营战略、方针、目标、措施与方法的决策过程。它是经营管理的核心内容，是关系到企业未来发展兴衰成败的关键所在。

在市场经济条件下，企业必须根据市场需求来决定应该如何组织生产、生产什么以及生产多少、价格怎样确定等经营方向与方针。企业应时刻关注市场动态，根据需求变化正确地进行决策，组织经营，合理安排人、财、物等资源的投放与利用，按市场经济的规律办事。

经营决策的正确与否往往直接在企业效益上得到体现，甚至会影响到企业未来的长期发展。

因此，经营管理者面临的不是是否应该进行决策的问题，而是如何做出正确的决策、如何进行科学决策的问题。

企业决策分析贯穿于生产经营活动的始终，包括：经营战略与方针的决策，经济目标与长短期计划的决策，产品品种开发决策，技术发展与投资决策，资源开发与利用决策，价格决策，生产组织决策，市场营销决策，资金筹措决策，利润分配与使用决策，组织、人事、劳动管理决策等。另外，各职能部门管理方法决策、模式选择及制度设计决策等也属于决策分析的范畴。本书所介绍的决策分析主要集中于与企业会计管理活动有关的内容。

二、经营决策的意义、分类与程序

在企业生产经营过程中总是会遇到各种问题，如有关企业未来的经营战略、经营方向、经营目标、措施和方法等，需要管理者制定相应决策以解决。在管理会计中，经济效益则是判断决策是否最优的一个重要标准。

（一）经营决策的意义

在市场经济条件下，企业需要根据市场需求决定生产什么、生产多少、如何组织生产、价格怎样确定等经营方向和经营目标问题。企业必须随时根据市场需求变化正确地进行决策。如何合理有效地安排生产，组织人、财、物等各项资源的使用，不仅直接体现在企业的经济效益上，甚至会影响企业长期健康的发展。决策得当就能够使企业得以生存和发展，而决策失误则会给企业带来损失，甚至会使企业破产倒闭。对于企业的管理者来说，科学决策是企业在激烈的市场竞争中立于不败之地的关键环节。同时，现代管理活动更加强调事前决策、事中控制，而不仅仅是事后的分析总结。因此，在产品投产之前，作为管理者，应该在占有完备资料的基础上，在充分考虑各种可能的前提下，借助科学的理论和方法，通过对产品设计、生产、销售等各方面进行分析，从若干可供选择的方案中选择最佳方案，用来指导生产经营活动，以取得最大的经济效益。

（二）经营决策的分类

决策分析贯穿于企业生产经营活动的始终，涉及的内容较多，按照不同的标准可以分为不同的类别。

1. 按照决策规划时效的长短划分

按照决策规划时效的长短，决策可以分为短期经营决策和长期经营决策。

短期经营决策是指决策所涉及时间长度在一年或不足一年的一个营业周期以内的决策。短期经营决策因为其决策影响时效通常是在一年或短于一年的较短时期内，所以侧重于从销售量、成本、利润等方面对如何充分利用企业现有资源以获得最大经济效益进行决策。短期经营决策的主要特点是充分利用现有资源进行战术决策，一般不涉及大量资金的投入，不包括新的固定资产的投资决策，并且投资见效快，决策产生的影响一般仅涉及当年的收支盈亏。短期经营决策按照决策的具体内容又分为定价决策和生产决策。本章将重点介绍短期决策的相关内容。

长期经营决策是指决策所涉及时间长度为一年或超过一年的一个营业周期以上的决策，决策产生的影响一般涉及几个年度的收支盈亏。

2. 按照决策条件的确定程度划分

按照决策条件的确定程度，决策可以分为确定型决策、不确定型决策和风险型决策。

确定型决策是指未来客观条件明确，所有备选方案经过计量和分析后能够得到确定结果的决策。在确定型决策条件下，管理者对未来的信息拥有肯定的数据，不存在不确定因素，对每一个方案的预期效益都能通过直接计算而确切地掌握。

不确定型决策是指未来客观条件不确定的决策。在不确定型决策条件下，管理者对未来情况所掌握的信息并非确定数据，无法预先确定某一决策所面临的客观环境和基本情况，只能依靠管理者的经验进行主观判断。

风险型决策是指未来客观条件不能完全肯定，但其即将发生的可能概率大小可以预先确定的决策。在风险型决策条件下，管理者对未来情况所掌握的信息并非完全肯定，但可以通过调查研究、实践经验或模糊数学的方法，确定各种可能出现结果的概率，并以此进行决策判断。

3. 按照各决策方案间的关系划分

按照各决策方案间的关系，决策可分为采纳与否方案决策、互斥方案决策和最优组合方案决策。

采纳与否决策，通常是指在决策时备选方案只有一个，决策者必须对该方案要么接受、要么拒绝的决策，也可称为接受与否决策。

互斥方案决策是指在决策过程中对于同一项决策任务，涉及两个或两个以上相互排斥的备选方案，通过调查分析选择最优方案而排斥其他方案的决策。

最优组合方案决策是指在决策过程中，对于同一项决策任务所涉及的几个备选方案之间存在不同的搭配组合，如何从所有备选方案的各种组合中选出最优组合的决策。

（三）经营决策的程序

1. 确定决策目标

进行短期经营决策首先应该明确决策的目标，即这项决策究竟要解决什么问题。决策目标是决策分析的出发点和归结点。如销售价格定为多少为最优价格、企业的亏损产品是否应该停产或转产、特殊订货能否接受、零部件应该自制还是外购、不同生产工艺如何选择等。

2. 收集相关信息

收集相关信息是进行决策分析的基础工作。针对决策目标,广泛收集尽可能多的、对决策目标有影响的各种可计量和不可计量的资料,特别是关于预期收入和预期成本的数据,作为决策的依据。对于收集的信息还应该进行分析整理,对各种信息进行真伪优劣的鉴别,必要时,还要进行加工延伸,以保证收集到的信息具有对决策的有用性。

3. 提出备选方案

针对决策目标,结合已经收集的相关资料,根据企业的实际情况提出在技术上先进、经济上合理的若干可能实行的备选方案。

4. 分析评价方案

这里的分析评价方案是对各个备选方案的初步评价,就是把各备选方案分别归类,选择适当的方法,建立数学模型,对各方案的预期收入和预期成本进行计算、比较和分析,再根据经济效益作出初步评判,确定哪个方案较优,这是决策分析过程中的关键步骤。

5. 作出最优选择

根据定量分析的初步评价,进一步考虑各种非定量的影响因素,进行定性分析。把定性分析和定量分析有机地结合起来,并根据各方案提供的经济效益进行综合判断,作出最优决策方案。

6. 组织监督实施和信息反馈

决策方案确定后,就应该组织实施,并对实施情况进行监督检查,同时将实施结果与决策目标进行对比,对于实际执行情况与决策目标不符的地方,找出问题原因再通过信息反馈,纠正偏差,以保证决策目标的实现。

三、短期经营决策必须考虑的因素

短期经营决策必须通盘考虑生产经营能力、相关业务量、相关收入和相关成本四大因素。

(一) 生产经营能力

生产经营能力(capacity)是指在一定时期(通常为一年)内和一定生产技术、组织条件下,企业内部各个环节的产量或加工处理一定原材料的能力。它是企业生产经营活动的基本依据,是企业自身各种条件综合配置和平衡的结果,也是企业技术能力和管理能力的综合。

企业生产经营能力的利用程度,由企业管理部门根据当前经营计划,结合工程、经济和环境要求等因素来确定。生产经营能力具体包括以下几种表现形式:

1. 最大生产经营能力

最大生产经营能力又叫理论生产经营能力,是指企业在不追加资金投入的前提下,百分之百有效利用工程技术、人力及物力资源而可能实现的生产经营能力,它是生产经营能力的上限。

2. 正常生产经营能力

正常生产经营能力又叫计划生产经营能力，即已经纳入企业年度计划，充分考虑到现有市场容量、生产技术条件、人力资源状况、管理水平，以及可能实现的各种措施等情况所必须达到的生产经营能力。

3. 剩余生产经营能力

剩余生产经营能力（idle capacity），又分绝对剩余生产经营能力和相对剩余生产能力两种形式。

（1）绝对剩余生产经营能力，也称暂时未被利用的生产经营能力，它是指企业最大生产经营能力与正常生产经营能力之差，属于生产经营的潜力。

（2）相对剩余生产经营能力，是指由于受市场容量或经济效益原因的影响，决策规划的未来生产经营规模小于正常生产经营能力而形成的差量，也可以理解为因临时转变经营方向而闲置的那部分生产经营能力。

4. 追加生产经营能力

追加生产经营能力是指根据需要和可能，通过追加资金投入等措施而增加的、超过最大生产经营能力的那部分生产经营能力，具体又包括临时性追加的生产经营能力和永久性追加的生产经营能力两种类型。

（1）临时性追加的生产经营能力，是指通过临时性租赁而形成的生产经营能力。

（2）永久性追加的生产经营能力，是指通过追加固定资产而形成的生产经营能力。显然，永久性追加的生产经营能力会改变企业未来期间的最大正常生产经营能力。

虽然企业生产经营能力受到薄弱生产环节的制约，但其他生产环节，特别是主导生产环节的生产能力大于薄弱环节的生产经营能力时，企业便具备一定的生产经营潜力。这时若将生产场地、生产设备和劳动力等要素实施优化组合，就能合理地利用并不断提高企业的综合生产能力。

（二）相关业务量

相关业务量（relevant volume）是指在短期经营决策中必须认真考虑的、与特定决策方案相联系的产量或销量。

相关业务量对决策方案的影响往往是通过相关收入和相关成本的影响实现的。例如半成品是否加工的决策和是否接受特殊价格追加订单的决策中，只需要考虑相关业务量问题，而不是全部产量。实践表明，在短期经营决策过程中，许多对具体决策方案的相关收入和相关成本的确认和计量所发生的失误，往往是由于对相关业务量的判断错误。因此，相关业务量是短期经营决策中一个不容忽视的重要因素。

（三）相关收入

相关收入（relevant revenue）是指与特定决策方案相联系的、能对决策产生重大影响的、短期经营决策中必须予以充分考虑的收入。如果某项收入只属于某个经营决策方案，即若有这个方案存在，就会发生这项收入；若这项方案不存在，就不会发生这项收入，那么，这项收入就是相关收入。相关收入的计算，要以特定决策方案的单价和相关销售量为依据。

　　与相关收入相对立的概念是无关收入。如果无论是否存在某决策方案,均会发生某项收入,那么就可以断定该项收入是上述方案的无关收入。显然,在短期经营决策中,不能考虑无关收入,否则,就有可能导致决策失误。

(四) 相关成本

　　相关成本(relevant cost)是指与特定决策方案相联系的、能对决策产生重大影响的、在短期经营决策中必须予以充分考虑的成本,又称有关成本。如果某项成本只属于经营决策方案,即若有这个方案存在,就会发生这项成本,若该项方案不存在,就不会发生这项成本,那么,这项成本就是相关成本。相关成本包括增量成本、边际成本、机会成本、估算成本、重置成本、付现成本、专属成本、加工成本、可分成本、可延缓成本和可避免成本等。

1. 增量成本

　　增量成本(increment cost)又称狭义的差量成本(differential cost)是指单一决策方案由于生产能力利用程度的不同而表现在成本方面的差额。在一定条件下,某一决策方案的增量成本就是该方案的相关变动成本,等于该方案的单位变动成本与相关业务量的乘积。

　　在短期经营决策的生产决策中,增量成本是较为常见的相关成本。如在亏损产品的决策、是否转产或增产某种产品的决策和是否接受特殊价格追加订货的决策中,最基本的相关成本就是增量成本。

2. 边际成本

　　经济学中的边际成本(marginal cost,MC)是指对连续性成本函数中的业务量所求的一阶导数。若假设成本函数 $f(x)$, x 为业务量,MC 为边际成本,则有

$$MC = f'(x) \tag{4-1}$$

　　边际成本反映了当业务量无限变小时所造成的成本差量与业务量变动的单位差量之比的极限关系,亦即:

$$MC = \lim_{\Delta x \to 0} \frac{f(x + \Delta x) - f(x)}{\Delta x} \tag{4-2}$$

　　也有人将边际成本称为成本对业务量无限小变动所作出的反应。但在实际经济生活中业务量无限小的变化是相对的,只能小到一个经济单位(如一批、一个、一只、一件等),再小就失去经济意义。因此,在管理会计中,边际成本是指业务量以一个最小经济单位变动所引起的成本差量,即:

$$MC = \lim_{\Delta x \to 1} \frac{f(x + \Delta x) - f(x)}{\Delta x} = f(x + 1) - f(x) \tag{4-3}$$

　　显然,管理会计中的边际成本不仅是离散型的,而且还是增量成本的特殊形式。当业务量的增量为一个、一件或一台时,边际成本等于单位增量成本;当业务量的增量为一批或一组时,边际成本等于一批或一组的增量成本。

　　在短期经营决策的定价决策中,边际成本是经常被考虑的相关成本。

3. 机会成本

机会成本(opportunity cost)原是经济学术语,它以经济资源的稀缺性和多种选择机会的存在为前提,是指在经济决策中应由中选的最优方案负担的,按所放弃的次优方案潜在收益计算的那部分资源损失,又叫机会损失。许多经济资源均可有多方面用途,但在一定时空条件下,资源又总是相对有限的。选择某一方案必然意味着其他方案可能获利的机会被放弃或者丧失。因此,以次优方案的可能收益作为中选的最佳方案的损失,可以全面评价决策方案所得与所失的关系。所以机会成本应当作为管理会计决策的相关成本来考虑。但由于机会成本不属于企业的实际成本支出,所以在财务会计实务中,对机会成本并不在会计账户中予以登记。

在短期经营决策的生产决策中,机会成本也是较为常见的相关成本。在进行亏损产品的决策,是否转产或增产某种产品的决策,是否接受特殊价格追加订货的决策和有关产品是否深加工的决策时,若现已具备的相关生产能力可以用于其他方面(即剩余的生产能力可以转移),那么将这些生产能力用于其他方面(即实现生产能力转移)的方案所能获得的收益,对于继续利用这些生产能力(即不转移生产能力)的方案来说就是它们的机会成本。同样道理,在是否接受特殊价格追加订货的决策中,对于接受追加订货的方案来说,因为加工能力不足而挪用正常订货所放弃的有关收入也属于机会成本。

4. 估算成本

估算成本(estimated cost),是机会成本的特殊形式。凡是通过假定推断才能确定的机会成本就是估算成本。估算成本的典型形式就是利息。如在货币资金的使用的决策中不论该项资金是借入的还是自有的,也不管其是否真的存入银行,均可将取得的存款利息视为该项资金的机会成本,这种利息就是估算成本。

5. 重置成本

重置成本(replacement cost)是指目前从市场上重新取得某项现有资产所需支付的成本。在短期经营决策的定价决策以及长期投资决策的以新设备替换旧设备的决策中,需要考虑以重置成本作为相关成本。

6. 付现成本

付现成本又叫现金支出成本(out-of-pocket cost)。在进行短期经营决策时,付现成本就是动用现金支付的有关成本。在企业现金短缺,支付能力不足,筹资又十分困难的情况下,对于那些急需上马的方案进行决策时,必须以付现成本而不是以总成本作为方案取舍的标准。因为在资金紧张的条件下,尽管付现成本较低方案的总成本比较高,但可以用较少的资金及时取得急需的资产,一旦把握住时机,就可以提前取得收益,抵偿多支出的成本,甚至及时开发并占领市场,获得货币时间价值的好处。而总成本低的方案往往付现成本较高,若企业不能及时筹集到足够的现金,就无法使方案上马,导致坐失良机。

7. 专属成本和共同成本

专属成本(specific cost)是指那些能够明确归属于特定决策方案的固定成本或混合成本。它往往是为了弥补生产能力的不足,增加有关装置、设备、工具等长期资产而发生的。专属成本的确认与取得有关装置、设备、工具的方式有关。若采用租入方式，则专属成本就是与此相关的租金成本；若采用购买的方式，则专属成本的确认还必须考虑有关装置、设备、工具本身的性质；如果取得的装备等是专用的，即只能用于特定的方案，则专属成本就是这些装备的全部取得成本；如果取得的装备是通用的，则专属成本就是与使用这些装备有关的主要使用成本（如折旧费、摊销费）。

共同成本（common cost）是与专属成本相对立的成本，是指应当由多个方案共同负担的注定要发生的固定成本或混合成本。由于它的发生与特定方案的选择无关，因此，在决策中可以不予考虑，也属于比较典型的无关成本。

8. 加工成本

这里的加工成本是指在半成品是否加工决策中必须考虑的，由于半成品进行深加工而追加发生的变动成本。它的计算通常考虑单位加工成本与相关深加工的业务量两大因素。

9. 可分成本和联合成本

可分成本指在联产品生产决策中必须考虑的，由于对已经分离的联产品进行深加工而追加发生的变动成本。它的计算通常要考虑单位可分成本与相关的联产品深加工业务量两大因素。

联合成本是与可分成本相对立的成本，是指在未分离前的联产品生产过程中发生的、应由所有联产品共同负担的成本。

10. 可延缓成本和不可延缓成本

可延缓成本（postponable cost）是指在短期经营决策中对其暂缓开支不会对企业未来的生产经营产生重大不利影响的那部分成本。由于可延缓成本具有一定弹性，在决策中应当充分考虑。

不可延缓成本（unpostponable cost）是与可延缓成本相对立的成本，是指在短期经营决策中若对其暂缓开支就会对企业未来的生产经营产生重大不利影响的那部分成本。由于不可延缓成本具有较强的刚性，马上就要发生，所以必须保证对它的支付，没有什么选择的余地。

11. 可避免成本和不可避免成本

可避免成本（avoidable cost/escapable cost）是指在短期经营决策中并非绝对必要的那部分成本。它与可延缓成本的不同之处在于，是否发生可避免成本，完全取决于决策者；而可延缓成本只是在发生的时间上可以推迟，但将来注定要发生。酌量性成本属于可避免成本。

不可避免成本（unavoidable cost）是与可避免成本相对立的成本，是指在短期经营决策中若削减其开支就会对企业未来的生产经营产生重大不利影响的那部分成本。约束性成本属于不可避免成本。

12. 沉没成本

沉没成本（sunk cost）是指由过去决策结果引起的并已经实际支付过款项的成本。企业大多数固定成本（尤其是其中的固定资产折旧费、无形资产摊销费）均属于沉没成本，但并不是说所有的固定成本或折旧费都属于沉没成本，如与决策方案有关的新增固定资产的折旧费就是属于相关成本。另外,某些变动成本也属于沉没成本,如在半成品是否深加工的决策中,半成品成本中的固定成本和变动成本均为沉没成本。

四、短期经营决策的常用方法

(一) 差量分析法

企业进行短期经营决策分析的过程,实质就是对不同方案进行比较、分析、权衡,最终选择最佳收益方案的过程。差量分析法是在分析两个备选方案差量收入和差量成本的基础上,通过计算其差量损益进行最优方案选择的方法。差量损益指的是差量收入与差量成本的数量差异。差量分析法一般可通过编制差量分析表(表 4-1)来计算分析。

表 4-1　差量分析表

方　　案	A 方案	B 方案	差量(A 方案－B 方案)
相关收入	A 方案收入	B 方案收入	差量收入
相关成本	A 方案成本	B 方案成本	差量成本
差量损益	A 方案损益	B 方案损益	差量损益

若差量损益＞0, A 方案优于 B 方案;若差量损益＜0, B 方案优于 A 方案;若差量损益＝0, A 方案与 B 方案相同。

注意:如果备选方案有三个或三个以上,则需要两两比较,最终选择一个能提供最大的经济效益和社会效益的方案作为最优方案。

[例 4-1]　某工厂使用统一设备可以生产产品 A 和产品 B,且该设备最大生产能力为 100 000 小时标准机器工时,产品 A 与产品 B 的相关成本、售价资料如表 4-2所示。要求分析该工厂生产哪种产品更为有利。

表 4-2　产品 A 与产品 B 的相关成本、售价资料　　　　金额单位:元

项目	产品 A	产品 B
单位产品机器工时/小时	40	50
单位售价	32	56
单位成本		
直接材料	12	18
直接人工	8	14
变动制造费用	6	16
固定制造费用	5.6	7

分析如下:

根据资料,产品 A 与产品 B 的差量分析表如表 4-3 所示。

表 4-3　产品 A 与产品 B 的差量分析表

项目	产品 A	产品 B	差量
相关产量	$100\,000/40=2\,500$(个)	$100\,000/50=2\,000$(个)	
相关收入	$2\,500\times32=80\,000$(元)	$2\,000\times56=112\,000$(元)	$-32\,000$(元)
相关成本	$2\,500\times26=65\,000$(元)	$2\,000\times48=96\,000$(元)	$-31\,000$(元)
差量损益	$80\,000-65\,000=15\,000$(元)	$112\,000-96\,000=16\,000$(元)	$-1\,000$(元)

计算结果表明,选择生产产品 B 比生产产品 A 的方案更多获利 1 000 元。所以,企业应该选择生产产品 B。

(二) 成本无差别分析法

成本无差别分析法,又称成本平衡点分析法,是以成本高低为决策依据,在各备选方案的预期收入相等或没有预期收入的情况下,通过计算不同方案总成本相等时的业务量,即成本平衡点,从而选择成本较低的方案进行决策的一种方法。

假设,A 方案的成本为:$y_1=a_1+b_1x$

　　　　B 方案的成本为:$y_2=a_2+b_2x$

这里,a_i 表示方案的固定成本总额,b_i 表示方案的单位变动成本。

令 $y_1=y_2$,即 $a_1+b_1x=a_2+b_2x$

$$x_0=\frac{a_1-a_2}{b_2-b_1}$$

x_0 就是成本平衡点,也就是说当业务量 $x=x_0$ 时,两方案的成本相等,效益无差别。成本无差别分析法示意图,如图 4-1 所示。

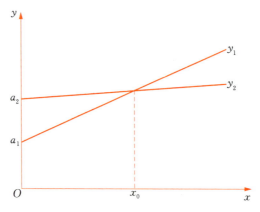

图 4-1　成本无差别分析法示意图

当业务量 $x>x_0$ 时,则固定成本总额较高的 B 方案优于 A 方案,B 方案总成本较小。

当业务量 $x<x_0$ 时,则固定成本总额较低的 A 方案优于 B 方案,A 方案总成本较小。

[例 4-2]　某工厂生产甲产品有 A、B 两种方案,其相关成本资料如表 4-4 所示。要求:分析工厂应该采用哪种方案生产甲产品。

表 4-4　A、B 方案相关成本资料　　　　　　　　　金额单位:元

项目	A 方案	B 方案
固定成本总额	1 000	800
单位变动成本	40	50

分析如下:

A 方案的总成本: $y_1 = 1\ 000 + 40x$

B 方案的总成本: $y_2 = 800 + 50x$

令 $y_1 = y_2$　　即 $x = \dfrac{1\ 000 - 800}{50 - 40} = 20$

当产量 $x = 20$ 时,A、B 方案总成本均为 1 800 元,效益无差别,故为成本无差别点。工厂选择 A 方案和 B 方案都可以。

当产量 $x < 20$ 时,B 方案的总成本小于 A 方案的总成本,因此,企业应该选择 B 方案。

当产量 $x > 20$ 时,A 方案的总成本小于 B 方案的总成本,因此,企业应该选择 A 方案。

(三) 贡献毛益分析法

当有关决策方案的相关收入均不为零,相关成本全部为变动成本时,可以将贡献毛益作为决策评价指标。因为企业的产品生产决策一般是在一定生产能力范围内进行的,并不改变原生产能力,所以固定成本通常为无关成本。在各方案固定成本相同的前提下,贡献毛益最大的方案实质上是利润最大的方案。在应用贡献毛益分析法评价各方案优劣时,只需要计算各方案的贡献毛益指标,最终选择贡献毛益最大的方案即可。需要注意的是,贡献毛益分析法中进行比较的是边际贡献,而不能采用单位贡献毛益作为评价指标。

[例 4-3]　某工厂原来生产 A、B 两种产品,现有 C、D 两种新产品可投入生产,但由于剩余生产能力有限,只能选择投产一种新产品。企业固定成本不因新产品投产而增加,各种产品资料如表 4-5 所示。要求分析工厂应该选择投产哪一种新产品。

表 4-5　产品资料　　　　　　　　　金额单位:元

项目	产品 A	产品 B	产品 C	产品 D
产销数量/件	300	200	180	240
售价	10	8	6	9
单位变动成本	4	5	3	6
固定成本总额		1 800		

分析如下：

由于无论生产 C 还是 D 产品，固定成本总额保持不变，因此不予考虑。根据资料编制的贡献毛益分析表，如表 4-6 所示。

表 4-6　贡献毛益分析表　　　　　　　　金额单位：元

项目	产品 C	产品 D
预计销售数量/件	180	240
单位售价	6	9
单位变动成本	3	6
单位贡献毛益	3	3
贡献毛益总额	540	720

虽然产品 C 与产品 D 的单位贡献毛益相等，但因为产品 D 的贡献毛益总额比产品 C 的贡献毛益总额高，所以企业应该选择产品 D。

（四）相关成本分析法

相关成本分析法是在各个备选方案收入相同的前提下，只分析每个备选方案相关成本大小。相关成本分析法可以直接通过计算各备选方案的相关成本，加以比较作出决策，也可以编制相关成本分析表进行决策。

第二节　定价决策分析

定价决策主要指为企业生产的产品或提供的劳务制定价格的决策，这是企业短期经营决策的一项重要内容。产品的销售价格与其销售量、成本、利润等各因素都有直接的关系。是否为合理定价，将直接影响销售量，而销售量的多少又决定了产量的高低，并对产品成本和盈利的多少产生影响。产品定价过高将会影响销量，甚至可能在竞争中被市场摒弃；产品定价过低，则不能保证企业获得足够的利润，无法维持企业的持续发展。定价决策正确与否，还将影响企业内部各项经营活动的正常进行，关系到企业长远经济利益的实现和健康稳定的发展。因此，定价决策在企业生产经营活动中具有重要的意义。

一、价格的决定因素

产品定价是否合理，往往决定了该产品能否为市场所接受，并直接影响该产品的市场占有率和产品的市场竞争地位。价格的决定因素主要包括以下几方面。

（一）商品的价值

价值决定价格，商品价格围绕价值波动，是对商品价值的反映。因此，商品本身的价值是定价决策中需要重点考虑的因素。

（二）成本因素

成本是定价的最基本因素。为了取得利润,商品的价格必须高于成本。产品成本客观上是定价的重要约束,因为从长期来看,如果企业产品定价始终低于它的成本,则企业一定无法持续经营下去。

（三）商品的质量

商品的质量水平是进行定价决策的重要依据。一般来说,同等条件下,质量好的商品价格可以定得相对高些,质量差的商品价格应该定得相对低一点。

（四）供求关系

商品的供求关系是影响商品价格的重要因素。当商品供给小于需求时,价格上升;当商品供给大于需求时,价格下跌。因此,进行定价决策时,必须考虑并尽力反映当时商品的供求关系。

（五）价格弹性

市场需求与价格的关系可以简单地通过需求价格弹性来反映。需求价格弹性是指在其他条件不变的情况下,某种商品的市场需求量随其价格的升降而变动的程度,是某一种产品需求变动率与其价格变动率的比值。根据价格弹性进行定价决策分析,就是根据产品需求量对价格变动的反应程度进行价格分析决策。对于需求价格弹性大的商品,其价格的制定就对市场需求的影响大,如高价耐用消费品;对于需求价格弹性小的商品,其价格的制定就对市场需求的影响小,如日常生活必需品。因此,对于价格弹性不同的产品应该采用不同的定价策略。

（六）产品生命周期

产品从投入市场开始到完全退出市场为止所经历的全部时间称为产品的生命周期。产品的生命周期包括四个阶段,即投入期、成长期、成熟期、衰退期。对不同的产品生命周期应该选择不同的定价决策。在投入期,产品定价既要考虑补偿高成本,同时还要能被市场所接受,并保持企业未来的长期盈利状况。而在成长阶段的最佳价格通常比市场开发阶段要低一些,以保证充足的市场占有率。在成熟阶段,购买者对价格的敏感度也达到了最高点。竞争者的大量涌入、销量增长减慢,同时要维持和扩大产品市场占有率,保持竞争优势和稳定的利润收入,因此通常采用的定价策略是降价销售。在衰退期,衰退的购买需求及产能过剩是这个阶段的特征,企业制定价格的能力也由于产品趋于同质化而遭到削弱。这时,产品的直接成本就成为定价的决定性因素。

二、以成本需求为导向的定价决策

以成本需求为导向的定价决策的基本点是价格必须首先补偿成本,然后再考虑利润等因素,这种方法也称为成本定价的方法。定价的依据既可以是按照完全成本法计算的成本参数,也可以是按照变动成本法计算的成本参数。这种方法是以完全成本法或变动成本法计算出来的单位成本为基础,再加上预定的百分率,作为目标售价的定价方法。

（一）完全成本法下的成本加成定价法

完全成本法下的成本加成定价法是以单位产品的制造成本为基础,再加上由按照

成本利润率计算的利润,以确定产品价格的一种方法。其计算公式为:

$$价格＝单位产品的制造成本＋单位产品的制造成本×成本利润率 \qquad (4\text{-}4)$$

[例 4-4]　某公司正在研究制定甲产品的售价。甲产品预计产销量为 1 000 件,会计部门提供的甲产品修改设计后的预计成本资料如表 4-7 所示。

表 4-7　甲产品预计成本资料　　　　　　　　　　单位:元

成本项目	金额
直接材料	50 000
直接人工	44 000
变动制造费用	36 000
固定制造费用	70 000
变动销售及管理费用	20 000
固定销售及管理费用	10 000

如果该公司计划甲产品在单位制造成本基础上加成 50% 作为目标售价,则甲产品的售价应该为多少?

分析如下:

甲产品的单位制造成本分析表如表 4-8 所示。

表 4-8　甲产品的单位制造成本分析表　　　　　　单位:元

成本项目	金额
直接材料	50 000÷1 000＝50
直接人工	44 000÷1 000＝44
变动制造费用	36 000÷1 000＝36
固定制造费用	70 000÷1 000＝70
单位制造成本	200

甲产品以制造成本为基础的售价＝200＋200×50%＝300(元)

(二) 变动成本法下的成本加成定价法

变动成本法下的成本加成定价法是以单位产品的变动成本为基础,再加上由按照成本利润率计算的利润,以确定产品价格的一种方法。其计算公式为:

$$价格＝单位产品的变动成本＋单位产品的变动成本×成本利润率 \qquad (4\text{-}5)$$

[例 4-5]　沿用例 4-4 中的相关成本资料,采用变动成本加成定价法确定甲产品的销售价格。假设公司计划甲产品在单位变动成本基础上加成 100% 作为目标售价,则甲产品的售价应该为多少?

分析如下:

甲产品的单位变动成本分析表如表 4-9 所示。

表 4-9 甲产品的单位变动成本分析表　　　　　　　单位：元

成本项目	金额
直接材料	50 000÷1 000＝50
直接人工	44 000÷1 000＝44
变动制造费用	36 000÷1 000＝36
单位变动销售及管理费用	20 000÷1 000＝20
单位变动成本	150

甲产品以变动成本为基础的售价＝150＋150×100％＝300（元）

（三）加成百分率的计算

加成百分率一般是以企业的目标利润（企业的投资总额×预期的投资报酬率）为依据，结合产品成本的不同计算方法进行估算。具体如下：

1. 完全成本法下的成本加成率计算

成本加成率＝（目标利润＋非制造成本总额）÷制造成本总额

　　　　　＝（平均投资总额×预期的投资回报率＋非制造成本总额）÷

　　　　　制造成本总额　　　　　　　　　　　　　　　　　　　(4-6)

2. 变动成本法下的成本加成率计算

成本加成率＝（目标利润＋固定成本总额）÷变动成本总额

　　　　　＝（平均投资总额×预期的投资回报率＋固定成本总额）÷

　　　　　变动成本总额　　　　　　　　　　　　　　　　　　　(4-7)

[例 4-6]　沿用例 4-4 中的相关成本资料，假设该公司甲产品的开发投资额为500 000 元，公司预期投资报酬率为 14％，要求分别计算在采用完全成本法和变动成本法下的成本加成率各是多少？

分析如下：

1. 完全成本法下的成本加成率

制造成本总额＝50 000＋44 000＋36 000＋70 000＝200 000（元）

非制造成本总额＝20 000＋10 000＝30 000（元）

成本加成率＝（500 000×14％＋30 000）÷200 000＝50％

2. 变动成本法下的成本加成率

变动成本总额＝50 000＋44 000＋36 000＋20 000＝150 000（元）

固定成本总额＝70 000＋10 000＝80 000（元）

成本加成率＝（500 000×14％＋80 000）÷150 000＝100％

（四）成本加成定价法的评价

完全成本定价法中制造成本及相应价格易于计算和理解。但是按照制造成本计算预期价格时，由于单位制造成本中的单位固定成本与产量呈反比，即当产量低时，单位产品负担的固定成本就高,单位制造成本高;当产量高时,单位产品负担的固定成本就低,单位制造成本低。资金回报率一定的情况下,市场不景气时,本不易得到订单,但这时因为单位制造成本高反而制定的价格高;而市场景气时,容易获得订单,但却因为这时的单位制造成本低反而制定的价格低,似乎不合情理。此外,该方法中没有区分变动成本和固定成本,不利于进行本量利分析,不能预测价格和销量的变化对利润的影响。

变动成本法区分变动成本和固定成本,有利于进行本量利分析,预测价格和销量的变化对利润的影响。但变动成本法是以变动成本来预测价格,所以如果固定成本占总成本比重较高时,一定要制定较高的加成率考虑对固定成本的补偿,否则就有可能把价格定得过低而不能保证对企业全部成本的补偿。

三、以市场需求为导向的定价决策

以市场需求为导向的定价决策也称为按需定价法,是以消费者对产品价格的接受程度为出发点,企业必须研究确定什么样的价格既能增加企业的产品销量,满足社会需求,又能为企业带来最佳的经济效益。按需定价法主要研究企业的最优价格决策。

最优价格决策研究的关键问题是售价如何确定才能够使企业获得最大利润。对于最优价格决策的分析可以采用边际分析法。边际分析法是指通过分析在不同特定价格与销量组合条件下的产品边际收入、边际成本与边际利润之间的关系,作出相应定价决策的一种定量分析方法。

边际收入是指一定的销量基础上每增加一个单位销售量所增加的销售总收入。边际成本是指在一定的产量基础上每增加一个单位产量所增加的总成本。当边际收入大于边际成本时,增加一个单位的产销量时,增加的收入大于增加的成本,这时,增加产销量可以增加利润;当边际收入小于边际成本时,增加一个单位的产销量时,增加的收入小于增加的成本,这时,增加产销量会减少利润。而当边际收入等于边际成本时,增加的收入等于增加的成本,即边际利润为零,总利润最大,这时的销售单价和销售量就是产品的最优售价和最优销售量。

确定企业最优售价的具体方法有以下两种:

(一) 公式法

公式法是指当收入函数和成本函数均为可微函数时,可直接通过对利润函数来求一阶导数,进而求得最优售价的方法。当收入函数、成本函数均为连续型函数时可以采用公式法求得最优售价。根据微分极值原理,如果利润的一阶导数为零,即边际利润为零,边际收入等于边际成本,利润达到极大值,此时的售价就是最优售价。

由于供求规律的影响,产品的价格一般随着销售量作反向的变动。显然,价格是销售量的函数。假设销售量为 x,单价为 p,则价格函数为 $p=f(x)$。销售收入是价格和销售量的乘积,所以,如果价格函数是一次函数的话,销售收入就是销售量的二次函数。因此,销售收入函数为 $TR=g[f(x)]$,销售成本函数为 $TC=h(x)$,企业的利润函数可以表示为: $G=TR-TC$。

图 4-2 中 TR 表示的是销售收入的曲线,当价格很高时,销售量为零,则销售收入

为零,随着价格的下降,销量逐渐增加,收入也随之逐渐增加。随着产品销量的增加,最初销售收入可能急速上升,随着销量的扩大,收入增长的趋势逐渐放缓,最终甚至可能出现下降的趋势。

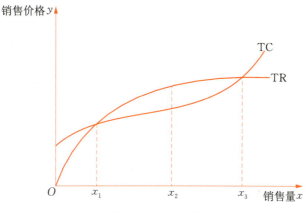

图 4-2 销售收入与成本发展趋势

图 4-2 中 TC 表示的是销售成本的曲线,当产销量为零时,总成本中变动成本为零,只包含固定成本;随着产销量的增加,固定成本不变,变动成本增加,总成本随之逐步上升。当超过一定产量时,原有生产能力不能满足不断增加的产量,需要追加投入固定资产,随着固定成本的增加,总成本急速上升。

从图 4-2 中可知,当销售量低于 x_1 或大于 x_3 时,成本大于收入,企业亏损;但销售量等于 x_1 或 x_3 时,成本等于收入,企业保本;只有当销售量大于 x_1 且小于 x_3 时,收入大于成本,企业才能盈利。那么什么时候利润最大呢?只有能使销售收入减销售成本的差额达到最大值的销售量 x_2,才是理论上的最优销售量,这时所对应的价格才是最优销售价格,才能够使企业获得的利润最大。

最优销售量采用公式法的计算过程如下:

利润函数 $G = TR - TC$,对其求一阶导数,得到:$G' = TR' - TC'$。

当 $G' = 0$,即 $TR' = TC'$ 时,利润 G 最大,这时所求得的 x 的值(如图 4-2 中 x_2)就是最优销售量。再将 x 的值代入价格函数 $p = f(x)$,所求得的价格即为最优价格。

这里,销售收入的导数 TR' 为边际收入,销售成本的导数 TC' 为边际成本,当边际收入等于边际成本时,所求得的销量 x 为最优销售量,所对应的价格 $p = f(x)$ 为最佳价格,这时企业能够获得利润最大值。

[例 4-7] 已知公司某产品销售价格与销量的关系为:$p = 121 - 4x$,销售成本与销量的关系为:$TC = 1/3x^3 - 4x^2 + 57x + 50$。

要求用公式法计算最优销售量与最优价格。

分析如下:

销售收入的函数为:$TR = p \cdot x = (121 - 4x) \cdot x = 121x - 4x^2$

销售成本的函数为:$TC = 1/3x^3 - 4x^2 + 57x + 50$

对销售收入和销售成本的函数分别求一阶导数：

边际收入：$TR' = 121 - 8x$

边际成本：$TC' = x^2 - 8x + 57$

当边际收入等于边际成本时：$TR' = TC'$，即 $121 - 8x = x^2 - 8x + 57$

解得：$x^2 = 64$，$x = \pm 8$

由于销售量不能为负数，最优销售量就应为 8 件。

将最优销售量 8 件代入价格函数：$p = 121 - 4x = 121 - 32 = 89$

因此，最优价格为 89 元。

当然，这里也可以直接对利润函数求导：

利润函数 $G = TR - RC$

$$= (121 - 4x^2) - \left(\frac{1}{3}x^3 - 4x^2 + 57x + 50 \right)$$

$$= -\frac{1}{3}x^3 + 64x + 50$$

对其求一阶导数：$G' = -x^2 + 64$

令 $G' = 0$，则 $x = \pm 8$。所以，最优销售量为 8 件。

(二) 列表法

列表法就是通过列表判断边际收入与边际成本的关系或直接根据边际利润值是否为零来确定最优的售价。当收入函数、成本函数均为离散型函数时可以采用列表法确定最优售价。具体步骤如下：

（1）分别计算不同产品售价情况下的边际收入与边际成本。

（2）找出边际收入等于边际成本的点（即边际利润为零），这一点就是最优售价与最优销售量的理想目标，这一点上利润最大。

[例 4-8] 假设某企业产品销售量、售价、成本资料表如表 4-10 所示，要求计算相关的边际收入、边际成本、边际利润，并作出最优销售决策。

表 4-10 某企业产品销售量、售价、成本资料表

销售单价/(元/件)	销售量/件	固定成本/元	单位变动成本/元
150	1 000	1 200	50
140	1 500	1 200	50
130	2 000	1 200	50
120	2 400	1 200	50
110	2 800	1 200	50
100	3 100	1 200	50
90	3 400	1 200	50
80	3 200	1 200	50

分析如下：

由于产品价格与销售量呈离散函数关系，收入函数一定也是离散函数，所以可按列表法来求得最优销售量和最优价格。根据上述资料，编制比较表如表 4-11 所示。

通过表 4-11 可以看出，当边际利润为零时，销售量为 2 800 件，销售单价为 110 元，利润为 166 800 元。但当销售量为 2 400 件、单价为 120 元时，利润也是 166 800 元，到底哪一个是最优销售量和最优价格呢？可以看到当销售价格为 110 元时，边际收入等于边际成本，边际利润为零，这时的产品售价 110 元为最佳售价，这时的销售量 2 800 件为最优销售量。

表 4-11　比较表

销售单价 /(元/件)	销售量 /件	销售收入 /元	变动成本 /元	固定成本 /元	边际收入 /元	边际成本 /元	边际利润 /元	利润 /元
150	1 000	150 000	50 000	1 200				98 800
140	1 500	210 000	75 000	1 200	60 000	25 000	35 000	133 800
130	2 000	260 000	100 000	1 200	50 000	25 000	25 000	158 800
120	2 400	288 000	120 000	1 200	28 000	20 000	8 000	166 800
110	2 800	308 000	140 000	1 200	20 000	20 000	0	166 800
100	3 100	310 000	155 000	1 200	2 000	15 000	−13 000	153 800
90	3 400	306 000	170 000	1 200	−4 000	15 000	−19 000	134 800
80	3 200	256 000	160 000	1 200	−50 000	−10 000	−40 000	94 800

利用列表法计算最优销售量，方法本身易于理解，但计算工作量较大。在实际工作中应用此定价决策方法时，管理人员一般很少计算边际收入和边际成本，而是根据判断来估计当确定几种不同的价格预计增加或减少的产销量对利润的影响，并仅考虑几种选定的销售量而不是全部可能的销售量，以期简化计算。

第三节　生产决策分析

生产决策是短期经营决策的重要内容。生产决策就是要解决企业如何在激烈的市场竞争中合理有效地利用现有生产资源实现企业经济效益的最大化而进行的相关决策问题。这类决策问题涉及的内容十分广泛，归纳起来主要有三个方面：生产什么，生产多少，如何组织和安排生产。由此形成的相关决策问题就是：生产品种决策、生产数量决策和生产组织决策。其具体内容主要包括新产品开发品种决策、零部件自制或外购的决策、产品进一步加工决策、生产工艺决策、线性规划在经营决策中的应用等。

一、新产品开发品种决策

(一)开发哪种新产品的决策

开发新产品是企业增强竞争能力、提高经济效益的重要途径。短期经营决策中的新产品开发品种决策是指当企业现有的生产能力未能充分利用,存在剩余生产能力准备用于开发新产品,则企业应该选择生产哪种新产品对企业更有利。这里的开发新产品是指利用企业的剩余生产能力进行的开发,而如果企业需要投资增加新的生产能力(如增加固定资产投资)以开发新产品的决策,则属于长期经营决策的内容,不在本节中进行讨论。开发哪种新产品的决策可以采用贡献毛益分析法进行决策分析。

[例4-9] 某工厂用于新产品生产的剩余生产工时为 2 000 小时标准机器工时,有 A、B、C 三种新产品可供投入生产,但由于剩余生产能力有限,公司只能选择一种产品进行生产。现有有关产品销售单价、单位变动成本和单位标准机器工时的预测资料如表 4-12 所示,在不需追加专属固定成本的情况下,分析该公司应该生产何种产品。

表 4-12 产品相关预测资料

项目	A 产品	B 产品	C 产品
单位产品机器工时/小时	20	10	5
单位产品销售价格/元	100	60	35
单位产品变动成本/元	65	45	25
固定成本总额/元		2 200	

分析如下:

贡献毛益分析表如表 4-13 所示。C 产品贡献毛益最大,生产 A 产品可使企业获得净利润 1 300 元(3 500 — 2 200),生产 B 产品可使企业获得净利润 800 元(3 000 — 2 200),生产 C 产品可使企业获得净利润 1 800 元(4 000 — 2 200),所以应该生产 C 产品。

表 4-13 贡献毛益分析表

项目	A 产品	B 产品	C 产品
相关产量/件	2 000/20＝100	2 000/10＝200	2 000/5＝400
单位售价/元	100	60	35
单位变动成本/元	65	45	25
单位贡献毛益/元	35	15	10
贡献毛益总额/元	3 500	3 000	4 000

该案例没有考虑专属成本对决策的影响。假设在例 4-9 中生产 C 产品需要增加一台专用设备,每年增加专属固定成本 600 元(专用设备折旧费),重新分析新产品开发的品种决策。

如果开发新产品需要增加专属固定成本,在决策时就应该以各种产品的剩余贡献毛益总额作为判断方案优劣的标准。剩余贡献毛益等于贡献毛益总额与专属固定成本之差。

贡献毛益分析过程如表 4-14 所示。

表 4-14 贡献毛益分析过程 单位:元

项目	A 产品	B 产品	C 产品
贡献毛益总额	3 500	3 000	4 000
专属固定成本	0	0	600
剩余贡献毛益总额	3 500	3 000	3 400

因此,追加专属固定成本的情况下,A 产品的剩余贡献毛益总额最大,应选择生产 A 产品。

(二) 是否接受特殊订货的决策

特殊订货决策是指在企业生产能力过剩的情况下是否接受顾客以低于正常价格的特殊价格要求追加订货的决策。由于生产技术的发展,很多企业的生产效率得到了提高,企业往往存在富余生产能力。同时,市场竞争的加剧也会使企业形成富余生产能力。企业是否接受特殊订货,关键在于分析特殊订货的订单所带来的贡献毛益是否能够大于该订单所引起的相关成本。企业管理人员应针对不同情况作出相应决策。

(1)当企业完全可以利用其富余生产能力完成追加的特殊订货,即追加订货不影响正常销售的完成,且富余生产能力无法转移,追加订货不需追加专属成本,这时,只要特殊订单的单价大于该产品的单位变动成本就可以接受追加订货。

(2)如果其他条件与(1)相同,只是追加订货需要追加专属成本,这时,只要特殊订单带来的贡献毛益大于追加的专属成本就可以接受追加订货。

(3)如果企业富余生产能力可以转移,且追加订货不需追加专属成本,则应该将转移富余生产能力的可能收益作为追加订货的机会成本考虑,只要特殊订单追加订货所创造的贡献毛益大于机会成本,就可以接受此追加订货。

(4)如果企业富余生产能力不能够生产全部的追加订货,即追加订货影响正常销售的完成,这时追加订货就会减少正常销售,如果追加订货不需要追加专属成本,则应该将减少的正常贡献毛益作为追加订货方案的机会成本。只要追加订货的贡献毛益大于这部分的机会成本,就可以接受此追加订货。

对于是否接受特殊订货这一类问题进行决策时,可以采用边际分析法,也可采用差量分析法编制差量分析表进行分析。

[例 4-10] 某企业 A 产品的生产能力为 10 000 件,目前的正常订货量为 8 000件,销售单价为 10 元,产品单位成本为 8 元,成本构成如下:

直接材料 3 元
直接人工 2 元

变动制造费用　　　　1元

固定制造费用　　　　20 000元

单位产品成本　　　　8元

现有某客户向该企业追加订货,且客户只愿出价每件7元。

(1) 订货2 000件,剩余生产能力无法转移,且追加订货不需要追加专属固定成本。

(2) 订货2 000件,剩余生产能力无法转移,但需要追加一台专用设备,全年支付专属成本1 000元。

(3) 订货2 500件,剩余生产能力无法转移,也不需要追加专属固定成本。

(4) 订货2 500件,剩余生产能力可以对外出租,可获租金3 000元,另外追加订货需要追加专属成本1 000元。

分析如下:

(1) 特殊订货每件定价为7元,单位变动成本为6元,其在企业生产能力范围内,接受该订单可获得贡献毛益2 000元,所以接受订单。

(2) 编制差量损益分析表,如表4-15所示。

表4-15　差量损益分析表　　　　　　　　　　　　　　单位:元

项目	金额
相关收入	2 000×7=14 000
相关成本	13 000
其中:变动成本	2 000×6=12 000
专属成本	1 000
差量损益	1 000

如果接受可以增加贡献毛益=7×2 000−2 000×6−1 000=1 000(元),所以接受订单。

(3) 编制差量损益分析表,如表4-16所示。

表4-16　差量损益分析表　　　　　　　　　　　　　　单位:元

项目	金额
相关收入	2 500×7=17 500
相关成本	17 000
其中:变动成本	2 500×6=15 000
机会成本	500×(10−6)=2 000
差量损益	500

如果接受订单,要压缩正常销量,500件正常销量的正常贡献毛益是接受订单的机会成本。但可以增加贡献毛益500元[2 500×(7−6)−500×(10−6)],所以接受订单。

（4）编制差量损益分析表，如表 4-17 所示。

表 4-17　差量损益分析表

单位:元

项目	金额
相关收入	2 500×7=17 500
相关成本	21 000
其中:变动成本	2 500×6=15 000
专属成本	1 000
机会成本－减少正常销售	500×(10－6)=2 000
机会成本－租金收入	3 000
差量损益	－3 500

如果接受订单，会减少贡献毛益 3 500 元[2 500×(7－6)－500×(10－6)－1 000－3 000]，显然企业不应该接受此追加订单。

（三）亏损产品是否停产或转产的决策

企业在生产经营过程中，可能会发生由于某些产品质量较差、款式陈旧等原因造成的滞销或积压，进而发生亏损，这时，就需要考虑亏损产品是否需要停产或转产的问题。对于这一类决策，通常可采用贡献毛益分析法加以解决。亏损产品是指按照财务会计分析方法确定的完全成本高于其售价的产品，按照这一观点似乎亏损产品一定要立刻停产或转产。但从管理会计的角度分析，亏损产品所负担的固定成本，是不会随着停止生产亏损产品而消失的，而是转由其他产品承担，从而加重其他产品的成本负担。因此，对于亏损产品而言，是否要停产或转产应该根据具体情况进行决策。

（1）生产亏损产品的生产能力无法转移，亏损产品是否应继续生产。

[例 4-11]　红星公司本年度同时生产甲、乙、丙三种产品，相关净利计算如表 4-18 所示。其中，固定成本按各种产品的销售额比例进行分配，本年度丙产品亏损 500 元。要求对丙产品是否停产作出决策。

表 4-18　甲、乙、丙三种产品净利计算表

单元:元

项目	甲产品	乙产品	丙产品	合计
销售收入	22 000	18 000	20 000	60 000
变动成本	8 000	7 000	10 500	25 500
贡献毛益	14 000	11 000	9 500	34 500
固定成本	11 000	9 000	10 000	30 000
净利润	3 000	2 000	－500	4 500

分析如下:

丙产品亏损额为 500 元，似乎应该停止生产，但从实际数据看，该产品仍然能够

提供贡献毛益 9 500 元,这说明丙产品在经济上对企业还是有利的。如果停产丙产品的生产,则固定成本总额 30 000 元全部由甲、乙两种产品分摊,使这两种产品的利润额相应减少,整个企业的利润也要相应减少,相关净利润计算如表 4-19 所示。

表 4-19　甲、乙两种产品净利计算表(停产丙产品)　　　　单位:元

项目	甲产品	乙产品	合计
销售收入	22 000	18 000	40 000
变动成本	8 000	7 000	15 000
贡献毛益	14 000	11 000	25 000
固定成本	16 500	13 500	30 000
净利润	−2 500	−2 500	−5 000

因此,停产决策的分析重点是看亏损产品是否提供贡献毛益,若有贡献毛益就不应该停产。

（2）生产亏损产品的生产能力可以转移,亏损产品是否应继续生产。

如果生产亏损产品的生产能力可以转移,如闲置生产能力可以用于转产其他产品,那么是转产,还是继续生产亏损产品？总的原则是:只要生产转产产品是利用亏损产品停产后的闲置生产能力,而不是占用其他产品的生产能力,同时转产产品所提供的贡献毛益大于继续生产亏损产品所提供的贡献毛益,那么转产的方案就是可行的。反之,就不可行。

[例 4-12]　沿用例 4-11 中的资料,假如红星公司停产亏损丙产品,闲置的生产能力能够转移生产丁产品,丁产品预计销售收入为 30 000 元,变动成本为 12 000 元,要求分析红星公司是否应该作出转产丁产品的经营决策。

分析如下:

丁产品的贡献毛益＝30 000－12 000＝18 000(元)

根据表 4-18 中资料得知,继续生产亏损产品丙产品的贡献毛益为 9 500 元。

由于转产生产丁产品的贡献毛益大于继续生产丙产品的贡献毛益,所以应该选择转产方案。

二、零部件自制或外购的决策

企业生产的零部件既可从市场上购买也可利用本企业的设备进行自制,这时企业需要选择零部件自制或外购的决策。无论外购还是自制,一般都不会影响收入,因此企业可以采用成本指标来评价各方案的优劣。当然,在决策时,还需要注意的是不论自制还是外购,共同性的固定成本不会因为方案不同而各异。因此,在存在剩余生产能力的情况下,自制方案不需要考虑固定成本,除非需要追加专属固定成本,则追加的专属固定成本是与决策相关的成本。另外,如果自制生产能力可以转移,并能够提供

贡献毛益或获得租金收入等,这种"机会成本"也应该考虑。对于外购方案的相关成本一般包括买价、运输费用和采购费用等。

(一)零部件需用量确定情况下的决策

1. 自制的剩余生产能力无法转移,且自制方案不需要增加固定成本

企业自制的剩余生产能力无法转移,且自制方案不需要增加固定成本,而自制零部件成本中包括一部分分摊的固定制造费用,这是无论自制还是外购都会发生的成本,属于无关成本,而"自制零部件"方案的相关成本只包括按零部件全年需用量计算的变动成本。由于"外购零部件"方案的相关成本也是按零部件全年需用量计算的,因此,只要直接比较自制零部件的变动生产成本和外购成本的大小,就可以作出相应决策。自制零部件的变动生产成本大于外购成本,企业就应该选择外购;反之,就应该选择自制。

2. 自制的剩余生产能力可以转移

如果不进行自制,且企业剩余生产能力可以转移,如将剩余生产能力出租或用它加工其他产品。这时,剩余生产能力转移所带来的收益就是自制的机会成本。"自制零部件"方案的相关成本除了包括按零部件全年需用量计算的变动生产成本外,还包括与自制能力转移有关的机会成本。因此,如果自制零部件的变动成本与机会成本之和大于外购成本,企业就应该选择外购;反之,就应该选择自制。

3. 自制方案需要增加专属固定成本

如果自制方案需要增加专属固定成本,则专属固定成本也是决策的相关成本。因此,如果自制零部件的变动成本与专属固定成本之和大于外购成本,企业就应该选择外购;反之,就应该选择自制。

[例4-13]　红星公司每年需要甲零部件100 000件。该零部件既可以自制,又可以外购。甲零部件外购单价为27元。目前企业已具备自制能力,自制甲零部件成本资料如表4-20所示。

表4-20　甲零部件成本资料　　　　单位:元

项目	甲零部件
单位固定成本	5
单位变动成本	25
其中:直接材料	20
直接人工	4
变动制造费用	1
单位完全成本	30

(1)假如红星公司不外购甲零部件的情况下,自制生产能力无法转移,这种情况下该公司应该自制还是外购甲零部件?

(2)假定自制甲零部件的生产能力可以用于承揽零星加工业务,每年预计可获贡献毛益300 000元,其他条件不变,这种情况下该公司应该自制还是外购甲零部件?

分析如下：

(1) 由于有剩余生产能力可以利用，且剩余生产能力无法转移，自制甲零部件的固定制造费用属于无关成本，不予考虑。计算如下：

自制甲零部件的单位变动生产成本＝20＋4＋1＝25(元/件)

自制甲零部件的单位变动生产成本小于外购甲零部件的单价，即

自制比外购节约的成本＝(27－25)×100 000＝200 000(元)

(2) 如果企业选择自制甲零部件，则会放弃承揽零星加工业务预计可获贡献毛益 300 000 元，形成自制决策的机会成本为 300 000 元。编制的差量分析表如表 4-21 所示。

表 4-21　差量分析表　　　　　单位:元

项目	自制	外购	差量成本
变动成本	25×100 000＝2 500 000	27×100 000＝2 700 000	－200 000
机会成本	300 000	0	300 000
相关成本合计	2 800 000	2 700 000	100 000

根据表 4-21 中的数据，可作出以下决策结论：应当安排外购甲零部件，这样可使企业节约 100 000 元成本。

(二) 零部件需用量不确定情况下的决策

在零部件需用量不确定情况下，可采用成本无差别点分析法进行决策。成本无差别点分析法，又称成本平衡点分析法，是以成本高低为决策依据，在各备选方案需用量事先不能确定的情况下，特别是在各备选方案的预期收入相等的情况下，可通过计算不同方案总成本相等时的业务量，即成本平衡点，从而选择成本较低的方案。这也是本量利分析法在零部件需用量不确定情况下，自制还是外购决策中的应用。

[例 4-14]　红星公司需要乙零部件可从市场上买到，市价为 20 元/件；如果安排自制，每年将发生相关的固定成本 30 000 元，单位变动成本为 14 元/件。要求：作出自制还是外购乙零部件的决策。

分析如下：

设自制方案的固定成本为 a_1，单位变动成本为 b_1；外购方案的固定成本为 a_2，单位变动成本为 b_2。

由于自制方案的固定成本 a_1(30 000 元)大于外购方案的固定成本 a_2(0 元)；而自制方案的单位变动成本 b_1(14 元)又小于外购方案的单位变动成本 b_2(20 元)，因此符合运用成本无差别点法进行决策的条件。

成本无差别点业务量＝(30 000－0)/(20－14)＝5 000(件)

决策结论：

当乙零部件全年需用量在 0～5 000 件之间变动时，应安排外购；当超过 5 000 件时，则以自制为宜。

三、产品进一步加工决策

（一）半成品进一步加工决策

企业生产的已完成了一定加工工序的半成品,既可以直接出售也可以进一步加工成产成品后再出售。如纺织厂生产的半成品棉纱既可以直接出售,也可以进一步加工成棉布后再出售。再如炼钢厂生产的钢锭既可以直接出售,也可以进一步加工成钢材后再出售。一般来说,半成品经过进一步加工成产成品可以以更高的价格销售,但是同时也需要付出一定的加工成本。这时,企业就面临是否要继续进一步加工的决策。

对于这类决策问题,都可以采用差量分析法。分析过程中应该注意的是,半成品进一步加工前发生的成本,无论是变动成本还是固定成本都是无关成本,不需要考虑。问题的关键在于,进一步加工所增加的收入是否大于进一步加工所追加的成本。如果增加的收入大于增加的成本,则应该选择继续加工半产品;如果增加的收入小于增加的成本,则应该直接出售半成品。

[例4-15]　红星公司生产半成品A,按每件10元的价格直接出售,年产销量为10 000件。其单位变动成本为6元/件,其中:直接材料为3元/件,直接人工为2元/件,变动制造费用为1元/件。其单位变动销售费用为0.25元/件,固定制造费用和固定销售费用分别为15 000元和5 000元。现有另一种生产方案可供选择,即将半成品A继续加工成产成品B,按每件14元的价格出售,产销量不变,为此需追加直接人工1.25元/件,变动制造费用0.25元/件,变动销售费用0.5元/件。

要求:据以作出是否应该进一步加工的决策。

分析如下:

依据资料编制差量分析表,如表4-22所示。

表4-22　差量分析表　　　　　　　　　　　　　　　　单位:元

项目	进一步加工方案	出售半成品方案	差量
差量收入:			
加工后收入	14×10 000=140 000		
直接出售收入		10×10 000=100 000	40 000
差量成本:			
进一步加工成本	(1.25+0.25+0.5)×10 000=20 000		
直接出售成本		0	20 000
加工方案的差量收益			20 000

从表4-22的分析结果可以看出,进一步加工再出售,比直接出售半成品可多获利20 000元,因此企业应该选择进一步加工方案。

（二）联产品是否继续生产的决策

联产品是指企业利用同一种原料,在同一生产过程中同时生产出两种或两种以上性质与用途均不一样的主要产品,称为联产品。如炼油厂经过同一加工过程,从原油中提炼出汽油、煤油、柴油等联产品。这些联产品有的可以分离出来后立即出售,有的可以经过继续加工后再出售。究竟哪种方案的经济效益更大也是企业经常需要面临的决策问题。

联产品是否继续生产的决策属于"互斥方案"的决策类型。联产品是否深加工的决策与半成品是否进一步加工的决策相类似,也可以采用差量分析法。需要注意的是,联产品进一步加工前发生的成本,无论是变动成本或是固定成本,在决策分析时都属于无关成本,不需要考虑。也就是说,分离前的"联合成本",属于无关成本不必考虑。而联产品进一步加工过程中追加的变动成本和专属固定成本,称为可分成本,才是决策分析中的相关成本。问题的关键就在于分析联产品在进一步加工后所增加的收入是否超过进一步加工过程中追加的成本。如果增加的收入大于追加的成本,则进一步加工的方案较优;反之,分离后直接出售的方案较为有利。此外,联产品与经过进一步深加工而形成的最终产品之间的投入产出比大多不是1∶1。

[例4-16]　红星公司对某种原料进行加工,可同时产出A、B两种联产品,A、B两种产品都能各自分离后直接出售或者继续加工为C产品和D产品。A、B产品的产量、售价及成本资料如表4-23所示。要求:作出A、B产品是分离后立即出售还是继续加工的决策。

表4-23　A、B产品产量、售价及成本资料

联产品名称		联产品A (可加工为C产品)	联产品B (可加工为D产品)
产量		10 000 千克	5 000 千克
销售单价	分离后	10 元/千克	50 元/千克
	加工后	20 元/千克	60 元/千克
加工前的联合成本		80 000 元	220 000 元
加工过程中的 追加成本	单位变动成本	5 元	8 元
	专属固定成本	10 000 元	15 000 元

分析如下:

根据资料编制A、B两种产品的差量分析表,分别如表4-24、表4-25所示。

表4-24　A产品差量分析表　　　　单位:元

项目	继续加工后出售	分离后立即出售	差量
相关收入	20×10 000=200 000	10×10 000=100 000	1 000 000
相关成本	60 000	0	60 000
其中:变动成本	5×10 000=50 000		
专属固定成本	10 000		
差量收益			40 000

表 4-25　B 产品差量分析表　　　　　　　　　　　　单位:元

项目	继续加工后出售	分离后立即出售	差量
相关收入	$60 \times 5\,000 = 300\,000$	$50 \times 5\,000 = 250\,000$	50 000
相关成本	55 000	0	55 000
其中:变动成本	$8 \times 5\,000 = 40\,000$		
专属固定成本	15 000		
差量收益			−5 000

　　由以上分析可知,A 联产品分离后进一步加工可多获利 40 000 元,所以 A 产品应该选择进一步加工,B 联产品分离后进一步加工会发生损失 5 000 元,所以 B 产品应该选择分离后立即出售。

四、生产工艺决策

　　生产工艺是指加工制造产品或零部件所使用的机器、设备及加工方法的总称。企业生产同一种产品或零部件采用不同的工艺方案进行加工,其成本往往差别很大。采用先进的生产工艺技术,由于劳动生产率高、劳动强度低、材料消耗少,可能导致较低的单位变动成本,但往往需要用较先进的设备装置,导致固定成本较高。而采用传统的生产工艺技术,由于劳动生产率低、劳动强度高、材料消耗多,可能导致较高的单位变动成本,而相对落后的设备装置会使得固定成本较低。由于单位产品中的固定成本与产量成反比,所以,当产量较高时,用先进工艺相对有利,总成本更低;当产量较低时,用较落后的工艺相对经济,总成本更低。产品生产工艺决策就是要将产量的多少和成本相互联系起来进行决策。在这里,可以采用成本无差别点法进行决策分析。不同的产量条件下,选择不同的生产工艺。

　　不同生产工艺技术方案属于"互斥方案"的决策类型,决策分析时可以不考虑各个备选方案的相同的变动成本(如直接材料)和固定成本(如固定资产的折旧费),只考虑各个备选方案不同的单位变动成本(如加工费)和不同的固定成本(如固定资产的调整准备费、工具装备费)。

　　[例 4-17]　红星决定生产 A 零部件,有甲、乙两种不同的工艺方案可供选择。甲方案的相关固定成本为 240 000 元,单位变动成本为 80 元/件;乙方案的相关固定成本为 160 000 元,单位变动成本为 120 元/件。要求:用成本无差别点法作出采用何种工艺方案的决策。

　　分析如下:

　　设甲方案的固定成本为 a_1,单位变动成本为 b_1;乙方案的固定成本为 a_2,单位变动成本为 b_2。

　　由于甲方案的固定成本 a_1(240 000 元)大于乙方案的固定成本 a_2(160 000 元),而甲方案的单位变动成本 b_1(80 元)又小于乙方案的单位变动成本 b_2(120 元),因此,符合应用成本无差别点法进行决策的条件。

成本无差别点业务量＝(240 000－160 000)/(120－80)＝ 2 000(件)

决策结论：

当 A 零部件的需用量小于或等于 2 000 件时,应选择乙方案;当 A 零部件的需用量大于 2 000 件时,应选择甲方案。

五、线性规划在经营决策中的应用

线性规划是运筹学中的重要内容,是专门用来对具有线性关系的极值问题进行求解的一种数学方法。线性规划问题就是求在线性约束条件下的最大值或最小值的问题。这里的"线性"是指所有变动因素的相互影响是直线关系。

企业在经营过程中,所能获得的资源是有限的,所以企业就需要根据有限的资源(设备的生产能力、材料供应条件、人员配备条件、资金供应条件、生产技术条件等),合理组织安排生产,使各项资源获得最有效的利用,以期取得最优的经济效益。而线性规划方法可以用来作为解决产品最优组合的决策分析工具。具体的求解方法有图形法和单纯形法。

(一) 图形法

用图形法解决线性规划问题的前提是只有两个决策变量,其一般步骤是:

(1) 找出问题的目标函数。

(2) 确定约束条件。

(3) 在平面直角坐标系中作出可行域。

(4) 在可行域内找到最优解所对应的点。

(5) 解方程的最优解,从而求出目标函数的最大值或最小值。

这里需要说明的是,经营决策中的目标函数通常是利润最大值或成本最小值。

图形法在求解时又可以具体运用等利润线原理和顶点原理两种方法。

[例 4-18] 恒达公司生产 A、B 两种产品,其售价、成本等相关条件的资料,如表 4-26 所示。

表 4-26 A、B 产品售价、成本相关资料

项　　目	A 产品	B 产品
单位售价/元	12	5
单位变动成本/元	8	2
单位贡献毛益/元	4	3
单位产品机器工时/小时	2	3
单位机器小时贡献毛益/元	2	1
最高订货量/件	450	300

假设企业最大生产能力为 1 200 小时标准机器工时,根据上述资料,恒达公司如何安排 A、B 产品的生产才能够取得最大的效益?

[分析]

方法一:利用等利润线原理求解。

(1) 确定目标函数。假设恒达公司生产 A 产品 x 件,生产 B 产品 y 件。两种产品的贡献毛益总额为:

贡献毛益总额(CM)$= 4x + 3y$

(2) 确定约束条件为:

$$\begin{cases} x \leqslant 450 \\ y \leqslant 300 \\ 2x + 3y \leqslant 1\,200 \\ x \geqslant 0, \ y \geqslant 0 \end{cases}$$

(3) 在平面直角坐标系中作出可行域。以 x 为横坐标、y 为纵坐标建立平面直角坐标系,并把上述四个约束条件同时在坐标图中反映出来。如图 4-3 所示,阴影部分就是约束条件形成的可行域,满足约束条件的可行解就位于 $OABCD$ 这个多边形内。

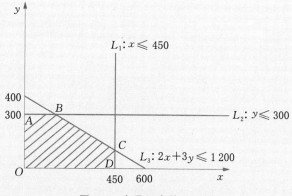

图 4-3 产品组合的可行域

(4) 求最优解,即确定 A、B 产品的最优生产组合,使其在满足约束条件的同时,能够使目标函数达到最大值的那一点。

目标函数 CM $= 4x + 3y$ 即:

$$y = \frac{\text{CM}}{3} - \frac{4}{3}x$$

所得目标函数的斜率为 $-\dfrac{4}{3}$。因此,可以作一组平行线,其斜率为 $-\dfrac{4}{3}$,则这组平行线就被称为"等利润线"。等利润线在纵轴的截距即为 CM。显然,等利润线在纵轴的截距愈大,目标函数 CM 的取值就愈大。原问题转化为在多边形 $OABCD$ 中找到一点,使通过其的斜率为 $-\dfrac{4}{3}$ 的等利润线在纵轴的截距最大。直线 L_1 和 L_3 的交点 C 点正是符合上述条件的点。此时,企业的生产能力得到充分利用,还能够为企业提供最多的贡献毛益。

C 点的坐标值为 $x=450$，$y=100$，即生产产品 A、B 分别为 450 件和 100 件时，既能使企业的生产能力得到充分利用，又能为企业带来最大贡献毛益：

$$CM=4x+3y=4\times450+3\times100=2\ 100（元）$$

方法二：利用顶点原理求解。

目标函数、约束条件代数方程组以及平面直角坐标系中的可行域的确定均与方法一中的步骤相同。在图 4-3 中，多边形 $OABCD$ 的内部或边界上的任何一点坐标值均能够满足相应的约束条件。相关的数学理论已经证明，线性规划的最优解必定在由约束条件构建的多边形的顶点上，这就是顶点原理。根据顶点原理，为了找到最优点，首先要解出图 4-3 中多边形顶点的坐标值，由约束条件代数方程组的求解可得如表 4-27 所示的顶点坐标值。从表 4-27 中可以看到，顶点 O 的坐标值为 $x=y=0$；顶点 A 的坐标值为 $x=0$，$y=300$；顶点 B 的坐标值为 $x=150$，$y=300$；顶点 C 的坐标值为 $x=450$，$y=100$；顶点 D 的坐标值为 $x=450$，$y=0$。分别将上述 5 个顶点的坐标值代入目标函数方程 $CM=4x+3y$ 中，即可算出各顶点对应自己 A、B 产品所取得的贡献毛益。

表 4-27　各顶点对应的 A、B 产品组合及取得的贡献毛益

顶　　点	x（A 产品）/件	y（B 产品）/件	贡献毛益（CM）/元
O	0	0	0
A	0	300	900
B	150	300	1 500
C	450	100	2 100
D	450	0	1 800

最后解得顶点 C 为最优解，对应的贡献毛益为 2 100 元。也就是说，生产 A、B 两种产品的最优组合应该是：A 产品 450 件，B 产品 100 件。

（二）单纯形法

若企业需要同时生产多于两种产品，但是机器设备或原材料等资源的有限性往往会起到一定的制约作用，此时就需要寻找一种生产各产品的最优组合。由于此时图解法无法直接使用，所以需要利用单纯形法对此最优问题进行求解。

由管理数学的相关理论可知，对于存在可行解的线性规划问题必然存在基本可行解，即必然存在顶点。对于实际的线性规划问题而言，可行解的顶点数是有限的，该问题的最优解就是有限个顶点中能够满足目标函数的那个顶点。因此，从数学的角度看，图形法和单纯形法都是利用相同的数学原理进行规划问题求解，只不过两种方法的具体解题思路和步骤不尽相同。

利用单纯形法解线性规划问题是一个不断迭代求解的过程，相应的具体步骤是：首先求得一个顶点（基本可行解），利用相关的判别定理判定该顶点是否是最优解。若是，则终止计算，否则，通过迭代法则找到另一相邻的顶点，并再次利用判别定理判定该顶点是否为最优解。由于顶点数是有限的,所以经过有限次的迭代,一定会发现线性规划问题的最优解。单纯形法是解线性规划问题的通用方法,相关的详细说明可以参见运筹学等课程教材,以下将通过实例对单纯形法解决生产实际问题的过程进行详细说明。

[例4-19] 恒达公司生产A、B两种产品,相关资料如表4-28所示。已知,甲车间每天的最大生产能力为300小时标准机器工时,乙车间每天的最大生产能力为400小时标准机器工时。要求在现有生产能力下合理安排A、B两种产品生产所能达到的最大贡献毛益。

表4-28 A、B产品的相关资料

项 目	A产品	B产品
单位产品耗用机器工时/小时		
甲车间	1	1
乙车间	2	1
原材料短缺约束/件		250
单位贡献毛益/元	5	10

[分析]

(1)确定目标函数。假设恒达公司生产A产品x件,生产B产品y件。两种产品的贡献毛益总额为:

$$贡献毛益总额(CM)=5x+10y$$

(2)确定约束条件为:

$$\begin{cases} y \leqslant 250 \\ x+y \leqslant 300 \\ 2x+y \leqslant 400 \\ x \geqslant 0,\ y \geqslant 0 \end{cases}$$

(3)引入初始基变量s_1,s_2,s_3,则(2)中的约束条件不等式变为如下等式方程组:

$$\begin{cases} y+s_1=250 \\ x+y+s_2=300 \\ 2x+y+s_3=400 \end{cases}$$

则目标函数就可以改写为

$$CM=5x+10y+0s_1+0s_2+0s_3$$

(4)利用单纯形法求解。

第0次迭代,按线性规划模型在表4-29中填入相应值。

表 4-29　各变量的初始取值

基变量	C_B	x	y	s_1	s_2	s_3	解　值
		5	10	0	0	0	
s_1	0	0	1	1	0	0	250
s_2	0	1	1	0	1	0	300
s_3	0	2	1	0	0	1	400
z_j		0	0	0	0	0	0
$C_j - z_j$		5	10	0	0	0	

说明:表 4-29 中,C_B 为目标函数系数,初始值为 0,解值的初始数值为(3)中对应等式方程组的各方程常数项;x,y,s_1,s_2,s_3 所对应的纵向方格中的值都是根据(3)中的方程写出的;s_1 行是根据方程 $y + s_1 = 250$ 写出的;s_3 行是根据方程 $2x + y + s_3 = 400$ 写出的。z_j 的取值由第 j 列与 C_B 所对应的元素相乘相加后的数值决定。

由于 $C_j - z_j$ 的取值不全小于或等于 0,所以判定该基变量不是基本可行解,解值并非最优解。由于 s_1 行对应解值最小,所以确定变量 s_1 移出;由于 y 列对应的 $C_j - z_j$ 值最大,所以确定由 y 取代 s_1 作为下一次迭代的基变量。

第 1 次迭代,按单纯形法运算要求在表 4-30 中填入相应值。

表 4-30　第一次迭代后各变量的取值

基变量	C_B	x	y	s_1	s_2	s_3	解　值
		5	10	0	0	0	
y	10	0	1	1	0	0	250
s_2	0	1	0	−1	1	0	50
s_3	0	2	0	−1	0	1	150
z_j		0	10	10	0	0	
$C_j - z_j$		5	0	−10	0	0	

说明:将 y 取代 s_1 后,y,s_2,s_3 构成了新的基变量。更新 y 对应的目标函数系数 C_B 为 10。由于 y 列与 s_2、s_3 行的交叉方格的值不为零,不符合单纯形法求解线性规划问题的要求,所以将 y 行中的除目标函数系数 C_B 以外的行系数乘以(−1)分别与 s_2、s_3 行对应的系数相加。

由于 $C_j - z_j$ 的取值不全小于或等于 0,所以判定该基变量不是基本可行解,解值并非最优解。由于 s_2 行对应解值最小,所以确定变量 s_2 移出。由于 x 列对应的 $C_j - z_j$ 值最大,所以确定由 x 取代 s_2 作为下一次迭代的基变量。

第 2 次迭代,按单纯形法运算要求在表 4-31 中填入相应值。

表 4-31　第二次迭代后各变量的取值

基变量	C_B	x	y	s_1	s_2	s_3	解　值
		5	10	0	0	0	
y	10	0	1	1	0	0	250
x	5	1	0	-1	1	0	50
s_3	0	0	0	1	-2	1	50
z_j		5	10	5	5	0	
$C_j - z_j$		0	0	-5	-5	0	

说明：依照前文方法更新表中相应位置的数据即可。

由于 $C_j - z_j$ 的取值全部小于或等于 0，所以判定该基变量是基本可行解，解值为最优解。也就是说，A、B 两种产品最合理的安排应为 A 产品 50 件，B 产品 250 件，此时可提供的最大贡献毛益为：

$$CM = 5x + 10y + 0s_1 + 0s_2 + 0s_3$$
$$= 5 \times 50 + 10 \times 250 = 2\,750(元)$$

本 章 小 结

1. 决策是经营管理的核心内容，是企业未来发展兴衰成败的关键，决策分析简单地说就是选择最优方案的过程。而准确的预测分析是企业进行经营决策的基础和前提。决策按照其影响时效的长短分为长期经营决策和短期经营决策。

2. 短期经营决策是指企业侧重于从资金、成本、利润等方面对如何充分利用企业现有资源和经营环境，以取得最佳经济效益的决策活动，其决策结果只影响或决定企业一年或一个营业周期的经营实践的方向、方法和策略。

3. 短期经营决策采用的分析方法主要有差量分析法、成本无差别点分析法、贡献毛益分析法、相关成本分析法等。企业进行短期经营决策分析的过程，实质就是对不同方案进行比较、分析、权衡，最终选择最佳效益方案的过程。

4. 短期经营决策研究的主要内容包括定价决策和生产决策。

5. 定价决策是指为企业生产的产品或提供的劳务制定价格的决策。定价决策主要包括以成本需求为导向的定价决策和以市场需求为导向的定价决策。

6. 生产决策是指企业如何在激烈的市场竞争中合理有效地利用现有生产资源实现企业经济效益的最大化而进行的相关决策问题，其具体内容主要包括新产品开发品种决策、零部件自制还是外购的决策、产品进一步加工决策、生产工艺决策、线性规划在经营决策中的应用等。

复习思考题

1. 举例说明"不同目的,不同成本"在短期经营决策中的应用。
2. 如何进行亏损产品决策?是否应当是亏损产品或部门都应停产或取消?
3. 举例说明如何进行零部件自制或外购决策。

练 习 题

1. 红星公司生产并销售产品 A,过去一直采用半自动化设备进行生产,其最大的年生产能力为 40 000 件,其单位变动成本为 16 元,固定成本总额为 200 000 元。产品 A 的销售单价为 36 元。现在为了提高产品的产量和质量,准备购置全自动化设备。这样,将使固定成本总额增加 50%,生产能力可提高 25%,而单位变动成本则可降低到 11 元。

要求:

根据资料,分析红星公司在何种生产条件下采用自动化设备较为有利。

2. 江河公司原来生产产品 A,现拟利用现有生产能力开发新产品 B 或 C。若开发产品 B,则老产品 A 需减产 1/3;若开发产品 C,则老产品 A 需减产 2/5。这三种产品的有关资料如表 4-32 所示。

表 4-32 产品资料

产品名称	A	B	C
产量	6 000 件	2 000 件	2 500 件
销售单价	60 元	80 元	73 元
单位变动成本	40 元	56 元	51 元
固定成本总额	40 000 元		

要求:

根据资料,分析江河公司应开发哪种新产品较为有利。

3. 扬帆公司所需用的甲零部件外购单价和自制单位成本的有关数据如表4-33所示。

表4-33　扬帆公司有关数据　　　　　　　　　　　　　　　　单元:元/件

外购方案		自制方案	
800件以内购进单价	10	直接材料	4
		直接人工	2
800件以上购进单价	9	变动制造费用	2
		专属固定成本	1 000

要求:

根据资料,分析扬帆公司甲零部件的全年需要量在何种情况下采用外购方案较为有利? 又在何种情况下采用自制方案较为有利?

案例讨论题

32路是海口市公交线路中较为特殊的一条线路,分为 A、B 两线;A、B 两线均在龙华总站发车,车出站后,分别向左、向右行驶,按照顺返两个方向走同样的路线。其中 A 线从龙华路出来后,途经大同路、海秀路、炮楼、国贸、盐灶、八灶,最后回到龙华路总站;而 B 线则发车后从反方向从八灶、盐灶一路逆回龙华总站。

"32路是1981年3月正式开通的,开通以来一直都处于亏损状态。"来自琼海的覃亚东师傅说道,他从32路开通以来一直在该线路工作。

"32路实际上就是一条绕城线路。"覃亚东说。1981 年 3 月投入的车辆主要是12座的面包车,车子较小,运营成本较低,但由于客流量较少、竞争激烈等原因,当时线路就处于亏损状态。2008 年 12 月,市公汽公司经过研究后,决定置换新大巴。

"车辆档次是上来了,但亏损的局面依旧。"市公汽公司副经理吴放说。以前是"小车小亏",现在是"大车大亏"。每辆车每天亏损达 500 多元,目前线路上共有 10辆车,全线路每月亏损达 10 万元以上。

32路天天亏损的现状让市公汽公司揪心,也引起了外界的关注。家住盐灶的符先生已经退休几年,平时出门基本乘坐 32路。"这条线路从原来的小面包到现在的大巴车,我们这一带的居民都离不开啊。"符先生说。盐灶一带是老街区,居民很多,交通较为拥挤,大家的出行都依靠32路。

"平时我坐车也发现乘客不多,而且都是一些老面孔,我有时也在想,客人这么少,这个车还真不知道能不能赚钱呢。"符先生补充道。记者采访跟车当天发现乘客确实非常少,甚至从龙华路至大同路途中,车上仅有记者一人。与其他线路公交车常常满载相比,这条线路的司机都曾有过"打空车"的经历。

与其他居民一样,符先生也担心有一天因为客源的原因,32路真的停了。

"32路是不会停运的,这点市民大可放心。"对于外界的担忧,市公汽公司作出了坚定的回答。

"这条线路沿途居民基本靠它出行,很多居民离不开这条线路。"市公汽公司表示,作为一家国有公交企业,担负政府赋予的城市公共交通任务是理所当然的事情。公司将通过一些热门线路的营收补贴32路等冷线的亏损,虽然困难但可继续维持32路的正常运行。

尽管线路每车每天客量平均不到300人次,总营收不足以弥补燃料费用,但这条目前海口唯一经过盐灶、八灶老街区的公交线路,却天天风雨无阻按时运行,成为了老街区市民心中的"劳模线路"。

讨论题:

请大家运用所学的管理会计知识分析讨论,面对32路公交线路亏损的局面,如何在保证沿途居民正常出行需求的同时,减少公交企业的经营压力?

第五章 长期投资决策

学习目标

1. 了解长期投资的种类；
2. 理解长期投资决策应考虑的因素；
3. 掌握长期投资项目现金流量的估算；
4. 掌握长期投资决策分析方法；
5. 掌握长期投资决策的风险处置。

课程思政要点

引导案例

雅戈尔集团股份有限公司(简称"雅戈尔")的前身系1979年成立的宁波青春服装厂,如今在服装行业占据重要地位,是中国男装行业的龙头企业。纺织服装是雅戈尔的基础业务,为了进一步拓展业务范围,寻求新的利润增长点,雅戈尔提出投资棉花生产加工项目。棉花作为服装生产的主要材料,有利于推进服装产业链的一体化进程,对雅戈尔在激烈的市场竞争中的成长发展起到推进作用。

项目提出后,由雅戈尔多个部门组成的项目评估组即刻展开论证工作。

请思考：

(1) 该项目应考虑的影响因素有哪些？

(2) 该项目投资额是多少？项目建成后,预计各年的现金流量如何？

(3) 如何评价该项目的经济效益？

(4) 该项目的风险状况如何？如何考虑风险的影响？

第一节 长期投资决策概述

一、投资的分类

企业是营利性的组织,其出发点和归宿就是获利。然而,企业要盈利首先必须进行投资,即将所筹资金(主要是货币资金)转化成生产经营所需的资产或用于各种生产费用的支付,从而形成企业的生产经营能力。广义的投资是指企业投入财力,以期在未来一定时期内获得报酬或更多收益的活动。按照分类标准的不同,投资有多种分类方式。

(一) 按投资的回收期限,分为短期投资和长期投资

短期投资是指能够随时变现、持有时间不超过一年的有价证券以及准备在一年内收回的其他投资。短期投资实际上是企业暂时不用的闲置资金的存放形式。在企业生产经营的过程中,常常会因为季节性等因素的影响而出现资金的暂时闲置,此时将这部分资金投资于流动性强、变现速度快的有价证券,既可给企业带来一定的收益,同时,当企业需要资金时又可随时将其变现,不影响其正常使用。

长期投资通常是指一年以上才能收回的投资,可以进一步划分为对内长期投资和对外长期投资两种。对内长期投资是为了一定的经营目的,对厂房、机器设备、无形资产以及配套的流动资产的投资,这一类投资回收期限较长,一般能形成企业生产经营的能力,决定企业生产经营的方向。对外长期投资通常是将资金投向企业外部,其目的是形成对其他企业的控制或获取长期利息、红利收益。

(二) 按投资方向,分为对内投资和对外投资

对内投资又称内部投资,是指企业把资金投在企业内部,购置各种生产经营用资产的投资。对外投资是指企业用现金、实物、无形资产等方式或者以购买股票、债券等有价证券方式向其他单位的投资。对内投资都是直接投资,对外投资主要是间接投资,也可能是直接投资。

二、长期投资的特点

相对于短期投资而言,长期投资具有下列显著特点。

(一) 投资金额大

长期投资项目通常涉及固定资产,如厂房、机器设备等,以形成投资项目的主体,这需要大笔资金。同时,项目建成后还需要投入配套的流动资金以保证项目能够正常营运。因此,长期投资项目一般涉及金额较大。

(二) 变现能力差、回收时间长

长期投资变现能力差,回收时间长,在未来一定时期内将对企业的生产经营产生持续影响。长期投资是围绕企业经营目标和经营方向,为了形成一定生产经营能力而配套进行的投资,往往不易变现,需要在生产经营过程中随着不断地使用将其价值逐渐转移到产品中,并随着产品的销售和货款的回收而分期分批得到回收,因此回收时间较长。同时,长期投资一旦形成企业的生产能力,无论投资方向正确与否,都很难改变,它将在未来较长时间内对企业的收益能力产生持续的影响。

(三) 投资风险大

长期投资项目的寿命周期较长,投资效果的好坏取决于未来的收益能力。然而,收益能力如何,除了取决于企业的经营能力和管理水平外,还受到国家相关政策变化,以及消费者的购买能力、消费取向和市场竞争格局变化等诸多因素的影响,因此风险较大。同时,投资金额大、回收时间长、变现能力差等特点也进一步加大了长期投资的风险。

三、长期投资决策应考虑的因素

（一）环境因素

环境是企业从事生产经营活动的外部条件。企业要维持正常的生产经营活动,就必须适应环境,与当地环境密切融合。然而,各地区的自然条件不同,所能提供的经济、人文等方面的条件也不尽相同。因此,企业在对投资项目进行选址时,必须对各地的环境条件进行细致考察,为投资项目选择一个最适宜其发展的地点,从而为投资项目的正常运行打下良好的基础。一般来说,投资项目应考虑的主要环境因素包括经济体制、经济周期、经济政策、地理条件、基础设施等。

（1）经济体制。经济体制是一个国家的基本经济制度,它直接决定了社会经济资源的配置原则和经济运行的方式和方法等。不同经济制度下的目标取向是不相同的,这会对整个社会的经济活动产生根本性的影响,并直接影响到投资的目标定位和管理程序及管理方法。

（2）经济周期。经济发展状况并不总是表现出持续上升或持续下降态势,而是具有一定周期性的。在长期投资决策分析时考虑经济周期的影响,目的是为长期投资项目选择一个适宜的投资时机。一般而言,当经济处于上升阶段时对投资是有利的,尤其是当经济刚刚开始复苏时,投资成本一般较低,投资风险较小,而且随着经济的不断增长,未来收益水平也会不断上升;相反,当经济周期处于上升阶段后期,社会经济开始出现疲软时,则对投资是不利的,因为此时市场信心不足,消费开始下降,投资风险明显增加,预期收益也不可乐观。

（3）经济政策。经济政策是指国家为调控宏观经济活动而采取的各种方针政策,主要包括财税政策、价格政策、金融政策和产业政策等。经济政策体现的是国家对经济发展水平和发展方向的一种态度。认真研究国家的经济政策,准确把握政策走势,对于认清经济发展形势,正确选择投资方向,具有十分重要的意义。

（4）地理条件。地理位置不同,其气候条件、自然特色等也会有一定的差异,若投资项目受这些自然条件的影响,与自然条件的关联度较大,在进行选址时应将其作为首要考虑因素。

（5）基础设施。由于经济发展水平的不均衡,各地的交通、通信及其他生产生活条件也不相同。选择一个基础设施完备、功能强的投资地点,可以降低成本,方便生产和生活。

（二）市场前景

长期投资是对企业未来经营目标和经营方向所作的长期规划,具有一定的前瞻性。因此,在进行长期投资决策分析时应充分考虑投资项目的市场前景。这就需要对该项投资所提供的产品或服务在未来市场上的供求状况进行科学、合理的预测。只有市场前景良好的投资项目才能确保企业平稳、健康运行,才具有投资价值。

（三）资金的时间价值

长期投资项目涉及金额大、影响时间长,因此,资金的时间价值是长期投资决策分析时不可忽视的重要因素。

资金的时间价值是指资金在周转使用过程中随着时间的推移而发生增值。由于时间价值的存在,相同数额的资金放在不同时点,其内在价值不同。所以,在表达资金数额时应与时点相结合,如现在的 100 元、三年后某一时点的 100 元。从理论上讲,一定时期内的任一时点都可以用来表达资金,但是在实务中,人们常常只关心期初和期末两个时点,如现在存入 100 元三年期定期存款,人们通常只关心三年期满连本带息可以取出多少,至于一个月或一年后这笔钱已变为多少并没有实际意义。用一定时期的期初来表达资金称为现值,用一定时期的期末来表达资金则称为终值。现值、终值是相对而言的,如现在存入 100 元,三年后可取出 130 元,则三年后的 130 元是现在的 100 元的终值;相反,现在的 100 元则是三年后 130 元的现值。

资金时间价值的计算方法有两种,即单利和复利。但是,对于投资决策分析中涉及时间价值计算的,都要求采用复利计算方法,因此,这里仅对复利计算方法作简单介绍。

1. 复利终值和复利现值

复利是指不仅本金产生利息,利息也产生利息的计算方法,即"利滚利"。

设:P 为复利现值;i 为利率,即利息与本金之比;F 为复利终值;n 为时期数。

(1) 复利终值(F)。

$$F = P(1+i)^n \tag{5-1}$$

式中,$(1+i)^n$ 为复利终值系数,可用$(F/P, i, n)$表示,一般可查复利终值系数表而得。

[例 5-1] 小张将 10 000 元存入银行,期限为五年,假设银行年利率为 5%,采用复利计算,则小张于期满时可连本带息取出多少?

解:$F = 10\,000 \times (1+5\%)^5 = 10\,000 \times (F/P, 5\%, 5) = 10\,000 \times 1.276 = 12\,760$(元)

(2) 复利现值(P)。

$$P = F(1+i)^{-n} \tag{5-2}$$

式中,$(1+i)^{-n}$ 为复利现值系数,可用$(P/F, i, n)$表示,一般可查复利现值系数表而得。

[例 5-2] 小华欲在五年后从银行取出 10 000 元,假设银行年利率为 2%,采用复利计息,则张华现在应存入多少钱?

解:$P = 10\,000 \times (1+2\%)^{-5} = 10\,000 \times (P/F, 2\%, 5) = 10\,000 \times 0.906 = 9\,060$(元)

(3) 求 i 或 n。

上述复利终值和复利现值的计算公式中均有四个变量,在知道其中任意三个变量的情况下,均可求出第四个变量。但是,在求 i 或 n 时需要采用一种特殊的计算方法,即插值法。下面以求 i 为例,对插值法加以介绍。

[例5-3]　小平将10 000元存入银行,期限为五年,假设银行采用复利计息,小平希望于期满时连本带息得到12 000元,则银行利率应为多少?

解: $12\,000 = 10\,000 \times (1+i)^5$ 或 $12\,000 = 10\,000 \times (F/P, i, 5)$

可得: $(F/P, i, 5) = 1.2$

查复利终值系数表,若正好有一系数为1.2,则其对应 i 的值就是本例所求结果;若查不到为1.2的系数,则需要采用插值法,此时,应找到小于1.2和大于1.2,且相邻的2个系数(分别为1.159 3和1.216 7)及其对应的 i 的值(分别为3％和4％),再采用插值法计算如下:

1.159	3％
1.2	i
1.217	4％

列式: $\dfrac{1.2 - 1.159\,3}{i - 3\%} = \dfrac{1.216\,7 - 1.159\,3}{4\% - 3\%}$

计算可得: $i \approx 3.709\%$

同理,采用类似计算方法也可求得 n。

2. 年金终值和年金现值

年金是在一定时期内,每隔相同时间所发生的等额收入或支出的款项。按照其发生的时点不同,可以分为普通年金和预付年金。

(1)普通年金。普通年金又称为后付年金,是指收付发生在每期期末的年金。

①普通年金终值(F)。假设:F 代表普通年金终值;A 代表年金数额;i 代表利率;n 代表计息期数。则普通年金终值的计算公式为:

$$F = A \frac{(1+i)^n - 1}{i} \tag{5-3}$$

式中,$\dfrac{(1+i)^n - 1}{i}$ 称为年金终值系数,可用$(F/A, i, n)$表示,一般可查年金终值系数表得到。

[例5-4]　小李是一位热心肠的人,自2020年开始,每年年底捐款50 000元,资助一位困难大学生完成四年学业。假设银行年利率为5％,则小李四年累计捐款相当于2023年年底的多少钱?

解:从题意来看,小李的各次捐款均发生在年末,属于普通年金,题中要求计算终值,因此,可按普通年金终值的计算公式进行计算。

$$F = 50\,000 \times \frac{(1+5\%)^4 - 1}{5\%}$$
$$= 50\,000(F/A, 5\%, 4) = 50\,000 \times 4.310 = 215\,500(元)$$

因此,小李四年累计捐款相当于2023年年底的215 500元。

②普通年金现值(P)。若用 P 表示普通年金现值,其他符号同上,则普通年金现值的计算公式如下:

$$P = A\frac{1-(1+i)^{-n}}{i} \tag{5-4}$$

式中,$\dfrac{1-(1+i)^{-n}}{i}$ 称为年金现值系数,可用 $(P/A, i, n)$ 表示,可查年金现值系数表得到。

[例 5-5]　小何与男友欲购买一套新房以备结婚,经多方比较,他们看中了一套 100 平方米的住房,但开发商要求首付 40 万元,然后分十年每年年末支付 10 万元。面对这样一种付款方案,小何与男友纳闷了,无法打定主意,因为他们不知道房款到底相当于现在多少钱以及每平方米价格是多少。请你帮帮他们(假设银行利率为 5%)。

解:房款的现值 $P = 400\,000 + 100\,000 \times \dfrac{1-(1+5\%)^{-10}}{5\%}$

$\qquad\qquad\qquad = 400\,000 + 100\,000 \times 7.722$

$\qquad\qquad\qquad = 1\,172\,200(元)$

每平方米房价 $= 1\,172\,200 \div 100 = 11\,722(元)$

(2) 预付年金。预付年金又称先付年金或者即付年金,是指发生在每期期初的年金。

①预付年金终值(F)。若用 F 表示预付年金终值,其他符号同上,则预付年金终值的计算公式如下:

$$F = A\left[\frac{(1+i)^{n+1}-1}{i}-1\right] \tag{5-5}$$

式中,$\left[\dfrac{(1+i)^{n+1}-1}{i}-1\right]$ 称为预付年金终值系数,通常记作 $\left[(F/A, i, n+1)-1\right]$,同样可通过查阅年金终值系数表得到。但是,值得注意的是,应先查 $(n+1)$ 期的系数值,然后再减去 1 才可得到 n 期预付年金终值的系数值。

[例 5-6]　沿用例 5-4 资料,假设捐款发生在每年年初,则小李四年累计捐款相当于 2023 年年底的多少钱?

解:$F = 50\,000 \times \left[\dfrac{(1+5\%)^{4+1}-1}{5\%}-1\right]$

$\qquad = 50\,000 \times (5.526-1)$

$\qquad = 226\,300(元)$

②预付年金现值(P)。若用 P 表示预付年金现值,其他符号同上,则预付年金现值的计算公式如下:

$$P = A\left[\frac{1-(1+i)^{-(n-1)}}{i}+1\right] \tag{5-6}$$

式中，$\left[\dfrac{1-(1+i)^{-(n-1)}}{i}+1\right]$ 是预付年金现值系数，同样可通过查阅年金现值系数表得到，但是，值得注意的是，应先查 $(n-1)$ 期的系数值，然后再加上 1 才可得到 n 期预付年金现值的系数值。

[例5-7] 沿用例 5-5 资料，假设未来十年的付款发生在每年年初，则：

$$房款的现值 P = 400\,000 + 100\,000 \times \left[\dfrac{1-(1+5\%)^{-(10-1)}}{5\%}+1\right]$$
$$= 400\,000 + 100\,000 \times (7.108+1)$$
$$= 1\,210\,800(元)$$

$$每平方米房价 = 1\,210\,800 \div 100 = 12\,108(元)$$

（四）风险因素

长期投资项目涉及金额大，回收时间长，面临的不确定因素多，且在未来较长时期内对企业的生产经营产生持续的影响，因此风险较大。在进行长期投资决策分析时必须考虑风险因素，正确估算风险的大小，并要求可能获得的投资报酬率与其相适应，即风险与报酬均衡。风险与报酬的关系可以用下式表达：

$$R = R_F + R_R = R_F + b \times V \tag{5-7}$$

式中，R——投资报酬率，即投资者对投资活动所要求的必要的或最低的收益率；

R_F——无风险报酬率，即不用承担风险即可获得的报酬率；

R_R——风险报酬率，即投资者由于承担风险而对投资活动要求的额外报酬率；

b——风险报酬系数，即将风险指标转化为风险报酬的一种系数；

V——风险指标，如标准离差率。

（五）综合效益

企业是营利性的组织，追求经济效益最大化是其根本目标，然而，在进行长期投资决策分析时，除了经济效益外，还应考虑社会效益和生态效益，至少应以不危害社会、不破坏生态环境为前提，如不能生产假冒伪劣产品，不能造成环境污染等。

四、长期投资项目的计算期及其构成

长期投资项目的计算期是指投资项目从建设开始到最终清理结束整个过程的全部时间，即该项目从建设开始的有效持续时间。一个完整的投资项目，其计算期包括建设期和经营期，其中，建设期（记作 s，$s \geqslant 0$）的第一年年初（记作第 0 年）称为建设起点，建设期的最后一年年末（第 s 年）称为投产日；项目计算期的最后一年年末（记作第 n 年）称为终结点，从投产日到终结点之间的时间间隔称为经营期（记作 m），则三者之间的关系可表达为：

$$n = s + m \tag{5-8}$$

五、长期投资决策分析的程序

长期投资决策分析是一项复杂的系统工程，必须制定一套科学、合理的工作程序，

分步组织实施。一般来说,长期投资决策分析的程序可分为以下几个步骤:

(一) 项目的提出

广泛收集各方信息,及时捕捉投资机会,是企业拓展业务空间、谋求不断发展的重要措施。发现了投资机会,企业的各级部门都有责任、有权利提出投资项目。一般来说,公司的高层管理人员提出的投资项目,大多是较大规模的战略性投资,而中层或者基层人员提出的主要是战术性投资项目,如设备的更新或配套等。

(二) 项目的评价

投资项目的评价工作一般会涉及以下几方面内容:第一,对提出的投资项目进行归类,为分析评价做好准备;第二,估算投资项目各期的现金流量;第三,计算评价指标,得出初步结论;第四,撰写项目评估报告(项目可行性研究报告),提请决策层审批。

(三) 投资项目的决策

决策层收到有关部门提交的项目评估报告后,要进行认真的分析和权衡,并作出最后的决策。通常有三种可能的决策结果,即接受投资项目,可以投资;拒绝投资项目,不投资;发还给提出项目的部门,要求重新调查修改后再作处理。

第二节　现金流量

一、现金流量的概念和构成

(一) 现金流量的概念

由一个投资项目引起的、在未来一定期间内所发生的现金支出与现金收入的数量,统称为现金流量,包括现金流入量、现金流出量和现金净流量。现金流入量是指投资项目引起的现金收入的数量。现金流出量是指投资项目引起的现金支出的数量。现金净流量(NCF)是指投资项目引起的现金流入量与流出量之间的差额,即:

$$现金净流量＝现金流入量－现金流出量 \qquad (5\text{-}9)$$

这里所说的“现金”是广义上的现金,它不仅包括各种货币资金,还包括企业对项目投入的各种非货币资源的变现价值,例如,一个项目需要使用原有的厂房、设备和材料等资源,则这些资源的变现价值也是该投资项目的现金流出量。

(二) 现金流量的构成

按项目阶段划分,投资项目的现金流量一般由以下三部分构成:

1. 建设期现金流量

建设期现金流量是指项目投资开始至项目建成投产前所发生的现金流量。一个完整工业投资项目一般包括以下几个部分:

(1) 在固定资产、无形资产上的投资。包括厂房或其他建筑物的建造成本、机器设备的购置和安装调试成本、购买无形资产的支出等。

(2) 在流动资产上的投资。即项目建成后,为开展正常生产经营活动而投放在流动资产上的资金,包括对材料、在产品、产成品和现金等流动资产的投资。这种投资实际上是一种流动资金的垫支,从理论上讲,这部分资金在项目终结时可以收回或部分收回。

(3) 开办费用。开办费用是指与长期投资项目有关的办公费用、人员工资、职工培训费、谈判费、注册费用等。

建设期现金流量一般表现为现金流出量,因此,这一时期的现金净流量为负数,可以用下式表达:

$$建设期某年现金净流量 = -该年投资额 \tag{5-10}$$

2. 经营期现金流量

经营期现金流量是指投资项目投入使用后,在其使用寿命周期内由于生产经营所带来的现金流入和现金流出的数量。

经营期现金流量的特点是既有现金流入,也有现金流出。为了便于考虑时间价值,这一时期的现金流量一般以年度为单位进行计算。现金流入一般是指经营现金收入,现金流出是指经营现金支出和缴纳的税金。假设一个投资项目的每年经营收入等于经营现金收入,付现成本(指不包括折旧成本和摊销费用)等于经营现金支出,那么经营期某年的经营净现金流量可用下列公式计算:

$$经营期某年经营净现金流量 = 该年经营收入 - 该年付现成本 - 该年所得税 \tag{5-11}$$

$$或:\ 经营期某年经营净现金流量 = 该年净利润 + 该年折旧 + 该年摊销额 \tag{5-12}$$

$$或:\ 经营期某年经营净现金流量 = 该年营业收入 \times (1-所得税税率)$$
$$- 该年付现成本 \times (1-所得税税率)$$
$$+ 该年折旧 \times 所得税税率 + 该年摊销额$$
$$\times 所得税税率 \tag{5-13}$$

3. 终结点现金流量

终结点现金流量是指投资项目完结时所发生的现金流量,主要包括:①固定资产的残值收入或土地的变价收入;②原来垫支的流动资金的收回。

终结点现金流量一般表现为现金流入量,可以用下式表达:

$$终结点现金净流量 = 固定资产残值收入或土地变价收入 + 收回的流动资金 \tag{5-14}$$

二、投资决策中使用现金流量的原因

在多数情况下,我们所说的收益通常是指财务会计按权责发生制计算的收入和成本之间的差额,然而,在长期投资决策分析中则不能按这种方法计算收入、支出和利润,并以此作为评价投资项目经济效益高低的基础,而应以按照收付实现制计算的现金流量作为评价项目经济效益高低的基础,主要原因有以下几个方面:

(1) 采用现金流量有利于科学、合理地考虑时间价值因素。如前所述,科学的投资决策必须考虑资金的时间价值因素。因此,在投资决策分析时弄清每笔预期收入和支出具体收到和付出的时间就显得尤为重要,因为不同时间的资金具有不同的价值。在衡量方案优劣时,应根据各投资项目寿命周期内各年的现金流量,按照资金成本,结合资金的时间价值来确定。而利润的计算,则是以权责发生制为基础的,不利于考虑资金的时间价值。

（2）采用现金流量能使投资决策更符合客观实际情况。在长期投资决策分析中,应用现金流量能更科学、更客观地评价投资方案的优劣,而利润则明显地存在不科学、不客观的成分,这是因为利润的计算没有一个统一的标准,在一定程度上要受存货估价、费用摊销和折旧计提的不同方法的影响,因而,净利润的计算要比现金流量的计算有更大的主观随意性,作为决策的主要依据不太可靠。同时,利润反映的是某一会计期间"应计"的现金流量,而不是实际的现金流量,若以未实际收到的现金收入作为收益,具有较大的风险,容易高估投资项目的经济效益,存在不科学、不合理的成分。

（3）在投资决策分析中,现金流量比账面盈亏更重要。一个投资项目能否得到持续经营,并不完全取决于在账面上是否盈利,因为即使是盈利的年份也不一定能产生足够的现金来维持生产;相反,即使是暂时的亏损状态,只要能产生足够的现金,生产经营仍然能得到维系。

（4）在整个投资项目计算期内,净现金流量总额与净利润总额是相等的,因此,可以用净现金流量取代净利润作为收益评价指标。

三、现金流量的估算

（一）确定现金流量的假设

（1）完整工业投资项目的假设。长期投资项目包括单纯的固定资产投资、固定资产更新改造以及完整工业投资项目等。不同类型的投资项目,其具体的现金流量状况不同,尽管如此,它们在确定现金流量时所应遵循的原则和所采用的基本方法却是相同的,进行项目决策分析时所采用的评价分析方法也是一样的。因此,为简便起见,本章仅以完整工业投资项目为例,介绍现金流量的概算和投资决策的分析方法。

（2）财务可行性假设。假设投资项目已具备技术可行性,社会效益和生态效益俱佳,同时也符合国家的产业政策,因此,只需要站在投资者的立场,预测项目的现金流量状况,评价项目的财务可行性即可。

（3）经营期与折旧年限一致假设。即假设投资项目所涉及的主要固定资产的折旧年限或使用年限与经营期相等。

（4）时点指标假设。经营期各年现金流量是一个期间概念,反映的是某一期间产生的现金流入量、现金流出量或净现金流量。为了便于考虑时间价值,通常假设经营期某年产生的现金流量发生在该期期末,如经营期某年的现金流入量为 1 000 万元,我们就假设是在该年年末产生了 1 000 万元的现金流入量。

（5）确定性假设。即假设与项目现金流量有关的投资额、产品价格、产销量、成本、税率等因素均能通过调查、预测等方法加以确定。

（6）产销平衡假设。在项目投资决策中,假设经营期各年的产量与销量相等,此时,按成本项目计算的当年成本费用等于按要素计算的成本费用。

（二）估算投资项目现金流量时应注意的问题

（1）应考虑现金流量的增量。投资项目的现金流量应该是由该项目引起的企业现金流量的增加量,而不是企业现金流量的总量。

(2) 不应考虑沉没成本。沉没成本是指那些由过去决策导致发生的已经支付且无法为目前的决策所能改变的成本,也就是无论目前的投资项目是否实施,这些成本都已经发生,无可挽回,属于典型的无关成本。因此,在确定投资项目的现金流量时不应加以考虑。

(3) 不要忽视机会成本。机会成本是指在决策过程中,由于选择某一方案而放弃其他方案所丧失的潜在收益。如某企业有一块地,直接销售可获得 1 000 万元收益,现在企业如果选择在该地块盖商品房,那么它所丧失的 1 000 万元售地收益就是该商品房开发项目的机会成本。因此,在评价该商品房开发项目的可行性时应将这 1 000 万元作为现金流出量加以考虑。

(4) 应考虑投资项目对其他部门或其他业务的影响。某些投资项目实施后可能会对企业其他部门或业务形成冲击,导致其他部门或业务的现金流入减少,也可能促进其他部门或业务的进一步发展,使其现金流入增加,此时,这些部门或业务现金流入的减少量或增加量,应计入该投资项目的现金流出量或现金流入量。

(三) 相关项目现金流量的概算

(1) 建设期项目投资额的概算。项目投资额一般包括固定资产投资、开办费用以及垫付的流动资金。

固定资产投资:按照规划设计要求,预测"三通一平"支出、厂房或其他建筑物的建设支出以及机器设备的购置和安装调试费用等,从而得出固定资产投资额。

开办费用:测算建设期可能发生的办公费用、人员工资、咨询费用以及其他筹备费用。

垫付的流动资金:根据设计生产能力和预计的开工率,材料采购批量、材料采购成本,以及各种材料的单位产品耗用量、工资率标准、生产效率等技术性指标等,测算应垫付的流动资金额。

(2) 经营期现金流量的概算。预测经营期各年的经营收入、经营成本;按照税法要求的折旧方法和折旧率,测算各期的折旧额;计算企业所得税。

(3) 终结点现金流量的概算。固定资产的残值收入一般可以取折旧政策约定的残值;回收的流动资金一般按垫支流动资金的一定百分比进行估算。

[例 5-8] 民富公司为进一步拓展业务范围,实现多种经营,分散企业风险,拟投资一个新项目。经初步调查与筛选,甲、乙两个投资方案被列为备选方案。经进一步调查和预测得知,甲方案固定资产投资 2 500 万元,使用寿命为五年,采用直线法计提折旧,五年后设备无残值,另需垫付流动资金 500 万元,项目建成后,预计经营期每年营业收入为 1 800 万元,每年的付现成本为 600 万元;乙方案固定资产投资 2 800 万元,采用直线法计提折旧,使用寿命也为五年,五年后有残值收入 800 万元,另需垫支流动资金 600 万元。五年中,每年营业收入为 1 800 万元,付现成本第一年为 600 万元,以后随着设备的陈旧,逐年将增加修理费 100 万元。假设两项目均在建设期起点完成投资,建设期为零;均不考虑终结点流动资金回收额;所得税税率为 25%。要求:试计算投资这两个方案的现金流量。

解:计算甲、乙两个投资方案每年折旧额如下:

$$甲方案每年折旧额 = \frac{2\,500}{5} = 500(万元)$$

$$乙方案每年折旧额 = \frac{2\,800 - 800}{5} = 400(万元)$$

甲、乙两个投资方案的投资项目现金流量概算表,如表 5-1 所示。

表 5-1　投资项目现金流量概算表　　　　金额单位:万元

	时间(t)	0	1	2	3	4	5
甲方案	建设期现金流量						
	1. 固定资产投资	2 500					
	2. 流动资产投资	500					
	经营期现金流量						
	营业收入(1)		1 800	1 800	1 800	1 800	1 800
	付现成本(2)		600	600	600	600	600
	折旧(3)		500	500	500	500	500
	税前利润(4)=(1)−(2)−(3)		700	700	700	700	700
	所得税(5)=(4)×25%		175	175	175	175	175
	净利润(6)=(4)−(5)		525	525	525	525	525
	终结点现金流量						0
乙方案	建设期现金流量						
	1. 固定资产投资	2 800					
	2. 流动资产投资	600					
	经营期现金流量						
	营业收入(1)		1 800	1 800	1 800	1 800	1 800
	付现成本(2)		600	700	800	900	1 000
	折旧(3)		400	400	400	400	400
	税前利润(4)=(1)−(2)−(3)		800	700	600	500	400
	所得税(5)=(4)×25%		200	175	150	125	100
	净利润(6)=(4)−(5)		600	525	450	375	300
	终结点现金流量						800

注:t=0 代表第 1 年年初;t=1 代表第 1 年年末;t=2 代表第 2 年年末,以此类推。本章其他涉及时间的表格均是如此。

根据投资项目现金流量概算表(表 5-1),编制投资项目现金净流量计算表,如表 5-2 所示。

表 5-2 投资项目现金净流量计算表 金额单位:万元

	时间(t)	0	1	2	3	4	5
甲方案	建设期现金流量(NCF):						
	1. 固定资产投资	−2 500					
	2. 流动资产投资	−500					
	经营期现金流量(NCF):						
	净利润(1)		525	525	525	525	525
	折旧(2)		500	500	500	500	500
	经营期现金净流量(3)=(1)+(2)		1 025	1 025	1 025	1 025	1 025
	终结点现金净流量(NCF)						0
	合计	−3 000	1 025	1 025	1 025	1 025	1 025
乙方案	建设期现金流量(NCF):						
	1. 固定资产投资	−2 800					
	2. 流动资产投资	−600					
	经营期现金流量(NCF):						
	净利润(1)		600	525	450	375	300
	折旧(2)		400	400	400	400	400
	经营期现金净流量(3)=(1)+(2)		1 000	925	850	775	700
	终结点现金净流量(NCF)						800
	合计	−3 400	1 000	925	850	775	1 500

以上是用列表方式计算和表达各期现金净流量(NCF)。若用列式方式表达各期现金净流量,则:

甲方案各年现金净流量分别为 $NCF_0 = -3\,000$ 万元,$NCF_{1\sim5} = 1\,025$ 万元。

乙方案各年现金净流量分别为 $NCF_0 = -3\,400$ 万元,$NCF_1 = 1\,000$ 万元,$NCF_2 = 925$ 万元,$NCF_3 = 850$ 万元,$NCF_4 = 775$ 万元,$NCF_5 = 1\,500$ 万元。

第三节 投资决策评价指标

投资决策评价指标,是指用于衡量投资项目可行性,并据以进行项目投资决策的定量化标准和尺度。由于评价投资项目的视角不同,可以有多个投资决策评价指标,一般按照是否考虑资金时间价值,将其分为静态评价指标和动态评价指标。

一、静态评价指标

静态评价指标是指在计算过程中不考虑资金时间价值的评价指标,又称为非贴现指标。这类指标包括投资回收期和平均报酬率。

（一）投资回收期（payback period, PP）

1. 投资回收期的概念和计算

投资回收期是指在不考虑时间价值的前提下，回收初始投资所需要的时间，也称为静态投资回收期，一般以年为单位，是一种运用很久、很广的投资决策指标。

投资回收期的计算，因经营期各年现金净流量（NCF）是否相等而有所不同。

（1）若经营期各年现金净流量（NCF）相等，则可按下列公式计算：

$$投资回收期 = \frac{建设期投资额}{经营期每年现金净流量} \qquad (5\text{-}15)$$

（2）若经营期各年现金净流量不相等，则应计算各年年末累计现金净流量，当累计现金净流量等于零时，所对应的年限即为投资回收期。一般应采用列表方式计算。

2. 投资回收期的应用规则

投资回收期不能直接反映投资项目的收益状况，因此，在投资决策分析中只能作为参考指标使用，一般不能直接用于判断投资项目的可行性。

[例5-9]　根据表5-2中民富公司的资料，分别计算甲、乙两个方案的投资回收期。

甲方案经营期各年营业现金净流量（NCF）相等，故：

甲方案投资回收期＝3 000÷1 025≈2.93（年）

乙方案经营期各年现金净流量（NCF）不相等，故应采用列表方式进行计算。乙方案投资回收期计算表如表5-3所示。

表5-3　乙方案投资回收期计算表　　　　　　　金额单位：万元

时间(t)	0	1	2	3	4	5
各年现金净流量（NCF）	−3 400	1 000	925	850	775	1 500
累计现金净流量（NCF）	−3 400	−2 400	−1 475	−625	150	1 650

由表5-3可见，第三年年末累计现金净流量为−625万元，表示截至第三年年末仍有625万元投资尚未收回，需要在第四年继续得到补偿，故：

$$乙方案投资回收期 = 3 + \frac{625}{775} \approx 3.81（年）$$

3. 投资回收期的优缺点

（1）优点：①计算简单，易于理解；②可以间接地反映出投资项目风险的大小。一般来说，投资回收期越短，面临的不确定性越小，风险也越小；反之，投资回收期越长，面临的不确定性越大，风险也就越大。

（2）缺点：①由于没考虑资金的时间价值，在回收期内收回的仅仅是投资额本金；②没考虑回收期满后投资项目的收益状况，在评价投资项目时一般只能作为参考指标。

(二) 平均报酬率(average rate of return, ARR)

1. 平均报酬率的概念和计算

平均报酬率是指项目经营期年平均报酬与项目总投资额的百分比,其中,年平均报酬可以取经营期年平均现金净流量,也可以取经营期年平均息税前利润。该指标反映了每投资 100 元资金,平均每年给企业带来的报酬是多少,说明了项目资金的使用效果。

这里仅取经营期年平均现金净流量计算平均报酬率,其计算公式为:

$$平均报酬率 = \frac{经营期年平均现金净流量}{项目投资总额} \times 100\% \tag{5-16}$$

2. 平均报酬率的应用规则

平均报酬率不能反映整个项目的全部收益状况,因此,在投资决策分析中不能独立判断投资项目的可行性,一般只能作为参考指标,需要和其他指标结合使用。

[例 5-10] 根据表 5-2 中民富公司的资料,分别计算甲、乙两个方案的平均报酬率。

解:甲方案 $ARR = \dfrac{1\,025}{3\,000} \times 100\% \approx 34.2\%$

乙方案 $ARR = \dfrac{(1\,000 + 925 + 850 + 775 + 700) \div 5}{3\,400} \times 100\% = 25\%$

---

3. 平均报酬率的优缺点

(1) 优点:简明、易算、易懂。

(2) 缺点:①没有考虑资金的时间价值,各年的现金净流量被视为具有相同的时间价值;②不能反映整个项目的全部收益状况,因此,只能作为参考指标,而不能作为决策依据使用。例如,[例 5-10]中,甲方案的平均报酬率为 34.2%,虽然看似收益状况不错,但若经营期仅有两年,其平均报酬率不会改变,仍为 34.2%,项目就是明显的亏损状态。

二、动态评价指标

动态评价指标,又称为贴现指标,是指考虑了资金时间价值的评价指标。这类指标主要有动态投资回收期、净现值、现值指数和内部报酬率。

动态指标的设计和计算是资金时间价值理论在实务中的一种具体运用。为了更好地理解动态指标的经济内涵并熟练掌握各项指标的计算方法,学习者必须深刻理解资金时间价值观念,并能熟练掌握资金时间价值的计算方法,这是学习好动态指标的基础和前提。

(一) 动态投资回收期(payback period, PP)

1. 动态投资回收期的概念和计算

动态投资回收期是指在考虑时间价值的情况下,以设定贴现率计算的未来报酬现值与初始投资额现值相等时所需要的时间,也就是使净现值等于零时所需要的时间。

其计算公式为：

$$\text{净现值} = \sum_{t=0}^{PP} \text{NCF}_t \times (1+i)^{-t} = 0 \tag{5-17}$$

式中，NCF_t——含建设期在内的整个项目计算期第 t 年的净现金流量；

　　　i——资金成本率或投资者要求的必要报酬率；

　　　PP——动态投资回收期。

动态投资回收期的具体计算方法，可按照各年 NCF 的分布特征不同，分为以下两种：

（1）如果项目建设期为零，且含终结点在内的项目经营期各年 NCF 相等，则各年 NCF 的时间序列表现为年金，可按下列步骤计算：

第一步，计算年金现值系数。即：

$$\text{年金现值系数} = \text{初始投资额} \div \text{各年的 NCF} \tag{5-18}$$

第二步，查年金现值系数表，在相同贴现率下，找出与上述年金现值系数相临近的较大和较小的时期数。

第三步，根据上述两个邻近的时期数和已求得的年金现值系数，采用插值法计算出该投资方案的动态投资回收期。

（2）如果项目建设期不为零，或项目经营期各年 NCF 不相等，则需要计算截至各年年末的净现值，当净现值＝0 时，其对应的时间即为动态投资回收期。通常可采用列表法进行计算。

[例 5-11]　根据表 5-2 中民富公司的资料，假设资金成本率为 10％，分别计算甲、乙两个方案的动态投资回收期。

（1）甲方案动态投资回收期的计算。

因为甲方案建设期为 0，且经营期内各年的 NCF 相等，故可采用上述第一种方法进行计算：

$$\text{年金现值系数} = 3\,000 \div 1\,025 \approx 2.926\,8$$

查年金现值系数表，在 10％一列内查找与 2.926 8 相邻近的年金现值系数分别为 2.486 9 和 3.169 9，对应的时期数分别为 3 期和 4 期，再采用插值法计算如下：

期数	年金现值系数
3	2.486 9
PP	2.926 8
4	3.169 9

$$\frac{PP-3}{4-3} = \frac{2.926\,8 - 2.486\,9}{3.169\,9 - 2.486\,9}$$

计算可得：$PP \approx 3.64$（年）

（2）乙方案的动态投资回收期的计算。

由于乙方案经营期各年 NCF 不相等，故可采用列表法计算。动态投资回收期计算表如表 5-4 所示。

表 5-4　动态投资回收期计算表　　　　　　金额单位：万元

时间(t)	0	1	2	3	4	5
各年 NCF(1)	−3 400	1 000	925	850	775	1 500
复利现值系数 ($i=10\%$)(2)	1.000	0.909 1	0.826 4	0.751 3	0.683 0	0.620 9
各年 NCF 的现值 (3)=(1)×(2)	−3 400	909.1	764.4	638.6	529.3	931.4
累计净现值	−3 400	−2 490.9	−1 726.5	−1 087.9	−558.6	372.8

由表 5-4 可见，截至第四年年末净现值＝−558.6(万元)，即仍有 558.6 万元需要从第五年 NCF 的现值(931.4 万元)中得到补偿，由此可得：

$$动态投资回收期(PP)＝4＋558.6÷931.4≈4.6(年)$$

2. 动态回收期的优缺点

优点：①容易理解；②与前述静态投资回收期比较，动态投资回收期考虑了资金的时间价值，因而更能反映项目资金的回收状况，在项目投资决策分析中更有使用价值。

缺点：①计算较为烦琐，工作量较大；②与前述静态投资回收期指标类似，动态投资回收期仍然不能反映投资项目的效益状况，在决策分析中只能作为参考指标运用。

(二) 净现值(net present value，NPV)

1. 净现值的概念和计算

净现值反映了在考虑资金时间价值的前提下，以现值表现的投资项目净赚得的收益。因此，净现值可以有多种表达方式：其一，净现值是指投资项目投入使用后各年现金净流量的现值与投资额现值的差额。其二，净现值是指含建设期在内的整个项目计算期各年现金净流量的现值之和等。因投资项目各年现金净流量的分布特点不同，净现值的具体计算公式也可以有多种表现形式，一般计算公式有以下两种：

$$NPV = \sum_{m=s+1}^{n} NCF_m \times (1+k)^{-m} - \sum_{t=0}^{s} C_t \times (1+k)^{-t} \tag{5-19}$$

式中，NCF_m 为第 m 年的净现金流量，s 为项目建设期，n 为项目计算期，$n=s+m$，k 为贴现率(可以取资金成本率或投资者要求的必要报酬率)，C_t 为项目建设期第 t 年的投资额。

$$NPV = \sum_{t=0}^{n} NCF_t \times (1+k)^{-t} \tag{5-20}$$

式中，NCF_t 为含建设期在内的整个项目计算期第 t 年的净现金流量，k 为贴现率(可以取资金成本率或投资者要求的必要报酬率)，n 为项目计算期。

2. 净现值的应用规则

由于净现值反映的是在考虑资金时间价值的前提下,投资项目净收益的现值。因此,当 NPV > 0 时,说明投资项目有利可图;当 NPV ≤ 0 时,说明投资项目无利可图或亏损。有鉴于此,在运用净现值进行项目决策分析时,一般应遵循下列规则:

(1) 当 NPV > 0 时,投资项目可行。

(2) 当 NPV ≤ 0 时,投资项目不可行。

[例 5-12]　根据表 5-2 中所列甲、乙两方案现金净流量的资料,假设资本成本率为 10%,试计算甲、乙两方案的净现值。

解:甲方案 $NPV = \sum_{t=0}^{n} NCF_t \times (1+k)^{-1}$

$$= -3\,000 + \sum_{t=1}^{5} 1\,025 \times (1+10\%)^{-t}$$

$$= -3\,000 + 1\,025 \times 3.790\,8$$

$$\approx 885.6(万元)$$

因为甲方案的 NPV > 0,所以甲方案可行。

乙方案 $NPV = \sum_{t=0}^{n} NCF_t \times (1+k)^{-t}$

$$= -3\,400 + 1\,000 \times 0.909\,1 + 925 \times 0.826\,4 + 850 \times 0.751\,3 +$$

$$775 \times 0.683\,0 + 1\,500 \times 0.620\,9$$

$$\approx 375.5(万元)$$

因为乙方案的 NPV > 0,所以乙方案可行。

由上述计算和分析结论可以看出,甲、乙两个方案都是可行的。若这两个方案是相互独立、互不影响的,则决策分析过程已经完成,结论是这两个方案都能为企业带来一定的经济效益,均可进行投资。若这两个方案属于互斥方案,即两者只能取其一,则需要进一步对两者进行比较,从中选取较好的方案。

3. 净现值的优缺点

优点:考虑了资金的时间价值,同时能够反映投资项目的净收益,比较直观,易于理解。

缺点:净现值是一个绝对值指标,不能揭示投资项目本身可能达到的实际报酬率。

(三) 获利指数(profitability index, PI)

1. 获利指数的概念和计算

获利指数又称为利润指数,是投资项目未来报酬的总现值与项目投资额的现值之比。其计算公式为:

$$PI = \frac{\sum_{m=s+1}^{n} NCF_m \times (1+k)^{-m}}{\sum_{t=0}^{s} C_t \times (1+k)^{-t}} \tag{5-21}$$

式中:NPV 为净现值,NCF_m 为第 m 年的净现金流量,s 为项目建设期,n 为项目计算期,k 为贴现率(可以取资金成本率或投资者要求的必要报酬率),C_t 为项目建设期第 t 年的投资额。

2. 获利指数的应用规则

获利指数与净现值类似,后者是投资项目未来报酬总现值与投资额现值之间的差额,而前者则是投资项目未来报酬总现值与投资额现值之间的比值。因此,当 $PI > 1$ 时,说明项目有利可图;当 $PI \leqslant 1$ 时,说明项目无利可图或亏损。有鉴于此,在运用获利指数进行项目决策分析时,一般应遵循下列规则:

(1) 当 $PI > 1$ 时,投资项目可行。

(2) 当 $PI \leqslant 1$ 时,投资项目不可行。

[例 5-13] 根据表 5-2 中所列甲、乙两方案现金净流量的资料,假设资本成本率为 10%。试计算两方案的获利指数。

解:甲方案 $PI = \dfrac{\displaystyle\sum_{t=1}^{5} 1\,025 \times (1+10\%)^{-t}}{3\,000} = \dfrac{1\,025 \times 3.790\,8}{3\,000} \approx 1.30$

因为甲方案 $PI > 1$,所以甲方案可行。

乙方案 PI 计算如下:

$$乙方案未来报酬总现值 = \sum_{m=s+1}^{n} NCF_m \times (1+k)^{-m}$$

$$= 1\,000 \times 0.909\,1 + 925 \times 0.826\,6 + 850 \times 0.751\,3 +$$

$$775 \times 0.683\,0 + 1\,500 \times 0.620\,9$$

$$\approx 3\,772.8(万元)$$

$$乙方案投资额现值 = \sum_{t=0}^{s} C_t \times (1+k)^{-t} = 3\,400(万元)$$

$$乙方案 PI = \frac{3\,772.8}{3\,400} \approx 1.11$$

因为乙方案 $PI > 1$,所以乙方案可行。

3. 获利指数的优缺点

(1) 优点:①较为直观,易于理解;②考虑了资金的时间价值,能够真实地反映投资项目的盈亏状况;③由于获利指数是相对数指标,因此可用于初始投资额不同的投资方案之间的比较。

(2) 缺点:获利指数只能反映投资项目在整个经营期内的全部收益与投资额的比较状况,不能揭示投资项目的年收益能力。因此,在对不同经营期限的投资项目进行比较选优时,仍显得"力不从心"。如甲方案 $PI = 1.30$,经营期为 10 年,而乙方案 $PI = 1.11$,但经营期仅为 5 年,此时,虽然甲方案 PI 比乙方案 PI 大,但是并不能说明甲方案更好。

（四）内部报酬率（internal rate of return，IRR）

1. 内部报酬率的概念和计算

内部报酬率又称内含报酬率，是使投资项目的净现值等于零时的贴现率，可以理解为，在不盈不亏的情况下，投资项目所能承受的最大项目资金成本。

内部报酬率反映了在考虑资金时间价值前提下，投资项目的真实报酬率，是进行投资项目决策分析时不可或缺的重要指标。由净现值的计算公式可知，内部报酬率的计算公式为：

$$\sum_{m=s+1}^{n} NCF_m \times (1+IRR)^{-m} - \sum_{t=0}^{s} C_t \times (1+IRR)^{-t} = 0 \tag{5-22}$$

式中，NCF_m 为第 m 年的净现金流量，s 为项目建设期，n 为项目计算期（$n=s+m$），IRR 为内部报酬率，C_t 为项目建设期第 t 年的投资额。

或：

$$\sum_{t=0}^{n} NCF_t \times (1+IRR)^{-t} = 0 \tag{5-23}$$

式中，NCF_t 为含建设期在内的整个项目计算期第 t 年的净现金流量，IRR 为内部报酬率，n 为项目计算期。

内部报酬率的具体计算方法，可按照各年 NCF 的分布特征不同，分为以下两种：

（1）如果项目建设期为零，且含终结点在内的项目经营期各年 NCF 相等，则各年 NCF 的时间序列表现为年金，可按下列步骤计算：

第一步，计算年金现值系数，即：

$$年金现值系数 = 初始投资额 \div 各年 NCF \tag{5-24}$$

第二步，查年金现值系数表，在相同期数内，找出与上述年金现值系数相临近的较大和较小的两个贴现率。

第三步，根据上述两个邻近的贴现率和已求得的年金现值系数，采用插值法计算出该投资方案的内部报酬率。

（2）如果每年的 NCF 不相等，则需要采用逐次测试法，具体步骤如下：

第一步，先预估一个贴现率，并按此贴现率计算净现值。如果计算出的净现值为正数，则表示预估的贴现率小于该项目的实际内部报酬率，应提高贴现率，再进行测算。如果计算出的净现值为负数，则表示预估的贴现率大于该项目的实际内部报酬率，应降低贴现率，再进行测算。依此类推，经过如此反复测算，找到净现值由正到负并且相邻（一般相差 1%）的两个贴现率。这样即可得到两组贴现率及对应的净现值的数据。

第二步，根据上述两组贴现率及对应的净现值的数据，再采用插值法，即可计算出投资方案的内部报酬率。

2. 内部报酬率的应用规则

如前所述，内部报酬率可以理解为在不盈不亏的情况下，投资项目所能承受的最大项目资金成本。反过来讲，当投资项目实际的资金成本正好等于内部报酬率时，投资项目不盈不亏；当投资项目实际的资金成本小于内部报酬率时，投资项目有利可图；当投资项目实际的资金成本大于内部报酬率时，投资项目出现亏损。因此，内部报酬率应用于投资项目决策分析时应遵循以下规则：

若 IRR ＞ 资金成本率，则项目可行；

若 IRR ≤ 资金成本率，则项目不可行。

[例 5-14]　根据表 5-2 中所列甲、乙两方案现金净流量的资料，假设资本成本率为 10％，计算甲、乙两方案的内部报酬率。

解：(1) 甲方案内部报酬率的计算。

由于甲方案建设期为零，且经营期各年的 NCF 相等，因而，各年 NCF 的时间序列表现为年金，故可采用如下方法计算内部报酬率：

$$年金现值系数＝初始投资额÷经营期各年 NCF$$
$$＝3\,000÷1\,025$$
$$≈2.926\,8$$

查年金现值系数表，第五期与 2.926 8 相邻近的年金现值系数分别为 2.990 6 和 2.926 0，对应贴现率分别为 20％和 21％，再采用插值法计算如下：

贴现率	年金现值系数
20％	2.990 6
IRR	2.926 8
21％	2.926 0

$$\frac{21\%－IRR}{21\%－20\%}=\frac{2.926\,0－2.926\,8}{2.926\,0－2.990\,6}$$

可得：IRR≈20.99％

即：甲方案的内部报酬率为 20.99％。

因为甲方案的内部报酬率(IRR)＞资金成本率 10％，所以甲方案可行。

(2) 乙方案内部报酬率的计算。

乙方案经营期各年 NCF 不相等，因而必须采用逐次测试法，寻找到使现金净现值(NPV)大于零和小于零且相邻的两组贴现率及其对应净现值的数据。逐次测试表如表 5-5 所示。

表 5-5　逐次测试表　　　　　金额单位：万元

年度	NCF₁	测试 13％ 复利现值系数	现值	测试 14％ 复利现值系数	现值	测试 15％ 复利现值系数	现值
0	−3 400	1.000 0	−3 400	1.000 0	−3 400	1.000 0	−3 400
1	1 000	0.885 0	885.0	0.877 2	877.2	0.869 6	869.6
2	925	0.783 1	724.4	0.769 5	711.8	0.756 1	699.4
3	850	0.693 1	589.1	0.675 0	573.8	0.657 5	558.9
4	775	0.613 3	475.3	0.592 1	458.9	0.571 8	443.1
5	1 500	0.542 8	814.2	0.519 4	779.1	0.497 2	745.8
NPV			88.0		0.8		−83.2

在表5-5中，先按13％的贴现率进行测算，净现值为88.0万元，大于零，说明13％偏小，于是将贴现率提高到14％，进行第二次测算，净现值为0.8万元，仍大于零，说明14％仍然偏小，需要再次提高贴现率进行测试，于是，把贴现率调高到15％，进行第三次测算，此时，净现值为−83.2，小于零，说明15％偏大。这说明该项目的内部报酬率应该在14％～15％之间。于是，得到两组数据为（14％，0.8）和（15％，−83.2），接着采用插值法即可求得内部报酬率。

采用插值法计算如下：

贴现率	净现值
14％	0.8
IRR	0
15％	−83.2

$$\frac{IRR-14\%}{15\%-14\%}=\frac{0-0.8}{-83.2-0.8}$$

可得：$IRR \approx 14.01\%$

即：乙方案的内部报酬率为14.01％

因为乙方案的内部报酬率＞资金成本率10％，所以乙方案可行。

3. 内部报酬率的优缺点

（1）优点：内部报酬率考虑了资金的时间价值，反映了投资项目的真实报酬率，因而，在实务中应用广泛。

（2）缺点：内部报酬率的计算过程比较复杂，计算工作量较大，特别是对于每年的NCF不相等的投资项目，一般要经过多次测算才能求得。

第四节　投资决策的风险处置

长期投资项目涉及时间较长，面临的不确定因素较多，因此，对未来收益和成本甚至投资额都难以进行准确预测，这样，长期投资决策就不同程度地存在不确定性或风险性。为了分层次地说明问题，在前面几节，我们避开了风险因素，介绍了一些确定性投资决策方法。然而，风险是客观存在的，忽略风险，就可能导致错误的决策分析结论，从而对企业决策部门最终拍板定案形成误导。因此，在本节将专门讨论风险性投资决策问题。

风险投资决策分析的具体方法有很多，但归纳起来主要有两类，即按风险调整贴现率法和按风险调整现金流量法。在实务中，决策分析者可以根据所掌握信息和已知条件的不同，灵活选用。

一、按风险调整贴现率法

（一）按风险调整贴现率法的基本原理

按风险调整贴现率法就是将与特定投资项目有关的风险报酬加入资本成本或企

业所要求达到的报酬率中,构成按风险调整的贴现率,并据以进行投资决策分析的方法。

按风险调整贴现率法的基本原理是:对于风险较高的投资项目,采用较高的贴现率进行投资决策分析;对于风险较低的投资项目,则采用较低的贴现率进行投资决策分析。

(二)按风险调整贴现率法的具体应用

应用按风险调整贴现率法处理风险问题的关键在于根据风险大小的不同,对贴现率进行适当调整,找到经调整后的贴现率。一般可采用以下两种具体方法:

1. 按风险等级调整贴现率

这种方法的基本原理,是对影响投资项目风险的各因素进行评分,并据以确定风险等级,然后根据风险等级来调整贴现率。按风险等级调整贴现率表如表 5-6 所示。

表 5-6　按风险等级调整贴现率表

相关因素	投资项目的风险状况及得分									
	A		B		C		D		E	
	状况	得分	状况	得分	状况	得分	状况	得分	状况	得分
市场竞争	无	1	较弱	3	一般	5	较强	8	很强	12
战略上的协调	很好	1	较好	3	一般	5	较差	8	很差	12
投资回收期	1.5 年	4	1 年	1	2.5 年	7	3 年	10	4 年	15
资源供应	一般	8	很好	1	较好	5	很差	12	较差	10
总　　分		14		8		22		38		49

总　　分	风险等级	调整后的贴现率
0～8 分	很低	7%
9～16 分	较低	9%
17～24 分	一般	12%
25～32 分	较高	15%
33～40 分	很高	17%
41 分及以上	最高	25%以上

$K_{(A)} = 9\%$　　$K_{(B)} = 7\%$　　$K_{(C)} = 12\%$　　$K_{(D)} = 17\%$　　$K_{(E)} \geqslant 25\%$

需要说明的是,表 5-6 中的风险影响因素和风险状况、分值、风险等级以及贴现率的确定都具有很强的主观性,一般由企业的管理人员根据以往的经验来设定。具体的评分工作则可以由销售、生产、技术、财务等部门组成专家小组来进行。

2. 用风险报酬模型来调整贴现率

如前所述,按照风险与报酬之间的关系,可将投资者对一项投资活动所要求的报酬率分解为两部分,即无风险报酬率和风险报酬率。由此建立风险报酬模型如下:

$$K = R_F + b \times V \tag{5-25}$$

式中,K 为按风险调整的贴现率;R_F 为无风险贴现率;b 为风险报酬系数;V 为预期标准离差率。

[例 5-15] 某公司有一投资方案,有关资料如表 5-7 所示。假设无风险报酬率为 5%。要求:对该投资方案进行决策分析。

表 5-7 投资方案资料表 金额单位:万元

第 0 年		第 1 年		第 2 年		第 3 年	
NCF	概率	NCF	概率	NCF	概率	NCF	概率
		50	0.25	60	0.20	40	0.30
−80	1.00	30	0.50	50	0.60	30	0.50
		20	0.25	30	0.20	20	0.20

解:根据表 5-7 所给资料,可采用风险报酬模型来调整贴现率,并据此计算净现值进行决策分析,其具体步骤如下:

第一步,计算投资方案的风险指标——标准离差率 V。

(1) 计算投资方案各年现金净流量 NCF 的期望值 $\overline{NCF}_t$。

$$\overline{NCF}_0 = -80 \times 1.00 = -80(万元)$$

$$\overline{NCF}_1 = 50 \times 0.25 + 30 \times 0.50 + 20 \times 0.25 = 32.5(万元)$$

$$\overline{NCF}_2 = 60 \times 0.20 + 50 \times 0.60 + 30 \times 0.20 = 48(万元)$$

$$\overline{NCF}_3 = 40 \times 0.30 + 30 \times 0.50 + 20 \times 0.20 = 31(万元)$$

(2) 计算投资方案的标准差 δ_t。

$$\delta_1 = \sqrt{(50-32.5)^2 \times 0.25 + (30-32.5)^2 \times 0.50 + (20-32.5)^2 \times 0.25} \approx 10.89(万元)$$

$$\delta_2 = \sqrt{(60-48)^2 \times 0.20 + (50-48)^2 \times 0.60 + (30-48)^2 \times 0.20} \approx 9.80(万元)$$

$$\delta_3 = \sqrt{(40-31)^2 \times 0.30 + (30-31)^2 \times 0.50 + (20-31)^2 \times 0.20} = 7(万元)$$

(3) 计算投资方案的风险指标——标准离差率 V。

由于投资方案各年 NCF 的期望值和标准差均不相同,为了综合反映各年的风险,对具有一系列 NCF 的方案应采用综合标准离差率 $\overline{V}$ 来描述:

$$\overline{V} = \frac{综合标准差}{综合期望值} = \frac{\overline{\delta}}{\overline{E}}$$

式中,综合标准差 $\overline{\delta}$ 是项目寿命期内各年 NCF 标准差按无风险报酬率贴现的现值的平方根,即:

$$\overline{\delta} = \sqrt{\sum_{t=1}^{n} \left[\frac{\delta_t}{(1+i)^t} \right]^2}$$

综合期望值($\overline{E}$)是项目寿命期内各年 NCF 期望值 $\overline{NCF}_t$ 按无风险报酬率贴现的现值之和,即:

$$\bar{E} = \sum_{t=1}^{n} \frac{NCF_t}{(1+i)^t}$$

由此可得,本投资方案的综合标准离差率 $\bar{V}$ 计算如下:

$$\bar{\delta} = \sqrt{\sum_{t=1}^{n} \left[\frac{\delta_t}{(1+i)^t}\right]^2} = \sqrt{\frac{10.89^2}{(1+5\%)^2} + \frac{9.80^2}{(1+5\%)^4} + \frac{7^2}{(1+5\%)^6}} \approx 14.94(万元)$$

$$\bar{E} = \sum_{t=1}^{n} \frac{\overline{NCF_t}}{(1+i)^t} = \frac{32.5}{1+5\%} + \frac{48}{(1+5\%)^2} + \frac{31}{(1+5\%)^3} \approx 101.24(万元)$$

故: $\bar{V} = \dfrac{\bar{\delta}}{\bar{E}} = \dfrac{14.94}{101.24} \approx 0.15$

第二步,确定风险报酬系数 b。

假设中等风险投资项目的标准离差率为 0.5,一般情况下企业要求的最低报酬率为 12%,无风险报酬率为 5%,则:

$$b = \frac{12\% - 5\%}{0.5} = 0.14$$

第三步,确定投资方案按风险调整的贴现率。

$$K = 5\% + 0.14 \times 0.15 = 7.1\%$$

第四步,根据按风险调整的贴现率计算投资方案 NPV。

$$NPV = -80 + 32.5 \times (1+7.1\%)^{-1} + 48 \times (1+7.1\%)^{-2}$$
$$+ 31 \times (1+7.1\%)^{-3} \approx 17.43(万元)$$

可见,NPV $>$ 0,说明考虑风险因素的影响后,该投资方案仍有利可图,因此,该投资方案是可行的。

(三) 按风险调整贴现率法的优缺点

优点:采用按风险调整贴现率法处理风险问题,简单明了,便于理解,因此,在实务中应用比较广泛。

缺点:按风险调整贴现率法将时间价值和风险价值混在一起,意味着风险随着时间的推移而加大,这有时与实际情况不符。

二、按风险调整现金流量法

(一) 按风险调整现金流量法的概念

长期投资项目的风险是客观存在的。由于风险的存在,使得各年的现金流量变得不确定。按风险调整现金流量法,就是将不确定的现金流量调整为确定的现金流量,然后按无风险报酬率作为折现率计算投资决策分析指标,从而进行决策评价的方法。

(二) 按风险调整现金流量法的具体方法及其应用

按风险调整现金流量法的关键在于如何将不确定的现金流量转化为确定的现金

流量。在实务中应用较广泛的有肯定当量法和概率法。

1. 肯定当量法

肯定当量法就是把各年不肯定的现金流量,按照一定的系数(通常称为约当系数)折算为肯定的现金流量的数量,然后,利用无风险贴现率来评价风险投资项目的决策分析方法。

约当系数是肯定的现金流量对与之相当的、不肯定的期望现金流量的比值,通常用 d 来表示,其计算公式如下:

$$约当系数(d) = \frac{肯定的现金流量}{不肯定的现金流量的期望值} \tag{5-26}$$

一般地,$0 < d \leq 1$,当现金流量为确定数额时,$d = 1$。

在进行投资决策分析时,可根据各年现金流量风险的大小,选取不同的约当系数。如前所述,标准离差率可用来衡量风险的大小。现金流量的标准离差率不同,说明其风险大小不同,因此,折算为肯定现金流量时所采用的约当系数也不同。标准离差率与约当系数之间应该有一种对照关系,如表 5-8 所示。

表 5-8　标准离差率与约当系数对照关系表

标准离差率	约当系数	标准离差率	约当系数
0.00~0.07	1	0.33~0.42	0.6
0.08~0.15	0.9	0.43~0.54	0.5
0.16~0.23	0.8	0.55~0.70	0.4
0.24~0.32	0.7	……	……

需要说明的是,表 5-8 所列示的标准离差率与约当系数的对照结果,仅仅是经验值,具有主观性。在实务中,也可以聘请有关方面的专家对各年现金流量的风险进行评估,并要求给出相应约当系数,然后,对各专家给出的约当系数进行加权平均,并用这个加权平均约当系数对未来不确定的现金流量进行折算。

[例 5-16]　沿用例 5-15 所给资料及其计算结果,该公司各年 NCF 的期望值、标准差、标准离差率、约当系数等资料如表 5-9 所示,假设无风险贴现率为 5%,试判断此项目是否可行。

表 5-9　投资方案相关资料表　　　　金额单位:万元

年(t)	0	1	2	3
NCF 期望值($\overline{NCF_t}$)	−80	32.5	48	31
标准差(δ_t)	0	10.89	9.80	7
标准离差率$\left(V_t = \dfrac{\delta_t}{\overline{NCF_t}}\right)$	0	0.34	0.20	0.23
约当系数(d_t)(查表 5-8 可得)	1.0	0.6	0.8	0.8
肯定 NCF($\overline{NCF_t} \times d_t$)	−80	19.5	38.4	24.8

根据表 5-9 中各年肯定 NCF，计算净现值如下：

$$NPV = -80 + 19.5 \times (P/F, 5\%, 1) + 38.4 \times (P/F, 5\%, 2)$$
$$+ 24.8 \times (P/F, 5\%, 3)$$
$$= -80 + 19.5 \times 0.9524 + 38.4 \times 0.9070 + 24.8 \times 0.8638$$
$$\approx -5.18 \text{（万元）}$$

从以上计算结果可以看出，按风险程度对现金流量进行调整后，计算出的净现值为负数，所以该投资方案不可行。

采用肯定当量法调整现金流量，进而作出投资决策，克服了按风险调整贴现率法夸大远期风险的缺点，但是如何准确、合理地确定约当系数却是一个十分困难的问题。

2. 概率法

概率法是根据各年的现金流量及其发生的概率计算各年现金流量的期望值，再按照各年现金流量的期望值计算期望净现值，进而对风险投资项目作出评价的一种方法。这种方法一般适用于各年的现金流量相互独立的投资项目。所谓各年的现金流量相互独立，是指前后各年的现金流量互不相关。各年现金流量的期望值可按下列公式计算：

$$\overline{NCF_t} = \sum_{i=1}^{n} P_{i,t} \times NCF_{i,t} \tag{5-27}$$

式中，$\overline{NCF_t}$ 为第 t 年净现金流量的期望值；$NCF_{i,t}$ 为第 t 年的第 i 种结果的净现金流量；n 为预计第 t 年可能结果（或概率）的个数；$P_{i,t}$ 为预计第 t 年第 i 种结果的发生概率。

投资项目的期望净现值可以按下式计算：

$$\overline{NPV} = \sum_{t=0}^{m} \overline{NCF_t} \times (P/F, k, t) \tag{5-28}$$

式中，$\overline{NPV}$ 为投资项目的期望净现值；$(P/F, k, t)$ 为贴现率为 k，t 年的复利息现值系数；m 为未来现金流量的期数。

[例 5-17]　仍沿用例 5-15 的有关资料及对各年净现金流量期望值 $\overline{NCF_t}$ 的计算结果，假设公司的资本成本率为 10%。则该投资方案期望净现值计算表如表 5-10 所示。

表 5-10　投资方案期望净现值计算表　金额单位：万元

年(t)	0	1	2	3	$\overline{NPV}$
NCF 期望值($\overline{NCF_t}$)(1)	−80	32.5	48	31	
$(P/F, k, t)$(2)	1	0.9091	0.8264	0.7513	
现值(3) = (1)×(2)	−80	29.55	39.67	23.29	12.51

注：现值的计算结果保留两位小数。

由表 5-10 计算结果可知，$\overline{NPV}$ 为 12.51 万元，大于零，故该投资方案可行。

本 章 小 结

1. 长期投资具有投资金额大、变现能力差、回收时间长、投资风险大等特点，长期投资决策分析是一项复杂的系统工程，应综合考虑投资环境、市场前景、资金的时间价值、投资风险和综合效益等因素的影响。

2. 在长期投资决策分析中应使用现金流量而不是会计利润，其主要原因是现金流量更有利于考虑资金的时间价值，能使决策分析更科学、更客观。现金流量可分为现金流入量、现金流出量和现金净流量。现金流量在投资项目的建设期、经营期和终结点各不同的项目阶段具有不同的特点，建设期现金流量主要表现为现金流出量，经营期既有现金流入量也有现金流出量，而终结点则主要是现金流入量。

3. 为了全方位、多角度地评价投资项目的经济效益状况，在长期投资决策分析中运用了多个评价指标，这些指标可分为静态评价指标和动态评价指标两大类。其中，静态评价指标是指不考虑资金时间价值的评价指标，包括静态投资回收期和平均报酬率；动态指标是指考虑了资金时间价值的评价指标，包括动态投资回收期、净现值、现值指数和内部收益率。一般来说，静态评价指标在投资决策分析中仅具有参考价值，而不能作为决策分析的主要依据。

4. 长期投资项目的风险是客观存在且不容回避的，因此，本章着重介绍了几种投资决策的风险处置方法，包括按风险等级调整贴现率法、用风险报酬模型来调整贴现率法以及肯定当量法和概率法。

复习思考题

1. 投资项目决策分析应考虑的主要因素有哪些？

2. 在投资项目决策分析中为什么要使用现金流量？

3. 在项目投资决策分析中使用 NPV、PI 和 IRR 得出的评价结论是相同的，那么，是否可以只用其中一个指标对投资项目进行评价分析？为什么？

练 习 题

1. 张先生欲购买一套住房,经多方比较,他选中了一套100平方米三居室住房,但开发商提供了三种付款方案:

方案一:一次性全额付款70万元。

方案二:首付20万元,余款在未来10年内每年年末支付7万元。

方案三:首付20万元,余款在未来10年内每年年初支付6.5万元。

要求:

计算并分析张先生选择哪一种付款方案比较有利(假设银行利率为8%)。

2. 某企业有一备选投资方案,经测算,其整个项目计算期的现金流量情况如表5-11所示,假设企业的资金成本率为10%。

表5-11　投资方案的现金净流量情况　　　　　　金额单位:万元

时　　间(t)	0	1	2	3	4	5
现金净流量(NCF)	−800	400	400	400	400	400

要求:

(1) 计算投资方案静态PP、ARR。

(2) 计算动态PP、NPV、PI和IRR。

(3) 评价该投资方案的可行性。

3. 某企业有一备选投资方案,已知其各年现金净流量的期望值($\overline{NCF_t}$)及标准离差率(V_t),假设该企业的资金成本率为10%,要求计算该投资方案期望净现值($\overline{NPV}$),并据此对投资方案的可行性进行评价。投资方案相关资料表如表5-12所示。

表5-12　投资方案相关资料表　　　　　　金额单位:万元

时　　间(t)	0	1	2	3	4	5
$\overline{NCF_t}$	−500	200	400	400	400	450
V_t	0	0.45	0.6	0.6	0.6	0.6

案例讨论题

案例一

福星电器公司是生产小型家庭电器产品的中型企业。该公司生产的小家电,性能可靠、美观实用、价格合理,很受市场欢迎。为扩大生产能力,公司准备新建一条生产线。负责这项投资决策工作的财务经理经过调查研究后,得到如下相关资料:

(1) 该生产线的初始投资为12.5万元,分两年投入。第1年年初投入10万元,第2年年初投入2.5万元。第2年年末项目完工正式投产使用。投产后每年可生产电器1 000台,每台售价300元,每年可获得销售收入30万元。投资项目可使用5年,5年后残值2.5万元。在生产线运作期间要垫支流动资金2.5万元,这笔资金在项目结束时可全部收回。

(2) 该项目生产的产品每年总成本构成如下:

材料费用:20万元　　制造费用:2万元

人工费用:3万元　　折旧费用:2万元

(3) 对各种资金来源进行分析后,得出该公司加权平均的资本成本为10%。

(4) 公司所得税税率25%。

根据上述资料,财务经理计算出该项目的营业现金流量、现金净流量和净现值。发现该项目净现值大于0,认为项目可行。

财务经理将新建项目投资决策的分析提交给公司经理会议讨论,公司各部门负责人对该方案提出了以下意见:

(1) 经营部副总经理认为,在项目投资和使用期间,通货膨胀率在10%左右,将对投资项目的各方面产生影响。

(2) 基建部经理认为,由于受物价变动的影响,初始投资将增长10%,投资项目终结后,设备残值也将增加到37 500元。

(3) 生产部经理认为,由于物价变动影响,材料费用每年将增加14%,人工费用也将增加10%,扣除折旧后的制造费用则要每年增加4%,折旧费用不变。

(4) 销售部经理认为,产品销售价格每年可增加10%。

讨论题:

假设你是财务部经理,请完成下列事项。

(1) 在将项目分析提交经理会议讨论前,计算该项目的净现值。

(2) 分析影响项目投资决策的因素。

（3）根据经理会议上讨论的情况，重新计算项目每年的现金净流量和项目的 NPV，并决定是否投资。

案例二

近年来，从铜加工起步的海亮集团，聚焦教育事业、有色材料制造、健康产业三大核心领域。2018年，海亮集团营业收入1 736亿元，综合实力居中国民营企业500强第25位、浙江百强企业第5位。

2016年海亮集团拟投资25亿元，与浙江大学等合作建立浙江大学肿瘤医院（浙医二院青山湖院区）项目。2016年12月项目启动，2017年项目奠基开工。2018年8月15日，海亮集团发公告称"根据外部形势变化，集团进一步优化布局，轻装上阵，已决定退出将独家投资25亿元的肿瘤医院重资产项目"。

从2017年年初开始，海亮集团先后出售了四川金顶、海亮地产控股权和污水处理业务，退出了上海宝山区城中村大型改造项目，以及此次的肿瘤医院项目。以坚定的决心去杠杆、降负债，确保企业始终在持续健康发展轨道上行稳致远。

海亮集团未来的发展将由重资产经营转向轻资产经营模式，逐步退出一些资产负债率较高的产业。海亮集团的资产负债率2018年年底控制在50%以内，2019年底控制在40%以内，其中有息负债率控制在25%以内，并将此有息负债率作为今后企业发展中负债率的控制红线。

讨论题：

根据上述案例资料，请分别从投资战略角度、投资管理原则和目标角度谈谈自己的看法。

第六章　全面预算

学习目标

1. 了解全面预算体系的构成和内容；
2. 理解预算编制的基本原理和方法；
3. 掌握全面预算的编制程序和方法；
4. 掌握弹性预算的编制方法；
5. 掌握滚动预算的编制方法。

课程思政要点

引导案例

新兴铸管股份有限公司（以下简称"新兴铸管"）原来是一家军工钢铁企业，20 世纪 80 年代，钢铁行业竞争激烈，新兴铸管面临严重的生存危机。1994 年新兴铸管以转产球墨铸铁管和钢格板为契机，开始编制全面预算。通过全面预算管理，企业走上了良性发展轨道。1997 年新兴铸管成功上市，2018 年、2019 年新兴铸管荣登《财富》世界 500 强之列。

全面预算体系建立和日益完善，打破了国有企业几十年形成的"大锅饭""铁饭碗"等僵硬低效的管理体制，形成了权责利相结合的全面预算激励机制。第一，激发了竞争，提高了效率。权责利相结合，使员工之间、班组之间、工段之间、分厂之间、部门之间的奖金薪酬产生了显著差异，彻底打破了"干好干坏一个样"的吃大锅饭的现状，激发了员工和部门之间的竞争，提高了劳动工作效率，企业整体的经济效益每年上一个台阶。第二，促进企业组织结构优化。原先是"一个人有饭吃，大家没饭吃"，现在要"砸碎一个人饭碗，保住大家的饭碗"，权责利相结合的激励机制促进了班组优化组合；形成了领导干部选拔任用新机制，建立了"能者上，不能者下"的领导干部竞聘上岗制度。一大批知识化、年轻化、专业化的精明能干的青年才俊走上了领导岗位。第三，调动了全体员工的积极性和创新意识。权责利相结合的激励机制，激发了员工的劳动积极性，增强了员工的创新意识，形成了新兴铸管、新兴管件、新兴钢材、新兴格板、新兴钢塑管五大产品系列，使企业发展成为世界铸管行业的领跑者和冶金行业的领先者。

请思考：

为什么要实施全面预算管理？实施全面预算管理对企业有什么意义？

第一节 全面预算概述

一、全面预算的概念

战略是预算的起点,预算是战略管理的重要工具。战略的基本问题包括:我是谁(战略定位)?我要去哪里(战略目标)?怎样去(计划与控制)?预算是计划的数量说明,是以规范的定量模式对未来的详细规划。预算有财务预算和非财务预算,数量有货币计量和实物计量。预算的功能和作用是计划和控制。计划就是为实现战略目标而编制的各种预算;控制就是为保证计划的执行建立反馈跟踪系统,对偏离计划的活动进行持续的纠偏或修正。一个有效的预算体系,必须同时具备计划和控制两种功能,发挥两种作用。

按照预算期间,预算分为长期预算、中期预算和短期预算。一般来说,长期预算的预算期间跨期较长,一般为 5～10 年;中期预算的预算期间一般为 3～5 年;短期预算的预算期间在 1 年之内。长期预算是对战略目标数量的总括说明,由于跨期较长,仅就主要指标予以定量规划。中期预算将长期预算分期分解,分步细化。短期预算将中期预算分解至 1 年内,进行详细的数量规划。预算的有效性有赖于预算的适应性,预算应根据出现的新情况,随着战略调整进行相应的修订。

全面预算(overall budget),又称总预算(master budget),是通过企业内外部环境的分析,在预测与决策基础上,调配相应的资源,对企业未来一定时期的经营和财务等作出一系列具体计划。它按照企业年度经营目标,对销售、生产、采购、人工、制造费用、管理费用和筹资活动等项目进行具体规划,编制出一整套预计的财务报表,借以预计未来期间的财务状况和经营成果。全面预算体现预算的全员、全过程、全部门的特征。

全面预算既是一种管理工具,也是一套系统的管理方法。全面预算管理是在企业战略目标的指引下,对未来生产经营活动和相应的财务结果进行预测和规划;对预算实施过程进行跟踪监控,将预算的数量指标与实际完成情况进行持续地对照分析,不断地予以纠偏和校正;并对预算执行结果进行考核、评定;最终将考核、评定结论与经济利益挂钩,以形成权责利相结合的预算激励机制。全面预算管理包括预算编制、预算执行和预算考评。

二、全面预算的体系

全面预算实际上是一整套预计的财务报表和有关的附表。它是站在全局的角度,全方位地规划预算期间企业的经营活动及其成果,为企业和职能部门明确目标和任务。预算的编制方法随企业的性质和规模的不同而有所不同。

全面预算由经营预算、专门决策预算和财务预算等类别的一系列预算构成的体系,各项具体预算之间相互联系,关系复杂。

(一)经营预算

经营预算是以计划期内日常具有实质性的生产经营活动为对象而编制的预算,主要包括销售预算、生产预算、直接材料预算、直接人工预算、制造费用预算、产品成本预算、销售与管理成本预算等。

(二) 专门决策预算

专门决策预算指企业非常规的预算,也就是指企业为在计划期内不经常发生的长期投资决策项目或一次性专门业务所编制的预算,包括为长期投资决策所编制的预算,及企业为了筹措或投放资金、发放股利、缴纳所得税等而编制的预算。

(三) 财务预算

财务预算是业务预算中能够以货币表示的部分,它是指企业计划期内反映有关的现金收支、经营成果和财务状况的预算。主要包括现金预算和财务报表预算。现金预算汇总经营预算和专门决策预算;财务报表预算汇总经营预算、专门预算和现金预算,并以此为基础编到预计利润表、预计资产负债表和预计现金流量表。

企业全面预算的各项预算前后衔接、互相勾稽,形成了一个完整的预算体系。从图 6-1 可以看出,全面预算的基本内容以及它们之间的关系如下:

(1) 销售预算:它是编制全面预算的始点,也是编制其他各种预算的基础。

(2) 生产预算:根据销售预算编制。

(3) 直接材料预算:根据生产预算编制。

(4) 直接人工预算:根据生产预算编制。

(5) 制造费用预算:根据生产预算编制。

(6) 产品成本预算:根据直接材料预算、直接人工预算、制造费用预算编制。

(7) 销售与管理费用预算:根据销售预算编制。

(8) 现金预算:根据销售预算、直接材料预算、直接人工预算、制造费用预算、销售与管理费用预算以及其他专项收支编制。

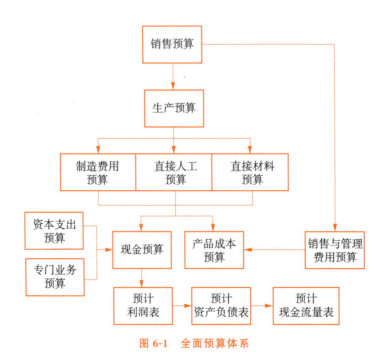

图 6-1 全面预算体系

（9）预计利润表：根据上述各项预算编制。

（10）预计资产负债表：根据上述各项预算及预计利润表,对上期期末的资产负债表进行调整而编制。

（11）预计现金流量表：根据上述各项预算及预计利润表、预计资产负债表编制。

在三类预算中,经营预算是全面预算的基础,是重中之重。其中,财务预算的综合性最强,是预算的主体,经营预算和专门决策预算最终都能折合成货币反映在财务预算中。因此,财务预算又被称为总预算,经营预算和专门决策预算又被称为分预算。但是,财务预算的各项指标又有赖于经营预算和专门决策预算。

三、全面预算的作用

（一）有利于企业总体目标的监控执行

全面预算是企业总体目标的具体化,是对企业整体经营活动的量化安排,编制全面预算有助于企业各个职能部门了解本部门的业务活动与整个企业经营目标之间的关系,使企业的总体目标得以分解、落实。有助于明确各个部门的奋斗目标,使各部门同心协力,兼顾企业整体与部门之间的利益关系,想方设法各自努力去完成企业总体目标。

（二）有利于协调部门之间的关系

预算围绕着企业的总体目标,把企业经营过程中的各个环节、各个方面的工作严密地组织起来,把企业的长期战略目标转化为一定时期的经营目标,把企业的总体目标分解成各个职能部门的责任目标。而各职能部门从本部门的立场出发,提出相关的设想和需求,由于职能不同责任也不同,各部门之间有时难免会发生利益冲突。例如,销售部门预测市场前景比较乐观,消费者对该企业生产的产品需求旺盛,因而制订出较高的销售计划,而生产部门由于技术力量及生产能力饱和等原因无法完成生产而反对。相反,生产部门提出了充分利用生产能力的生产计划,销售部门由于市场变化,市场对该种产品的需求量已经趋于饱和或者由于该产品的竞争力不强等原因无法实现而拒绝接受。又如,产销部门提出购买设备、增加某种产品的生产,财务部门可能会因为资金上的困难而不能满足他们的要求,也可能提出另外一个财务部门认为是较好的方案等。

因此,编制全面预算可以综合平衡各个部门之间的工作计划,有助于公司上中下各管理层之间、部门与部门之间的相互交流与沟通,增进彼此之间的了解,加深部门及员工对公司战略的理解,使各部门为了共同的战略目标而非单个部门目标而努力。与此同时,各部门的预算工作密切配合、互相衔接、统筹兼顾,在保证企业总体目标的前提下,组织各自的生产经营,实现最大的经济效益。

（三）有利于控制企业的经营活动

全面预算是对企业的经营活动进行控制的主要依据,主要是控制预算单位的业务范围和规模,以及可用资金限额,通过对各个职能部门的预算情况进行计量、对比,及时提供实际偏离预算的差异数额并分析其原因,指出存在的问题,提出改进方案,挖掘潜力、巩固成绩、纠正缺点、保证预定目标的实现。

（四）有利于企业业绩评价

全面预算是控制企业各项经济活动的基础,是进行员工绩效考核的主要依据,通过预算与绩效管理相结合,使公司对其部门和员工的考核真正做到"有章可循,有法可依"。企业可以根据全面预算的要求,对于各职能部门的经济活动定期进行实际与预算的比较,控制各项经济活动,降低成本费用,避免不必要的支出,增加收入,考核和评价各部门的工作业绩,促使各部门努力按预算要求完成自己的任务,确保企业总体目标的实现。

(五) 有利于企业的资源分配

全面预算体系中有一部分数据可以直接衡量企业计划年度的人力资源、资金与实物的规模,可以用来作为调节配置企业资源的重要依据。编制全面预算可以优化组合企业各类资源,提高资源利用效率。

(六) 有利于企业的风险控制

全面预算是企业管理层进行事前、事中、事后监控的有效工具,在预算执行过程中,企业可以找出经营活动实际结果与预算的差距,可以及时发现问题并采取相应的解决措施。企业通过强化内部控制,降低经营风险。通过全面预算体系,可以初步估计企业预算年度的经营情况,预测其中可能面临的风险,并预先制订某些风险控制的防范措施,从而达到规避与化解风险的目的。

第二节 全面预算的编制程序与内容

一、全面预算的编制程序

全面预算编制的一般程序为:

(1) 建立预算管理和运营组织。全面预算的编制工作是一项工作量大、涉及面广、时间性强、操作复杂的工作。为了确保预算编制工作有序地进行,一般要在企业内部设置预算委员会,专门负责预算的编制和实施。它通常是由企业的总裁、总经理和各相关部门的主管人员等组成,负责协调和审查各部门所编制的预算,最后批准预算,并随时检查预算的执行情况,促使各有关方面协调一致地完成预算所确定的目标。

(2) 由预算委员会制订预算方案,预测目标利润。编制全面预算,企业首先应制定出经营的总目标,以及为实现总目标各部门应达到的具体可行的经营目标。这些目标包括:销售收入、利润、资金占用额等。这是编制全面预算的前提和依据,目标要先进、科学、符合企业发展战略和各预算单位的实际,不能盲目攀高,要让各预算单位经过自己的不懈努力能达到目标。

(3) 各部门根据目标利润制订本部门的预算草案。各部门根据本部门的分目标,结合计划期的具体情况,对收集的有关资料进行加工、整理、分析,拟定切实可行的初步预算草案,提交上级部门审核。

(4) 预算委员会审议和协调各部门的预算草案,并就存在的问题提出整改意见。

(5) 预算委员会汇总与分析预算草案。

(6) 预算委员会审查全面预算草案,最终确定企业的全面预算,并提交企业的最高管理层审批。

（7）经最高管理层批署后的全面预算草案作为正式预算,下达给各部门执行。

（8）企业各级管理部门对预算的执行情况进行监控,定期进行分析管理,结合企业实际情况和宏观环境,及时对预算进行纠偏调整,使预算得到全面贯彻执行,从而确保企业整体目标的实现。

二、全面预算的编制内容

全面预算编制的顺序为销售预算、生产预算、直接材料预算、直接人工预算、制造费用预算、产品成本预算、销售与管理费用预算、专门决策预算、现金预算、预计利润表、预计资产负债表和预算现金流量表。具体内容如下。

（一）编制销售预算

销售预算(sales budget)是指规划一定预算期内销售规模的计划,包括主要产品的销售量与销售额。在市场经济条件下,各企业都实行产销结合、产供结合,以尽量节约的成本获取尽可能大的经济效益。因此,销售预算是编制全面预算的起点和关键。如果销售预算编制不当,将导致整个预算体系失效,并给企业造成极大的浪费。

销售预算的编制以销售预测为基础。在编制之前,市场部门首先对本产品的市场需求进行预测。市场预测需要考虑诸多因素,如市场调查研究、总体经济形势、行业经济形势、定价政策、广告和促销计划、竞争等。结合往年的销售情况和企业的总体目标,制定出企业的年度销售目标,包括产品预计单价、数量、赊销政策等。

销售预算一般以年为单位,按季度编制。该预算根据企业年度销售目标确定的销售量和销售价格等参数进行编制,预计销售收入。在此基础上,预计企业年度和季度的现金收入额(其中各季度的现金收入额包括前期应收账款的收回和本期销售货款的收入),以便为其后编制现金预算提供依据。

[例 6-1]　假设天目公司生产销售 A 产品,预计 2021 年有关资料如下:

A 产品每件售价为 150 元,每季收到的货款占当季销售额的 60%,其余 40% 款项在下季收讫。期初应收账款余额为 25 000 元,则天目公司销售预算表如表 6-1 所示。

表 6-1　天目公司销售预算表

项目		第一季度	第二季度	第三季度	第四季度	全年
预计销售数量/件		1 000	2 000	3 000	4 000	10 000
销售单价/(元/件)		150	150	150	150	150
预计销售金额/元		150 000	300 000	450 000	600 000	1 500 000
预计现金收入	期初应收账款余额/元	25 000				25 000
	第一季度销售收入/元	90 000	60 000			150 000
	第二季度销售收入/元		180 000	120 000		300 000
	第三季度销售收入/元			270 000	180 000	450 000
	第四季度销售收入/元				360 000	360 000
	现金收入合计/元	115 000	240 000	390 000	540 000	1 285 000

注意:期末应收账款=第四季度销售收入 600 000 元×40%=240 000(元)

（二）编制生产预算

生产预算（production budget）是对预算期内各种产品的生产规模进行规划和预测。它以销售预算为编制基础，其编制的主要依据是销售预算中每季（月）的销售数量，为了不过多地占用资金，还需要考虑每季（月）的预算期期初和期末存货量。生产预算是直接材料、直接人工、制造费用预算的编制基础。其编制方法一般是先按产品类别计算每季（月）的预计生产量，然后填写在生产预算表内。其计算公式为：

产品的预计生产量＝预计销售量＋预计期末存货量－预计期初存货量　（6-1）

每期预计期初的存货量是上一期期末的存货量，在上列公式中，计算的关键在于确定预计期末存货量。在实践中，预计期末存货量一般为下期销售量的一定比例，同时结合市场的变化情况来确定，做到产销适当，既要避免库存积压、占压资金，又要防止存货不足、影响销售。

[例 6-2] 沿用例 6-1，天目公司预计各季的期末存货量为下一季度销售量的10%，上年年初存货为 100 件，本年年末的库存量为 250 件。天目公司销售预算表如表 6-2 所示。

表 6-2　天目公司生产预算表　　　　　　　　　单位：件

项目	第一季度	第二季度	第三季度	第四季度	全年
预计销售量	1 000	2 000	3 000	4 000	10 000
加：预计期末存货	200	300	400	250	250
预计需要量合计	1 200	2 300	3 400	4 250	11 150
减：期初存货	100	200	300	400	100
预计生产量	1 100	2 100	3 100	3 850	10 150

注意：该项预算一般只用实物量表示，而没有金额。这也是全面预算中唯一一个不用核算金额的预算。

（三）编制直接材料预算

直接材料预算（direct material budget）又称直接材料采购预算，它是在生产预算的基础上，对预算期内的材料耗用量以及所需的材料采购量和采购成本进行规划与测算而编制的预算。在实际工作中，为便于现金预算的编制，往往还包括对前期应付购料款和本期购料款支付情况的测算，作为直接材料的附表。

编制直接材料预算的主要依据有：生产预算中各期的预计生产量、单位产品的材料消耗定额、预算期内各期的期初期末的存料量、材料的计划采购单价和采购材料的付款方式等。

编制直接材料预算主要由物资供应部门负责，其编制方法与编制生产预算类似，也要考虑预算期初与期末的存料量，应注意保持采购量、消耗量与库存量之间的一定比例，避免材料供应不足而影响生产，或者库存积压而影响现金流量。

编制时一般先按材料品种或类别分别计算预计购料量，再乘以计划采购单价，确定预计购料金额。为了便利后面现金预算的编制，该预算通常包括预计现金支出计算

表,计算其前期应付购料款的偿还和本期购料款的支付等内容,这部分内容可单独编制成应付账款预算。其常用公式如下:

$$预计生产需用量=预计生产量\times单位产品的材料消耗定额 \qquad (6\text{-}2)$$

$$预计购料量=预计生产需用量+计划期末预计存料量-$$
$$计划期初预计存料量 \qquad (6\text{-}3)$$

$$预计材料采购成本=预计购料量\times计划采购单价 \qquad (6\text{-}4)$$

$$采购现金支出=该期材料采购现金支出+该期支付的前期的应付账款 \qquad (6\text{-}5)$$

$$现购材料现金支出=预计采购成本\times当期预计付现率 \qquad (6\text{-}6)$$

$$该期支付的前期应付账款=本期期初应付账款\times该期预计应付账款支付率 \qquad (6\text{-}7)$$

$$预算期期末应付账款余额=预算期期初应付账款余额+$$
$$该期预计采购成本-采购现金支出 \qquad (6\text{-}8)$$

[例6-3]　续前例,天目公司生产的A产品每件耗用甲材料2千克,每千克为10元。所购材料货款于当季支付50%,于下季支付其余的50%,各季季末材料库存按下一季度生产需用量的20%计算。预算期初、期末材料库存量分别为960千克、1 560千克。年初应付账款余额为10 000元。天目公司采购预算表如表6-3所示。

表6-3　天目公司采购预算表

项目		第一季度	第二季度	第三季度	第四季度	全年
预计生产量(生产预算)/件		1 100	2 100	3 100	3 850	10 150
单位产品材料消耗定额/千克		2	2	2	2	2
预计生产需要量/千克		2 200	4 200	6 200	7 700	20 300
加:期末存料量/千克		840	1 240	1 540	1 560	1 560
预计需要量合计/千克		3 040	5 440	7 740	9 260	21 860
减:期初存料量/千克		960	840	1 240	1 540	960
预计购料量/件		2 080	4 600	6 500	7 720	20 900
预计材料单价/元		10	10	10	10	10
预计材料采购成本/元		20 800	46 000	65 000	77 200	209 000
预计现金支出	期初应付账款/元	10 000				10 000
	第一季度购料成本/元	10 400	10 400			20 800
	第二季度购料成本/元		23 000	23 000		46 000
	第三季度购料成本/元			32 500	32 500	65 000
	第四季度购料成本/元				38 600	38 600
	现金支出合计/元	20 400	33 400	55 500	71 100	180 400

（四）编制直接人工预算

直接人工预算（direct labor budget）是在生产预算的基础上，对预算期内完成预计生产任务所需的人工工时消耗量和人工成本进行规划和测算而编制的预算。如果不对人工需求进行规划，可能会造成人工短缺、不必要的加班或临时裁员，影响员工的士气和工作绩效。

直接人工预算编制的主要依据是预计生产量、单位产品直接人工工时定额、单位工时工资率等。其计算公式如下：

$$预计的直接人工 = 预计生产量 \times \sum (单位产品直接人工工时 \times 小时工资率) \quad (6-9)$$

[例6-4] 续前例，天目公司生产的 A 产品单位产品需要耗用直接人工 5 小时，每小时人工工资为 15 元。天目公司直接人工预算表如表 6-4 所示。

表6-4 天目公司直接人工预算表

项　　目	第一季度	第二季度	第三季度	第四季度	全年
预计生产量(生产预算)/件	1 100	2 100	3 100	3 850	10 150
单位产品工时定额/(小时/件)	5	5	5	5	5
直接人工小时总数/小时	5 500	10 500	15 500	19 250	50 750
单位工时工资率/(元/时)	15	15	15	15	15
预计直接人工总额/元	82 500	157 500	232 500	288 750	761 250

（五）编制制造费用预算

制造费用预算（manufacturing overhead budget）是在生产预算或直接人工预算的基础上，对预算期内除直接材料和直接人工以外预计发生的其他一切生产费用（即制造费用）进行规划和测算而编制的预算。

制造费用是企业产品制造过程中发生的各项间接费用，一些费用如间接人工费用、间接材料费用等基本上随产量呈正比例变动，而另一些费用如水电费、折旧费、修理费等在一定时期内则基本不变。因此，在编制制造费用预算时，通常按成本习性将制造费用分为变动制造费用和固定制造费用两大类，分别编制预算。

变动制造费用根据生产预算进行测算，变动制造费用预算额为预计业务量与变动费用分配率的乘积；固定制造费用在企业生产能力一定的情况下一般变化不大，可以按基期资料结合预算期的变化情况作适当调整后确定，或根据预算期生产能力确定。

编制制造费用预算的主要依据是：计划期的一定业务量（如直接人工小时总数或预计生产量等），计划期各项费用明细项目的具体构成等。为了编制现金预算，制造费用预算中也包括现金支出预算。折旧是制造费用中不需要付现的成本，因此现金支出应扣除折旧费用。

制造费用预算的相关计算公式为：

$$变动制造费用分配率 = 变动制造费用预算总额 \div 相关分配标准预算总额$$

$$(6-10)$$

公式中相关分配标准预算总额可以选预计生产数量或者预算直接人工工时总额，如果企业生产多种产品，一般选择后者。

$$固定制造费用分配率＝固定制造费用预算总额÷相关分配标准预算总额$$

$$(6-11)$$

$$预计制造费用合计＝预计直接人工工时定额×预计变动制造费用分配率＋$$
$$预计固定制造费用 \qquad (6-12)$$

$$付现的制造费用＝预计制造费用总额－折旧 \qquad (6-13)$$

[例 6-5] 天目公司生产的 A 产品预计变动制造费用为 76 125 元，预计固定制造费用为 60 900 元。预计直接人工总工时为 50 750 小时，则变动制造费用分配率为 1.5 元/小时(76 125÷50 750)，固定制造费用分配率为 1.2 元/小时(60 900÷50 750)。天目公司制造费用预算表如表 6-5 所示。

表 6-5 天目公司制造费用预算表

成本明细		金额/元	费用分配率
变动费用	间接人工	30 250	变动成本分配率 ＝变动费用预算合计/工时总数 ＝76 125/50 750 ＝1.5(元/工时)
	间接材料	20 350	
	维护费	12 500	
	水电费	13 025	
	合计	76 125	
固定费用	燃气费	13 500	固定费用分配率 ＝固定费用预算合计/工时总数 ＝60 900/50 750 ＝1.2(元/工时)
	维护费	15 600	
	折旧费	10 000	
	管理费	12 900	
	保险费	8 900	
	合计	60 900	
预计现金支出	变动费用支出总额		76 125
	固定费用合计		60 900
	减：折旧费		10 000
	制造费用全年现金支付额		127 025
	制造费用每季现金支付额		127 025/4 ＝ 31 756

（六）编制产品成本预算

产品成本预算(production cost budget)是指对预算期内的单位产品的生产成本和生产总成本进行规划和预测，它以生产预算、直接材料预算、直接人工预算、制造费用预算为编制基础，主要包括产品的单位成本、生产成本、销售成本以及期初、期末产成品存货成本等内容。其编制的主要依据是：标准成本＝价格标准×用量标准。其公式为：

$$直接材料 = 计划单价 \times 材料消耗定额 \tag{6-14}$$

$$直接人工 = 工资率 \times 工时定额 \tag{6-15}$$

$$变动制造费用 = 变动制造费用分配率 \times 工时定额 \tag{6-16}$$

产品成本预算是前述各项预算的延续,编制时,将料、工、费的价格标准与用量标准分别相乘,然后汇总即可。同时,它也是编制预计资产负债表和利润表的依据之一。

[例6-6] 续前例,天目公司采用变动成本法计算,即单位产品成本只包括直接材料、直接人工和变动制造费用,而固定制造费用则直接进入利润表,冲减贡献毛益总额。天目公司产品成本预算表(标准成本)如表6-6所示。

表6-6 天目公司产品成本预算表(标准成本)

成本项目	标准价格	标准用量	合计
直接材料	10元/千克	2千克	20元
直接人工	15元/工时	5工时	75元
变动制造费用	1.5元/工时	5工时	7.5元
单位变动生产成本(标准成本)	102.5元		
期末存货预算	期末存货数量(生产预算)		250件
	期末存货金额		25 625元

(七)编制销售与管理费用预算

销售与管理费用预算(marketing and administrative expense budget)是指对预算期内企业在组织产品销售过程中发生的各种费用,以及组织和管理企业的生产经营活动而发生的经营管理费用进行预测。其编制的依据是销售预算和具体的费用明细项目。其编制方法与制造费用类似,也应对销售及管理费用按成本习性分为固定费用和变动费用两部分,如有混合成本项目,也可分解成固定费用和变动费用。同时,为了便于现金预算编制,通常附设现金支出计算表。

[例6-7] 天目公司预算年度的销售与管理费用全年支出额预计为150 000元,具体构成如表6-7所示。

表6-7 天目公司销售与管理费用预算表

费用项目		金额/元
变动费用	销售佣金	20 000
	办公费	30 000
	运输费	10 000
	合计	60 000

续　表

费用项目		金额/元
固定费用	广告费	20 000
	管理人员工资	60 000
	保险费	10 000
	合计	90 000
预计现金支出	销售与管理费用全年支出额	150 000
	销售与管理费用每季度支出额	37 500

(八) 编制专门决策预算

专门决策预算(special-decision budget)是指对预算期内企业不经常发生的长期投资决策项目或者一次性专门业务活动进行规划和预测而编制的预算。主要包括资本预算和一次性专门业务预算。编制的依据主要是:企业已审批的各个投资决策项目、股利的发放决策、税款的缴纳情况以及资金的筹措和使用情况等。编制的方法根据企业的具体情况自主确定。

[例 6-8]　天目公司专门决策预算表如表 6-8 所示。

表 6-8　天目公司专门决策预算表　　　　　　　　　　单位:元

项目	第一季度	第二季度	第三季度	第四季度	全年
购置固定资产			50 000		50 000
向银行借款	60 000	30 000	20 000		110 000
偿还银行借款				−110 000	−110 000
支付利息(年化利率10%)				−11 000	−11 000
支付所得税(税率25%)	−3 000	−3 000	−3 000	−3 000	−12 000
支付股利		−8 000			−8 000

注:

(1) 第三季度购置固定设备 50 000 元,使用年限 5 年,年折旧 10 000 元/年。

(2) 第一季度、二季度、三季度分别向银行借款 60 000 元、30 000 元、20 000 元。

(3) 第四季度偿还银行借款 110 000 元,借款年化利率为 10%。

(4) 第一、二、三、四季度分别支付所得税 3 000 元,全年计 12 000 元。

(5) 第二季度支付现金股利 8 000 元。

141

（九）编制现金预算

现金预算（cash budget）是对企业预算期内的现金收支、现金结余以及资金筹措等情况进行规划和预测，以反映现金流量状况的预算，是前面预算中所有有关现金收支的汇总。主要包括现金流入、现金流出、现金冗余或短缺、资金的筹集和运用等内容。编制现金预算的主要目的是加强预算期内现金流量的控制，统筹资金的运用，使资金的管理人员做到心中有数，从容应对各种变数。现金预算是营运资金管理的重要内容，它有助于企业合理地安排和使用资金。

其编制的依据是：销售预算、直接材料预算、直接人工预算、制造费用预算、销售与管理费用预算和专门决策预算中所涉及的现金收支情况以及资金筹措情况等。现金预算一般按年分季（或分月）进行编制，以便对现金流量在预算期内进行调控。在实践中，为了有效地安排和筹措资金，现金预算的编制期间越短越好。

$$本期可用现金＝期初现金结余＋本期现金收入 \tag{6-17}$$

$$本期现金余缺＝本期现金收入－本期现金支出 \tag{6-18}$$

$$期末现金余额＝本期现金余缺＋本期现金筹措与运用 \tag{6-19}$$

[例6-9]　续前例，根据前述资料，天目公司按年度编制的现金预算表如表6-9所示。

表6-9　天目公司现金预算表　　　　　单位：元

摘要	资料来源	第一季度	第二季度	第三季度	第四季度	全年
期初现金余额		20 000	19 844	18 688	18 432	20 000
加：现金收入	表6-1					
应收账款回收及销售收入		115 000	240 000	390 000	540 000	1 285 000
可动用现金合计		135 000	259 844	408 688	558 432	1 305 000
减：现金支出						
采购直接材料	表6-3	20 400	33 400	55 500	71 100	180 400
支付直接人工	表6-4	82 500	157 500	232 500	288 750	761 250
制造费用	表6-5	31 756	31 756	31 756	31 756	127 025
销售与管理费用	表6-7	37 500	37 500	37 500	37 500	150 000
购置固定设备				50 000		50 000
支付税金	表6-8	3 000	3 000	3 000	3 000	12 000
支付股利			8 000			
现金支出合计		175 156	271 156	410 256	432 106	1 280 675
现金结余		−40 156	−11 312	−1 568	126 326	24 325

续　表

摘要	资料来源	第一季度	第二季度	第三季度	第四季度	全年
融通资金						
向银行借款(期初)		60 000	30 000	20 000		
归还借款(期末)	表6-8				−110 000	
支付利息(利率10%)					−11 000	−11 000
融通资金合计		60 000	30 000	20 000		
期末现金余额		19 844	18 688	18 432	5 326	5 326

(十) 编制预计利润表

预计利润表(proforma income statement)是对企业预算期内的经营成果进行测算,并以经营预算、专门预算和现金预算为基础而编制的。它可以揭示企业预算期的盈利情况,有助于企业及时调整经营战略,通常按年编制。

[例6-10]　续前例,根据天目公司的上述资料,编制预计利润表如表6-10所示。

表6-10　天目公司预计利润表

摘要	资料来源	金额/元
营业收入	表6-1	1 500 000
变动成本		
变动生产成本	表6-6	1 025 000
变动销售与管理费用	表6-7	60 000
贡献毛益		415 000
期间费用		
固定制造费用	表6-5	60 900
固定销售与管理费用	表6-7	90 000
营业净利润		264 100
减:利息费用	表6-8	11 000
税前净利		253 100
减:所得税	表6-8	12 000
税后净利		241 100

(十一) 编制预计资产负债表

预计资产负债表(proforma balance sheet)是指用于总括反映企业预算期末财务状况的一种财务预算。它是以基期期末资产负债表为基础,结合预算内各种预算资料,对预算期末的财务状况进行规划和测算。

[例 6-11] 根据天目公司 2020 年度资产负债表和上述预算期各项有关资料,编制 2021 年度预计资产负债表,如表 6-11 所示。

表 6-11 天目公司预计资产负债表

单位:元

	期初	期末		期初	期末
流动资产			流动负债		
现金(表 6-9)	20 000	5 326	应付购料款(表 6-3)	10 000	38 600
应收账款(表 6-1)	25 000	240 000			
材料存货(表 6-3)	9 600	15 600			
产成品存货(表 6-6)	10 250	25 625			
流动资产合计	64 850	286 551	流动负债合计	10 000	38 600
固定资产			股东权益		
土地	260 000	260 000	普通股	320 000	320 000
厂房设备(表 6-8)	30 000	80 000	留存收益	14 850	247 950
减:累计折旧(表 6-5)	10 000	20 000			
固定资产合计	280 000	320 000	股东权益合计	334 850	567 950
资产总计	344 850	606 551	权益总计	344 850	606 551

注:留存收益 247 950 元=期初留存收益 14 850 元+本期税后净利 241 100-支付股利 8 000 元

第三节 全面预算的编制方法

企业编制预算的方法有:固定预算和弹性预算,增量预算和零基预算,定期预算和滚动预算。预算的内容不同,所采用的方法也不同,企业应该结合预算内容和实际需要选择科学的编制方法。

一、固定预算和弹性预算

(一) 固定预算

1. 固定预算的概念

固定预算(fixed budget)又称静态预算(static budget),是指在编制预算时,只根据预算期内正常的、可实现的某一固定业务量(如生产量、销售量)水平作为唯一基础来编制的预算。前面所述的销售预算、生产预算、成本预算都是按某一业务量水平编制的。

2. 固定预算的特点

(1)固定预算一般不考虑预算期内业务水平的变化,不考虑实际业务量与预计业务量之间的差异,所以简单方便,容易操作。它适用于业务量水平比较稳定的企业。

(2) 将实际发生的数据与固定预算中的数据进行比较,据以进行业绩评价。对于业务量变化较大的企业,实际执行结果与固定预算数据相差太大,难以控制。所以适用性差,可比性差。

(二) 弹性预算

1. 弹性预算的概念

弹性预算(flexible budget)亦称变动预算、动态预算(dynamic budget),是在事先考虑到预算期间业务量可能发生变动的基础上,编出一套能适应多种业务量的预算。它是为了弥补固定预算的缺陷而设计的。由于未来业务量的变动会影响到成本费用和利润等各个方面,因此,弹性预算一般适用于全面预算中与业务量有关的各种预算,但主要用于成本的预算、控制和考核,也应用于利润的预算和考核。

2. 弹性预算的特点

(1) 弹性预算适用的范围广。预算期内所涉及的各项估计指标随着业务量的变动而变动,既可按预算期内某一相关范围内的可预见的多种业务量确定不同的预算额,也可按实际业务量来调整其预算额,从而扩大了预算的适用范围,具有一定的伸缩性。

(2) 弹性预算的可比性强。将实际业务量与实际业务量相应的预算额进行比较,使得预算的评价考核体系更加客观可比。

3. 编制弹性预算的步骤

(1) 确定预算期的业务量范围。首先要预测预算期间业务量可能发生的变动,一般把业务量的变动范围确定在正常业务量的 $70\%\sim120\%$,或者以历史上的最高业务量和最低业务量作为上下限,并将业务量按每间隔 5% 或 10% 或某一固定值的差距分成若干个区间段。

(2) 分析、明确各个预算内容与业务量的依存关系。一类是预算内容对业务量的变动不敏感,在不同的业务量水平下保持不变;另一类是对业务量的变动敏感,随着业务量的变动呈正比例变动。

(3) 确定不同业务量水平下的预算指标值。根据成本性态,将变动成本按业务量的变动进行调整。

在预算期结束后,弹性预算有利于将实际指标与相应的预算额进行比较,使预算的执行情况更易于评价,也使评价的结果更加客观。

4. 弹性成本预算的编制方法

弹性成本预算的编制方法主要有列表法和公式法。

(1) 列表法。又称多水平法,是指在一定的业务量范围内,将业务量划为多个水平,根据不同业务水平,分别估计各项所需的成本费用,汇总列示在一个预算表中。

[例 6-12]　假设天目公司每月的正常生产工时在 45 675 小时至 61 407 小时。根据列表法编制的弹性成本预算表如表 6-12 所示。

表 6-12　天目公司弹性成本预算(列表法)

成本明细项目	每工时变动费用分配率 b	业务量×(变动 10% 工时)			
		45 675	50 242	55 825	61 407
变动费用/元					
间接人工	0.60	27 225	30 250	33 275	36 603
间接材料	0.40	18 315	20 350	22 385	24 624
维护费	0.25	11 250	12 500	13 750	15 125
水电费	0.26	11 250	13 025	14 328	15 760
小计	1.50	68 040	76 125	83 738	92 112
固定费用/元					
燃气费		13 500	13 500	13 500	13 500
维护费		15 600	15 600	15 600	15 600
折旧费		10 000	10 000	10 000	10 000
管理费		12 900	12 900	12 900	12 900
小计		52 000	52 000	52 000	52 000
制造费用合计		120 040	128 125	135 738	144 112

注:预算金额保留整数。

列表法的优点是可以直接查找到预算期某一特定业务量的预算成本,不必一一计算,比较方便;缺点是业务量的间距不容易把握,间距太小会加大预算编制的工作量,间距太大会失去弹性预算的优势。

(2) 公式法。即按成本性态分类的成本公式 $y = a + bx$ 来计算弹性预算的方法。

只要确定单位变动成本 b 和固定成本 a,任何一项成本都可用公式 $y = a + bx$ 来表示。利用公式可以简便地计算出任一业务量的预算成本。

[例 6-13]　根据表 6-13 资料,可以得到公式 $y = 52\,000 + 1.5x$,以此进行某个业务量的费用预算。

表 6-13　天目公司弹性成本预算(公式法)　　　　　　单位:元

变动费用(bx)		固定费用
成本项目	单位变动费用(b)	
间接人工	0.60	52 000
间接材料	0.40	52 000
维护费	0.25	52 000
水电费	0.26	52 000
合计	1.50	52 000

因此,只要业务量在 45 675 工时至 61 407 工时的范围内,根据公式 $y = a + bx$ 就可以计算出相应的总预算成本 y 和其中某一项费用的预算额。

公式法的优点是编制预算的工作量小、计算简便;缺点是逐项分解成本比较麻烦,不能直接找到某一业务量下的成本预算额。

二、零基预算、滚动预算和概率预算

(一) 零基预算

1. 零基预算的概念

零基预算(zero-based budgeting)是指在编制预算的时候,一切从零开始,从实际需要出发,对预算项目逐个进行分析衡量,进而确定预算值,不考虑任何基期指标的预算编制方法。零基预算为克服基期预算受锢于基期实际值,从而使预算人员的思维很难超脱过去的缺陷。20 世纪 60 年代由美国德州仪器公司的彼得·派尔(Peter Pyhrr)在该公司首次创造并运用,接下来在美国相继推广并在世界各国广为沿用。

2. 零基预算的编制方法

(1) 确定企业总体经营目标。企业管理层根据市场需求,结合自身的实际情况,确定企业总体经营目标。

(2) 确定费用项目。由各预算部门根据企业的总体经营目标和各部门的具体目标,在充分讨论的基础上提出各部门在预算期间可能发生的费用项目和费用数额。

(3) 制订费用开支方案。对各部门确定的费用项目逐一进行成本效益分析,权衡轻重,作出相应的调整,并据此制订出具体的费用开支方案。

(4) 分配资金,落实预算。根据费用开支方案,结合企业预算期内的现金流量情况,分配资金,落实预算。

[例 6-14] 假设天目公司采用零基预算法编制 2021 年的预算,销售部门经反复讨论,确定计划期内成本预算金额为 290 000 元,并将各项费用列入天目公司成本效益表(表 6-14)上报。上级批准的预算金额只有 250 000 元,差额为 40 000 元。

表 6-14 天目公司成本效益表

成本性质	成本项目	金额/元	投入产出比
酌量性固定成本	广告费	50 000	20
	培训费	60 000	30
	咨询费	30 000	10
	小计	140 000	
约束性固定成本	房屋租金	80 000	
	差旅费	40 000	
	办公费	30 000	
	小计	150 000	
合计		290 000	

根据上述资料怎样编制零基预算呢？应该根据成本性质确定成本支出的轻重缓急。

第一，根据成本性质，应保障约束性固定成本的开支，保证房屋租金、差旅费和办公费支出共计 150 000 元。

第二，根据成本性质对酌量性固定成本进行成本效益分析，并在此基础上进行资金分配。

可分配资金＝上级核准的 250 000 元－约束性固定成本 150 000＝100 000（元）

$$可分配广告费＝100\,000 \times \frac{20}{20＋30＋10}＝33\,333.33（元）$$

$$可分配培训费＝100\,000 \times \frac{30}{20＋30＋10}＝50\,000（元）$$

$$可分配咨询费＝100\,000 \times \frac{10}{20＋30＋10}＝16\,666.66（元）$$

因此，编制销售部门零基预算表如表 6-15 所示。

表 6-15　天目公司销售部门零基预算表

成本性质	成本项目	金额/元
约束性 固定成本	房屋租金	80 000
	差旅费	40 000
	办公费	30 000
	小计	150 000
酌量性 固定成本	培训费	50 000
	广告费	33 333
	咨询费	16 667
	小计	100 000
合计		250 000

零基预算的优点是不受基期项目指标的约束，有助于各部门节约资金、减少浪费，有利于企业的长远发展。但其缺点是工作量较大，成本效益分析、资源分配等方案具有较大的主观性，容易引起部门间的矛盾。

（二）滚动预算

1. 滚动预算的概念

为了适应不断变化的宏观经济条件，按照"近细远粗"的原则，根据上一期预算执行情况，调整和编制下一期的预算，并将预算的时期逐期连续滚动向前推移，使预算总是保持一定的时间幅度，按照这种方法编制的预算叫作滚动预算。简而言之，滚动预算（rolling budget）又称连续预算或永续预算，是一种使预算期始终保持 12 个月的连续性预算。即预算每执行一个月,就立即在期末增设另一个月的预算,逐期向后滚动,使预算在任何时期都保持 12 个月的时间跨度。

2. 滚动预算的编制方法

滚动预算的编制方法是先按年度分季,并将第一季度按月划分,然后编制 1 至 3 月份的明细预算,后面各季度只列季度总预算数。在第二季度末,再将第三季度按月列出明细预算,而补上的下一年度的第一季度也只列季度总数,依此类推,逐期滚动。滚动预算示意图如图 6-2 所示。

图 6-2　滚动预算示意图

3. 滚动预算的优缺点

滚动预算的优点是不断地对预算进行调整和修订,使预算更加贴近实际,有利于发挥预算的监控和指导作用;预算期始终保持一定的期限,使管理人员始终坚持长远总体战略布局,有助于生产经营活动的稳定持续发展。其缺点是工作量较大。

(三) 概率预算

1. 概率预算的概念

概率预算(probabilistic budget)就是根据预算期内,对各项预算内容中的数值可能出现的变量作进一步的预测,预测它们可能变动的范围和在该范围内出现的概率,然后对各变量进行调整,计算期望值,并编制预算。

上述各种预算编制方法都是在未来预算期内影响预算内容的各项因素已经确定或者基本上确定的情况下编制的,但预算期内许多因素都是难以确定的变量,充满不确定性。在这种情况下,就需要根据客观条件,利用概率的知识对有关变量作出近似的估计,估计它们可能变化的范围以及在某个范围内有关数值出现的可能性。因此,在概率预算中,各个变量及目标利润的正确与否,关键在于各个变量范围及概率估计是否正确。

[**例 6-15**]　假设天目公司 2021 年预计可能实现的销售量为 4 000 件、3 000 件、2 000 件。这几种情况下的概率分别为 0.5、0.3 和 0.2。各种销售量情况下的销售单价分别为 150 元、140 元、130 元。天目公司销售收入概率预算表如表 6-16 所示。

表6-16 天目公司销售收入概率预算表

销售量/件 A	概率 B	单价/元 C	概率 D	联合概率 E=B×D	期望值/元 F=A×C×E
4 000	0.5	150	0.5	0.25	150 000
		140	0.3	0.15	84 000
		130	0.2	0.1	52 000
3 000	0.3	150	0.6	0.18	81 000
		140	0.3	0.09	37 800
		130	0.1	0.03	11 700
2 000	0.2	150	0.7	0.14	42 000
		140	0.2	0.04	11 200
		130	0.1	0.02	5 200
销售收入总额/元					474 900

2. 概率预算的优缺点

概率预算可以预测预算期内各种预算值出现的可能性,使预算更接近实际情况,有助于企业管理者及时把握经营过程中可能出现的各种情况,是一种比较科学的预算编制方法。但这种方法要求预算编制人员具备较高的专业水平,编制工作量较大。

本 章 小 结

1. 预算是用货币形式来表示的企业经营计划,是具体化的企业经营目标。企业利用预算来控制未来的经营和业绩,就是预算控制。预算具有明确目标、协调工作、全面控制和评价业绩等作用。

2. 全面预算又称总预算,是以本企业的经营目标为出发点,通过对市场需求的研究和预测,以销售为基础,进而拓展到生产、成本和资金收支等方面,最后编制预计财务报表的一种预算体系。全面预算是由经营预算、专门决策预算和财务预算等类别的一系列预算构成的体系。

3. 全面预算的编制方法,常用有固定预算、弹性预算、零基预算、滚动预算和概率预算等。弹性预算亦称变动预算、动态预算,就是在编制费用、利润等预算时,考虑到预算期间业务量可能发生变动,编出一套能适应多种业务量的预算,以便分别反映在各业务量情况下所应开支的费用水平和利润水平。

4. 零基预算又称零底预算，是指在编制预算时不考虑以往的水平，对所有的预算支出均以零为起点，根据其企业的实际情况来确定预算额的预算。

5. 滚动预算又称永续预算，其主要特点是预算期连续不断，始终保持12个月，每过去1个月，就根据新的情况调整和修订以后几个月的预算，并在原来的预算期末再加1个月的预算，逐期向后滚动。

6. 概率预算就是根据市场变化因素，对有关的变量作进一步的估计，估计它们可能变动的范围和在该范围内出现的可能性，然后对各变量进行调整，计算期望值，编制预算。

7. 全面预算是一项涵盖企业的投资、经营和财务等所能涉及的所有方面的管理兼控制行为，具有"全面、全额、全员"的特征，任何一个环节脱钩，都会使预算工作前功尽弃。企业的战略目标就是"企业价值最大化"，企业的最大价值来自不断增长的经济效益。而全面预算管理就是保证经济效益增长的有效手段。

复习思考题

1. 什么是全面预算？为什么要编制全面预算？
2. 全面预算体系包括哪些？全面预算的主要内容是什么？
3. 什么是零基预算、弹性预算和滚动预算？为什么要编制弹性预算？

练 习 题

1. 新海公司本年一季度三个月预计销售量分别为：1 000件、1 500件和2 000件。销售单价为20元/件。季初应收账款20 000元，销售款项本月收回60%，下月收回30%，还有10%的坏账。

要求：

(1) 编制本季度销售预算。

(2) 计算季末应收账款。

(3) 计算上年12月份的销售收入。

2. 航海公司 2020 年年末资产负债表如表 6-17 所示。

表 6-17 资产负债表

2020 年 12 月 31 日　　　　　　　　　　　　　　　　　单元:元

资产		权益	
现金	10 000	应付账款	24 000
应收账款	50 000	所有者权益	141 000
存货	20 000		
房屋及设备	85 000		
资产合计	165 000	权益合计	165 000

预计 1 月份销售商品 10 000 件,单位售价 9 元,其中现销 40%,其余为赊销(30 天后收款)。商品进价与存货成本均为 4 元/件。购入商品时,30% 货款当月付清,其余下月付清;计划年度预计 1 月份期末存货为 4 000 件;1 月份预计将支付保险费及家具租金 30 000 元;该公司规定,每月月末现金库存最低余额为 10 000 元。

要求:

根据上述资料,编制 1 月份销售预算、采购预算、现金预算、预计利润表和预计资产负债表(假定忽略其他损益项目)。

案例讨论题

我国大多数大中型企业都实行了全面预算管理,由于企业所处行业和环境及所面临的问题不同,建立的预算管理体系也各具特色,形成的预算机制各有所长,运行的结果千差万别。下面承接引导案例,对新兴铸管全面预算体系的建立、全面预算的编制、全面预算的跟踪执行、全面预算的考评和预算机制的形成,做一个简要介绍,以便与其他企业预算管理制度进行比较讨论。新兴铸管原是一家军工钢铁企业,20 世纪 80 年代,钢铁行业竞争激烈,企业面临严重的生存危机。1994 年开始引入全面预算管理,通过连续几年的坚持和改进,预算管理体系日趋完善,预算机制逐步形成,企业摆脱危机步入了良性发展轨道。

一、全面预算的组织体系

进行全面预算管理,首先要建立全面预算组织体系。董事会下设预算管理委员会,计财部对预算管理委员会负责,在总经理的领导下,计财部具体负责预算的组织、编制、跟踪和考评。在计财部的具体组织下,营销部、物供部等部门以及各分厂设有专门的统计员,各工段和各班组设有相应的兼职统计员,负责年度预算编制汇总,日报、旬报、月报的填制报送,以及预算的日常考核工作。计财部负责各级预算统计人员的定岗、招聘、培训和日常管理工作。全面预算组织体系如图 6-3 所示。

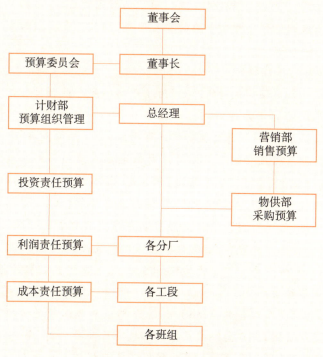

图 6-3　全面预算组织体系

二、全面预算的编制程序

一般在当年的九、十月开始布置下一年的预算编制工作。编制的程序有从上到下、从下到上两种,实际上在编制过程中要经过从上到下、从下到上的多次反复。编制预算是一个计量过程,也是一个社会过程和全员参与过程。每年,编制预算都是公司全体员工的热门话题,因为与每位员工的工作有关,涉及每个员工所设岗位的权利、责任和报酬,员工参与度越来越高。

从上到下,就是总经理根据企业的战略计划和所面临的市场竞争形势,主要下达三个指标:利润、成本和质量,当然还有安全、环保等指标,确定这些指标主要是根据行业最好水平和国际竞价。然后要求销售部门、采购部门、各炼铁厂回去编制预算。厂长们传达总经理的精神,并要求各工段、各班组编制预算,然后汇总,并与总经理下达的指标对照。对照结果是,指标偶然能合上,但一般情况是合不上。这时候就要进行上下级之间的反复讨论和沟通,最终形成预算。

从下到上,与从上到下刚好倒过来。在反复讨论和沟通的过程中,可能会暴露企业存在的很多问题,员工在参与的过程中会想出很多改进的措施,这本身就是企业提升水平、节约增效的全员思想动员过程,也是提高企业管理水平和生产效率的"神仙会"。要尽可能地让员工参与,因为没有员工的广泛参与,预算编制很可能脱离实际,也不可能得到很好的执行。

预算的编制过程是预算的形成过程,同时也是各项指标的分解过程,原则上指标应分解到各部门、各分厂、各工段、各班组以至个人。预算的最终文本是从下往上的责任合同,上级保下级、一级保一级。预算编制完成后,形成预算责任合同,要召开全体员工会议进行预算责任合同的签订仪式,员工代表要上台发言表决心,下级保上级,一级保一级。

三、全面预算的跟踪执行

预算编制完成只是预算执行的开始,为了严格按照全面预算组织生产,避免责任纠纷影响生产经营的正常进行,实行"三不原则",即不讲客观、不讲情面、不迁就。建立信息反馈系统,对预算的执行情况即时跟踪监控,并组建预算管理组织体系以保证反馈跟踪系统正常运行。公司计财部主要从事预算文本编制汇总、编撰定型、各种表格的设计等工作,对各部门、各分厂、各工段、各班组的预算统计员进行指导、培训;各级预算统计员对各种预算指标进行计算、收集、汇总、上报。反馈系统的主体是日报、旬报、月报,再加上季报和年报。日报首先由班组根据本班组上班情况,填列各种耗费和产出,以及生产过程中出现的问题,并将成本、产出和质量与预算比较,在日报中要简单分析比较的结果,还要阐述应采取的措施。班组日报列示的主要是各种实物技术指标;工段汇总每日各班组的日报,加上工段的各种消耗和产出,汇总后向厂综合部呈送;厂部综合部汇总各工段的日报,加上厂部的各项消耗形成厂部日报,当日向公司呈报。日报要反映每小时、每个人的权力运用和责任履行情况,反映每小时消耗和产出情况。将日报汇总编制旬报,旬报包括重大事故通报、生产进度分析、各种投入产出分析和预算执行情况的分析,以及对所采取措施的评价,等等。将旬报汇总形成月报,月报包括总经理对一个月生产经营情况、市场环境和竞争环境的分析,对预算执行情况的评价,以及对预算所作调整的说明,等等。年报是对全年生产经营情况的总结,在员工会议上要将一年的生产经营活动进行分析,得出结论并向预算委员会呈报。

四、全面预算的考评奖励

负责公司考评的专设机构是隶属于计财部的考核组,考评的依据是责任合同书。考核组汇集日常考核资料,主要是各级上报的日报、旬报、月报以及公司生产部各种通报,把汇总的资料与预算(责任合同书)进行分析和考评。考评分三个时段进行:各部门、各分厂内部每旬、每月考核,并拿出整改措施;公司每季对各部门、各分厂考核一次,监督督促预算执行,年终公司对各部门、各分厂综合考核一次。年终考评指标有两类:一类是分项指标,主要是预算(责任合同书)里面列示的各项生产技术指标和财务指标;一类是计财部设计的综合指标(加权平均)。计财部计算出综合考核得分,上报总经理和预算管理委员会,预算管理委员会确认得分并得出综合考评结论,责令总经理兑现各部门、各分厂工资奖金,再由各部门、各分厂分配至每个员工。

五、全面预算的激励机制

随着全面预算管理实施,全面预算体系日益完善,打破了国有企业几十年形成的"大锅饭""铁饭碗"等僵硬低效的管理体制,形成了权责利相结合的全面预算激励机制。第一,激发了竞争,提高了效率。权责利相结合,使员工之间、班组之间、工段之间、分厂之间、部门之间的奖金薪酬产生了显著差异,彻底打破了"干好干坏一个样"的吃大锅饭的现状,激发了员工和部门之间的竞争,提高了劳动工作效率,企业的整体经济效益每年上一个台阶。第二,促进企业组织结构优化。原先是"一个人有饭吃,大家没饭吃",现在要"砸碎一个人饭碗,保住大家的饭碗",权责利相结合的激励机制促进了班组优化组合;形成了领导干部选拔任用新机制,建立了"能者上,不能者下"的领导干部竞聘上岗制度。一大批知识化、年轻化、专业化的精明能干的青年才俊走上了领导岗位。第三,调动了全体员工的积极性和创新意识。权责利相结合的激励机制,激发了员工的劳动积极性,增强了员工的创新意识,形成了新兴铸管、新兴管件、新兴钢材、新兴格板、新兴钢塑管五大产品系列,使企业发展成为世界铸管行业的领跑者和冶金行业的领先者。

讨论题:

我国还有哪些企业实行预算管理,其做法与新兴铸管有何不同?

第七章　作业成本法

课程思政要点

 学习目标

1. 理解作业成本法的概念；
2. 理解作业的类型、特征与动因；
3. 掌握作业成本计算的两个阶段；
4. 掌握作业成本法的优点与局限性；
5. 掌握作业成本的分配率与分配方法；
6. 了解作业成本法的账务处理。

引导案例

浙江顺利公司生产电器产品，产品覆盖高中低端，产品种类繁多，且各类产品生产复杂程度不一样。随着市场的发展，单纯扩大生产规模已经不能适应多样的市场客户需求。随着产品的不断升级换代，公司通过"机器换人"，大量使用智能化设备，提高了产品的科技含量。直接人工成本占比已从过去的 30％降到了 10％以下，制造费用占比大幅度上升。对公司的成本信息，生产和销售部门一直颇有微词，个别产品经理还抱怨：本部门产品的生产复杂程度较低，但分配的单位制造费用却比其他部门的复杂程度较高的产品多。在他们看来，厚厚的成本报表往往只是为了财务需要而做，有用的数据很少，他们甚至根本不看成本报表，认为成本信息对生产销售的经营决策支持有限。财务人员也很困惑，他们是按照成本会计核算要求做的，没有什么不妥。在成本核算中，成本分为直接材料、直接人工、制造费用三部分，对于制造费用，一般按照人工工时或设备工时进行分配，后续的核算也是严格按照成本会计制度处理的。另外，按照现有成本管理制度进行考核，确实没法有效评价各部门、各岗位的责任，还经常出现权责不清、互相推诿的现象。

管理咨询公司经过调研分析后认为：由于成本动因过于单一，对制造费用的分配过程的定义过于狭窄，导致生产复杂程度较低的产品可能分配过多的制造费用，而生产复杂程度较高的产品分配的制造费用可能过少。在这种情况下，可能无法反映产品真实的成本；基于公司产品生产特征，现有成本管理模式可能导致成本核算不准确，使得成本信息对生产销售经营决策支持有限；现有成本核算体系的设计与企业产供销业务环节以及作业流程没有多大关系,无法精准核算成本以及评价各环节的责任。

管理咨询公司结合公司生产特征,提出了改用作业成本法的建议,通过作业成本法解决上述问题。

请思考:

如何运用作业成本法解决上述问题?

第一节　作业成本法概述

一、作业成本法产生的背景

20世纪70年代以后,西方许多制造企业的制造环境发生了重大变化。随着自动化制造时代来临,直接人工成本比重大大下降,制造费用(主要是折旧费用等固定成本)比重大大增加,因此制造费用的分配科学与否将很大程度上决定产品成本计算的准确性和成本控制的有效性。在传统成本计算法下,产量(或生产量相关的业务量,如人工工时、机器工时、人工工资)被认为是产品成本变动的唯一动因,并作为间接费用的分配基础,而部分制造费用并不随产量变动,采用单一的产量作为分配制造费用的基础显然是不合适的。过去看起来是合理的计算方法,在新的环境下,却出现了扭曲成本信息,不能满足决策及管理需要的现象。

作业成本法又被称为ABC法,即activity based costing method的简称,是一种基于活动的成本管理方法。作业成本法的概念最早是在20世纪中旬由美国会计教授柯勒提出的。他提出了"作业"的概念,并围绕"作业"提出了作业、作业账户、作业会计等概念。后续在1971年,乔治·斯托布斯教授在其基础上对"作业""作业成本""作业投入产出系统"等概念做了进一步的讨论,使得作业成本法的理念在理论基础上有了一定的积淀。最终,在斯托布斯教授的思想影响下,美国芝加哥大学的罗宾库伯和哈佛大学的罗伯特卡普兰教授结合了部分美国实业公司的调查研究,于1988年提出来以作业为基础的成本计算方法,即作业成本法。

二、作业成本法的概念和功能

(一) 作业成本法的概念

作业成本法,是指以"作业消耗资源、产出消耗作业"为原则,按照资源动因将资源费用追溯或分配至各项作业,计算出作业成本,然后再根据作业动因,将作业成本追溯或分配至各成本对象,最终完成产品成本计算的成本管理方法。

在作业成本法下,直接成本可以直接计入有关产品,与传统的成本计算方法并无差异;而间接成本(制造费用等)则首先分配到有关作业,计算作业成本,然后再将作业成本分配到有关产品。

(二) 作业成本法的功能

作业成本法具有成本计算和成本管理两大功能,它是成本计算和成本管理的有效统一。在成本分配的观点下,作业成为企业资源和产品的中介(一个"箱子"),制造费用分摊采用两步骤法,提高了成本信息的准确性和可追溯性;在过程的观念下,作业链和价值链分析成为成本管理的基础,这有利于揭示企业各环节上的问题。

三、作业成本法的相关概念

(一) 作业

1. 作业的概念

作业是指企业基于特定目的重复执行的任务或活动,是连接资源和成本对象的桥梁。一项作业既可以是一项非常具体的任务或活动,也可以泛指一类任务或活动。如签订材料采购合同、将材料运达仓库、对材料进行质量检验、办理入库手续、登记材料明细账等。

作业的主要特征如下:

(1) 一项作业对于任何加工或服务对象,都必须是重复执行特定的或标准化的过程和办法。

(2) 执行任何一项作业都需要耗费一定的资源。

(3) 一项作业可能是一项非常具体的活动,如车工作业;也可能泛指一类活动,如机加工车间的车、铣、刨、磨等所有作业可以统称为机加工作业;甚至可以将机加工作业、产品组装作业等统称为生产作业(相对于产品研发、设计、销售等作业而言)。作业名称及作业说明如表7-1所示。

表 7-1 作业名称及作业说明

作业名称	作业说明
材料订购	包括选择供应商、签订合同、明确供应方式等
材料检验	对每批购入的材料进行质量、数量检验
生产准备	每批产品投产前,进行设备、调整等准备工作
发放材料	每批产品投产前,将生产所需材料发往各生产车间
材料切割	将管材、圆钢切割成适于机加工的毛坯工件
车床加工	使用车床加工零件(轴和连杆)
铣床加工	使用铣床加工零件(齿轮)
刨床加工	使用刨床加工零件(变速箱外壳)
产品组装	人工装配变速箱
产品质量检验	人工检验产品质量
包装	用木箱将产品包装
车间管理	组织和管理车间生产、提供维持生产的条件

2. 作业的类型

企业可按照受益对象、层次和重要性,将作业分为以下五类,并分别设计相应的作业中心:

（1）产量级作业，是指明确地为个别产品（或服务）实施的、使单个产品（或服务）受益的作业。该类作业的数量与产品（或服务）的数量呈正比例变动。包括产品加工、检验等。

（2）批别级作业，是指为一组（或一批）产品（或服务）实施的、使该组（或批）产品（或服务）受益的作业。该类作业的发生是由生产的批量数而不是单个产品（或服务）引起的，其数量与产品（或服务）的批量数呈正比例变动。包括设备调试、生产准备等。

（3）品种级作业，是指为生产和销售某种产品（或服务）实施的、使该种产品（或服务）的每个单位都受益的作业。该类作业用于产品（或服务）的生产或销售，但独立于实际产量或批量，其数量与品种的多少成正比例变动。包括新产品设计、现有产品质量与功能改进、生产流程监控、工艺变换需要的流程设计、产品广告等。

（4）客户级作业，是指为服务特定客户所实施的作业。该类作业保证企业将产品（或服务）销售给个别客户，但作业本身与产品（或服务）数量相互独立。包括向个别客户提供的技术支持活动、咨询活动、独特包装等。

（5）设施级作业，是指为提供生产产品（或服务）的基本能力而实施的作业。该类作业是开展业务的基本条件，其使所有产品（或服务）都受益，但与产量或销量无关。包括管理作业、针对企业整体的广告活动等。

3. 作业认定

作业认定是指企业识别由间接或辅助资源执行的作业集，确认每一项作业完成的工作以及执行该作业所耗费的资源费用，并据以编制作业清单的过程。作业认定的内容主要包括对企业每项消耗资源的作业进行识别、定义和划分，确定每项作业在生产经营活动中的作用、同其他作业的区别以及每项作业与耗用资源之间的关系。作业认定的具体方法一般包括调查表法和座谈法。调查表法，是指通过向企业全体员工发放调查表，并通过分析调查表来认定作业的方法。座谈法，是指通过与企业员工面对面交谈来认定作业的方法。企业一般应将两种方法结合起来，以保证全面、准确地认定全部作业。企业对认定的作业应加以分析和归类，按顺序列出作业清单或编制作业字典。作业清单或作业字典一般应当包括作业名称、作业内容、作业类别、所属作业中心等内容。

（二）资源费用

执行任何一项作业，都需要消耗一定的资源。资源费用是指企业在一定期间内开展经济活动所发生的各项资源耗费。资源费用既包括房屋及建筑物、设备、材料、商品等有形资源的耗费，也包括信息、知识产权、土地使用权等各种无形资源的耗费，还包括人力资源耗费以及其他各种税费支出等。

为便于将资源费用直接追溯或分配至各作业中心，企业还可以按照资源与不同层次作业的关系，将资源分为如下五类：

（1）产量级资源，包括为单个产品（或服务）所取得的原材料、零部件、人工、能源等。

（2）批别级资源，包括用于生产准备、机器调试的人工等。

（3）品种级资源,包括为生产某一种产品(或服务)所需要的专用化设备、软件或人力等。

（4）顾客级资源,包括为服务特定客户所需要专门化设备、软件和人力等。

（5）设施级资源,包括土地使用权、房屋及建筑物,以及所保持的不受产量、批别、产品、服务和客户变化影响的人力资源等。

对产量级资源费用,应直接追溯至各作业中心的产品等成本对象。对于其他级别的资源费用,应选择合理的资源动因,按照各作业中心的资源动因量比例,分配至各作业中心。企业为执行每一种作业所消耗的资源费用的总和,构成该种作业的总成本。

（三）成本动因

成本动因,是指诱致成本发生的原因,是成本对象与其直接关联的作业和最终关联的资源之间的中介。例如,产量增加,直接材料成本就增加,产量是直接材料成本的驱动因素,即直接材料的成本动因;检验成本随着检验次数的增加而增加,检验次数就是检验成本的驱动因素,即检验成本的成本动因。按其在资源流动中所处的位置和作用,成本动因可分为资源动因和作业动因。

资源动因是引起作业成本增加的驱动因素,用来衡量一项作业的资源消耗量。依据资源动因可以将资源成本分配给各有关作业。

作业成本动因是衡量一个成本对象需要的作业量,是产品成本增加的驱动因素。作业成本动因计量各成本对象耗用作业的情况,并被用来作为作业成本的分配基础。

四、作业成本法的主要特点

（一）作业成本计算分为两个阶段

作业成本法的基本指导思想是"产品消耗作业,作业消耗资源"。在传统成本计算方法下,间接成本的分配路径是"资源－部门－产品"。作业成本法下间接成本的分配路径是"资源－作业－产品"。按照上述指导思想,作业成本计算可分为以下两个阶段:

第一阶段:将作业执行中消耗的资源分派到作业,即按各项作业来归集成本,计算作业的成本;

第二阶段:按各项作业成本与成本对象之间的因果关系,将第一阶段计算的作业成本分派(包括追溯和间接分配)到各有关成本对象。

（二）成本分配强调因果关系

作业成本法认为,将成本分配到成本对象有三种不同的形式:追溯、动因分配和分摊。作业成本法的一个突出特点,就是强调以直接追溯或动因追溯的方式计入产品成本,而尽量避免分摊方式。

1. 追溯

追溯是指将成本直接确认分配到某一成本对象的过程。这一过程是可以实地观察的。使用直接追溯方式得到的产品成本是最准确的。比如,生产电视机耗用集成电路板,集成电路板的成本就可以直接追溯到电视机。

2. 动因分配

动因分配是指根据成本动因将成本分配到各成本对象的过程。对于不能追溯的成本，作业成本法强调使用动因分配方式。采用这种方式需要首先找到引起成本变动的真正原因，即成本与成本动因之间的因果关系。动因分配虽然不像追溯那样准确，但只要因果关系建立恰当，成本分配的结果同样可以较为准确。

3. 分摊

有些成本既不能追溯，也不能合理方便地找到成本动因，只好使用产量作为分配基础，将其强制分配给成本对象。

（三）成本分配使用众多不同层面的作业动因

作业成本法的独到之处，在于它把资源消耗首先追溯或分配到作业，然后使用不同层面和数量众多的作业动因将作业成本分配到产品。

五、作业成本法的优缺点

（一）作业成本法的优点

1. 可以获得更准确的产品和产品线成本

作业成本法的主要优点是减少了传统成本信息对于决策的误导。一方面，作业成本法扩大了追溯到个别产品的成本比例，减少了成本分配对于产品成本的扭曲；另一方面，采用多种成本动因作为间接成本的分配基础，使得分配基础与被分配成本的相关性得到改善。

2. 有助于改进成本控制

从成本动因上改进成本控制，包括改进产品设计和生产流程等，可以消除非增值作业，提高增值作业的效率，有助于持续降低成本和不断消除浪费。

3. 为战略管理提供信息支持

作业成本法与价值链分析概念一致，可以为其提供信息支持，同时能为成本领先战略提供支持。

（二）作业成本法的缺点

1. 开发维护费用较高

作业成本法的成本动因数量较大，开发和维护费用较高。

2. 不符合对外财务报告的要求

为使对外财务报告符合会计准则的要求，需要重新调整作业成本法下的数据，工作量大，技术难度大，可能出现混乱。

3. 确定成本动因比较困难

间接成本并非都与特定的成本动因相关联。有时找不到成本动因，或寻找成本高，又或者成本动因相关程度很低。

4. 不利于管理控制

作业成本系统的成本库与企业的组织结构不一致，不利于提供管理控制的信息。作业成本法改善了经营决策信息，牺牲了管理控制信息。

第二节 作业成本的计算

一、建立作业"同质组"和"同质成本库"

一个企业的生产活动是很复杂的,往往由十几项、上百项,甚至数百项作业组成。如果按照每项作业归集成本,计算分配率,固然可以更加精确地将成本追溯到有关产品,但是,会使成本计算工作不胜其烦。这样一来,采用作业成本法本身的成本会很高,甚至会大大超过实施作业成本法所带来的好处。因此,需要在作业分类的基础上,进行"合并同类项"的工作,建立作业"同质组"和"同质成本库",以减少计算作业成本和分配率的工作。这一步骤至关重要,是实施作业成本法的重要工作。

(一) 建立作业"同质组"和"同质成本库"的基本方法

建立作业同质组也就是在作业按产出方式分类的基础上,进一步按作业动因分类,将具有相同作业动因的作业,按一定要求合并在一起。建立同质成本库就是将同质组内各项作业的成本归集在一起,形成一个成本集合。建立同质组和相应的成本库后,即可把同质组内的各项作业视同为一项作业,使用同一个作业动因,将成本库内的全部成本分配给有关产品。因此,纳入同一个同质组的作业,必须同时具备以下两个条件:第一个条件是必须属于同一类作业;第二个条件是对于不同产品来说,有着大致相同的消耗比率。

(二) 检查作业动因与作业成本的相关程度

建立作业同质组和作业成本库之后,该成本库中的成本可能会受到多种因素的影响,此时,就需要通过分析选择与作业成本相关程度最大的因素——作业动因,作为分配作业成本的分配标准。

(三) 建立同质组和成本库时需要注意的问题

首先,同质组和相应的成本库不宜设置过多。

其次,在为建立同质组和成本库选择作业动因时,应注意尽量选择现有成本系统容易取得的成本动因,以便利用现有成本系统中的有关数据资料,特别是一些历史成本资料。

最后,选择作业动因还应注意其在作业成本管理中的导向性。比如以采购次数作为作业动因,可能会诱导材料使用部门的经理减少采购次数,而要求扩大一次采购量,从而增加材料的储存成本。

二、作业成本分配率的计算

作业成本分配率的计算有两种方法:一种是根据成本库实际发生的成本和作业的实际产出,计算单位作业产出的实际成本,即实际作业成本分配率;另外一种是根据预算作业成本库成本和预算作业产出或正常作业产出计算预算作业成本分配率或正常成本分配率。

（一）实际作业成本分配率的计算

实际作业成本分配率是根据实际作业成本和实际作业产出计算的。实际作业成本，是指在会计期末各成本库内归集的在作业执行中所耗费的各项资源的成本。实际作业产出则是会计期间内实际完成的作业量。

实际作业成本分配率的计算公式如下：

$$实际作业成本分配率＝当期实际发生的作业成本÷当期实际作业产出 \quad (7\text{-}1)$$

（二）预算或正常作业成本分配率的计算

预算作业成本分配率是根据预算年度预计的作业成本和预计作业产出（即作业需求）计算的。而正常作业成本分配率是根据预计的作业成本和正常作业产出计算的。正常作业产出，是指企业在 1 年以上较长时间内作业实际产出的平均水平。一般来说，预算年度的预计产出水平和正常产出水平，反映了客户的实际消费需求水平。预算或正常作业成本分配率的计算公式如下：

$$预算（正常）作业成本分配率＝预计作业成本÷预计（正常）作业产出 \quad (7\text{-}2)$$

预算或正常作业成本分配率可以克服实际作业成本分配率的缺点。其好处主要是：第一，便于随时提供决策所需的成本信息；第二，可以避免产生作业成本变动和作业需求不足而引起的产品成本波动；第三，有利于及时查清成本升高的原因。

三、作业成本的分配方法

前面介绍了两种作业成本分配率计算方法：一种是实际作业成本分配率；另一种是预算（正常）作业成本分配率。与此相对应，作业成本的分配有两种方法，下面分别予以说明。

（一）按实际作业成本分配率分配作业成本

作业成本分配一般按照以下两个程序进行：

1. 分配次要作业成本至主要作业

分配次要作业成本至主要作业，计算主要作业的总成本和单位成本。企业应按照各主要作业耗用每一次要作业的作业动因量，将次要作业的总成本分配至各主要作业，并结合直接追溯至次要作业的资源费用，计算各主要作业的总成本和单位成本。有关计算公式如下：

$$次要作业成本分配率＝次要作业总成本÷该作业动因总量 \quad (7\text{-}3)$$

$$某主要作业分配的次要作业成本＝该主要作业耗用的次要作业动因量×$$
$$该次要作业成本分配率 \quad (7\text{-}4)$$

$$主要作业总成本＝直接追溯至该作业的资源费用＋$$
$$分配至该主要作业的次要作业成本之和 \quad (7\text{-}5)$$

$$主要作业单位成本＝主要作业总成本÷该主要作业动因总量 \quad (7\text{-}6)$$

2. 分配主要作业成本至成本对象

分配主要作业成本至成本对象，计算各成本对象的总成本和单位成本。企业应按照各主要作业耗用每一次要作业的作业动因量，将次要作业成本分配至各主要作业，

并结合直接追溯至成本对象的单位水平资源费用,计算各成本对象的总成本和单位成本。有关计算公式如下:

$$某成本对象分配的主要作业成本 = 该成本对象耗用的主要作业成本动因量 \times$$
$$主要作业单位成本 \tag{7-7}$$

$$某成本对象总成本 = 直接追溯至该成本对象的资源费用 +$$
$$分配至该成本对象的主要作业成本之和 \tag{7-8}$$

$$某成本对象单位成本 = 该成本对象总成本 \div 该成本对象的产出量 \tag{7-9}$$

(二) 按预算或正常作业成本分配率分配作业成本

按预算(正常)作业成本分配率分配作业成本的过程稍微复杂一些,因为分配的结果不是实际成本,需要处理分配结果与实际成本之间的差额。其具体计算方法如下:

1. 计算出各产品应承担的本期发生的作业成本

计算得出的各产品应承担的作业成本不是实际成本,为与实际成本相区分,称其为“已分配作业成本”。其计算公式为:

$$某产品已分配作业成本 = 预算(正常)作业成本分配率 \times 该产品实际耗用的作业量$$
$$\tag{7-10}$$

2. 计算当期发生成本

当期发生成本包括两部分:一部分是实际发生的直接成本(直接材料成本等);另一部分是已分配作业成本。值得注意的是,当期投入的直接成本是实际成本;而作业成本并非实际成本,其实按产品实际耗用作业量和预算(正常)作业成本分配率计算而得的。其计算公式为:

$$某产品当期发生成本 = 该产品当期发生的实际直接成本 + 该产品已分配作业成本$$

[例7-1]　浙江 AK 电器有限公司生产 A、B 两种产品,有关成本资料如表7-2所示。

表7-2　A、B 两种产品的成本资料

项　　目	A 产品	B 产品
产量/台	10 000	15 000
单位直接材料/元	1 000	800
单位人工成本/元	300	400

公司的管理会计师划分了 A、B 两种产品的作业及作业消耗动因,如表7-3所示。

表7-3　A、B 两种产品的作业及作业消耗动因

作业	制造费用	作业动因	A 产品作业消耗	B 产品作业消耗
设备调整	100 万元	调整次数	60	40
设备耗用机油	600 万元	机器运行时间	20 000 小时	10 000 小时
维修费	250 万元	维修工时	20 000 小时	5 000 小时
产品质量检验	50 万元	质检次数	5 000 次	5 000 次
合计	1 000 万元			

要求:采用作业基础成本计算制度,确定两种产品的单位产品成本。

(1)计算作业分配率,如表7-4所示。

表7-4 作业分配率

作业动因	A、B产品的作业 消耗合计	制造费用	作业分配率 (制造费用/作业消耗量)
设备调整	100 次	100 万元	10 000 元/次
设备耗用机油	30 000 小时	600 万元	200 元/小时
维修费	25 000 小时	250 万元	100 元/小时
产品质量检验	10 000 次	50 万元	50 元/次

(2)计算各产品作业量的制造费用,如表7-5所示。

表7-5 A、B产品作业量的制造费用

作业动因	分配率	A产品		B产品	
		作业量	制造费用 分配金额	作业量	制造费用 分配金额
设备调整	10 000 元/次	60 次数	60 万元	40 次数	40 万元
设备耗用机油	200 元/小时	20 000 小时	400 万元	10 000 小时	200 万元
维修费	100 元/小时	20 000 小时	200 万元	5 000 小时	50 万元
产品质量检验	50 元/次	5 000 次	25 万元	5 000 次	25 万元
合计			685 万元		315 万元

(3)计算A、B产品的单位成本,如表7-6所示。

表7-6 A、B产品的单位成本
单位:元

产品	直接材料	直接人工	制造费用		单位生产 成本合计
			费用总额	单位制造费	
A产品	1 000	300	6 850 000	685	1 985
B产品	800	400	3 150 000	210	1 410

四、作业成本法的账务处理

(一)"生产成本"科目

"生产成本"科目可以不再分为"基本生产成本"和"辅助生产成本"两个二级科目。以产品的品种或批别作为成本计算对象(即按品种或批别计算成本)的企业,在"生产成本"科目下直接设置明细账,即成本计算单;以产品生产步骤为成本计算对象(即分步计算产品成本)的企业,其二级科目可按产品生产步骤设置,在二级科目下再设置成本计算单。成本计算单内按"直接材料""直接人工""作业成本"设置专栏。

(1)当直接材料、直接人工等直接成本发生时:

借:生产成本——直接材料

——直接人工

贷:原材料

应付职工薪酬

（2）月末,根据各有关成本库分配转来的作业成本记入"作业成本"科目。

借:生产成本——作业成本

贷:作业成本

（3）按照一定的方法进行完工产品与在产品成本分配后,将完工产品成本从本科目及所属各明细科目的贷方,转入"库存商品（产成品）"科目。

借:库存商品（产成品）

贷:生产成本——直接材料

——直接人工

——作业成本

（二）"作业成本"科目

"制造费用"科目可以改称为"作业成本"科目。除了按生产步骤计算成本的企业之外,"作业成本"科目可以不按生产部门（分厂或车间）设置二级科目,而是按作业成本库的名称设置二级科目。按作业成本库的名称设置二级科目,账内按作业耗用的各项资源的名称设置专栏,如机物料消耗、职工薪酬、固定资产折旧、办公费、水电费、停工损失等。

（1）各作业成本库的成本发生时:

借:作业成本

贷:原材料

应付职工薪酬

累计折旧等

（2）月末,将当期各二级科目中记录的作业成本发生额累计求和,得出每个作业成本库实际发生的成本。

① 采用实际作业成本分配率分配作业成本的,还需根据当月作业的实际产出和作业成本二级科目累计发生额合计数,计算作业成本分配率。同时,根据各有关产品实际耗用的作业动因数量,将作业成本从本科目及所属各二级科目的贷方结转到"生产成本"科目及其所属各明细科目,即成本计算单内。

借:生产成本——作业成本

贷:作业成本

② 采用预算（正常）作业成本分配率分配作业成本的,月末首先按预算（正常）作业成本分配率和产品耗用的作业动因数量,计算各有关产品的已分配作业成本,并按已分配作业成本的数额从本科目及所属各二级科目的贷方结转到"生产成本"科目及各成本计算单内。

借:生产成本——作业成本

贷:作业成本

已分配作业成本与当期作业成本累计发生额合计之间的差额,或者直接从本科目及所属各明细科目的贷方（或借方）转入当期"营业成本"科目的借方（或贷方）;或者利用这一差额计算调整率,将差额再一次分配给各有关产品。

借:营业成本(或是"生产成本"科目)

　　贷:作业成本

或:

借:作业成本

　　贷:营业成本(或是"生产成本"科目)

第三节　　作业成本管理

将产品或服务的成本准确计算出来是成本管理的先决条件,但不是目的,成本管理的根本目的是把成本管控住,努力降低成本,增强企业的竞争优势,为企业创造价值。

作业成本管理的核心就是分析哪些作业是增值作业,哪些作业是非增值作业。实行基于作业的成本管理,消除转化或降低非增值作业,提高增值作业效率,降低成本,增加价值,创建企业的竞争优势。

一、增值作业与非增值作业的划分

增值作业与非增值作业是站在顾客角度划分的。最终增加顾客价值的作业是增值作业;否则就是非增值作业。在一个企业中,区别增值作业和非增值作业的标准就是看这个作业的发生是否有利于增加顾客的价值,或者说增加顾客的效用。作业管理的核心就是识别出不增加顾客价值的作业,从而找到需要进行改进的地方。一般而言,在一个制造企业中,非增值作业有:等待作业、材料或者在产品堆积作业、产品或者在产品在企业内部迂回运送作业、废品清理作业、次品处理作业、返工作业、无效率重复某工序作业、由于订单信息不准确造成没有准确送达需要再次送达的无效率作业等。

二、基于作业进行成本管理

作业成本管理是应用作业成本计算提供的信息,从成本的角度,在管理中努力提高增加顾客价值的作业效率,消除或遏制不增加顾客价值的作业,实现企业生产流程和生产经营效率效果的持续改善,增加企业价值。作业成本管理主要从成本方面来优化企业的作业链和价值链,是作业管理的中介,是作业管理的核心方面。不增加顾客价值的作业是非增值作业,由非增值作业引发的成本是非增值作业成本。作业成本管理就是要努力找到非增值作业成本并努力消除它、转化它或将之降到最低。作业成本管理一般包括确认和分析作业、作业链—价值链分析和成本动因分析、业绩评价以及报告非增值作业成本四个步骤。作业分析包括,辨别不必要或非增值的作业;对重点增值作业进行分析;将作业与先进水平比较;分析作业之间的联系等。

三、作业成本法的应用

(一) 作业成本法的应用目标

(1)通过追踪所有资源费用到作业,然后再到流程、产品、分销渠道或客户等成本对象,提供全口径、多维度的更加准确的成本信息。

（2）通过作业认定、成本动因分析以及对作业效率、质量和时间的计量,更真实地揭示资源、作业和成本之间的联动关系,为资源的合理配置以及作业、流程和作业链（或价值链）的持续优化提供依据。

（3）通过作业成本法提供的信息及其分析,为企业更有效地开展规划、决策、控制、评价等各种管理活动奠定坚实基础。

（二）作业成本法的应用情景

作业成本法一般适用于具备以下特征的企业:作业类型较多且作业链较长;同一生产线生产多种产品;企业规模较大且管理层对产品成本准确性要求较高;产品、客户和生产过程多样化程度较高;间接或辅助资源费用所占比重较大等。

（三）作业成本法的应用过程

企业应用作业成本法,一般按照资源识别及资源费用的确认与计量、成本对象选择、作业认定、作业中心设计、资源动因选择与计量、作业成本汇集、作业动因选择与计量、作业成本分配、作业成本信息报告等程序进行。

本 章 小 结

1. 作业成本法强调"作业消耗资源、产品消耗作业",按照资源动因将资源费用追溯或分配至各项作业,计算出作业成本,然后再根据作业动因,将作业成本追溯或分配至各成本对象。在过程观念下,作业链和价值链分析成为成本管理的基础,这有利于揭示企业各环节的问题。

2. 作业成本分配率的计算有两种方法:一种是根据成本库实际发生的成本和作业的实际产出,计算单位作业产出的实际成本,即实际作业成本分配率;另外一种是根据预算作业成本库成本和预算作业产出或正常作业产出计算预算作业成本分配率或正常成本分配率。

3. 作业成本管理的核心就是分析哪些作业是增值作业,哪些作业是非增值作业。实行基于作业的成本管理,消除转化或降低非增值作业,提高增值作业效率,降低成本,增加价值,创建企业的竞争优势。作业成本法一般适用于具备以下特征的企业:作业类型较多且作业链较长;同一生产线生产多种产品;企业规模较大且管理层对产品成本准确性要求较高;产品、客户和生产过程多样化程度较高;间接或辅助资源费用所占比重较大等。

复习思考题

1. 什么是作业成本动因？
2. 作业成本法的优缺点是什么？
3. 增值作业与非增值作业的划分标准是什么？
4. 作业成本计算分为哪两个阶段？

练 习 题

1. 某制造厂生产 A、B 两种产品，2021 年 1 月份的有关成本资料如表 7-7 所示。

表 7-7　A、B 产品的成本资料　　　　　　　　　金额单位：元

产品名称	产量/件	单位产品机器工时/小时	直接材料单位成本	直接人工单位成本
A	100	1	50	40
B	200	2	80	30

该厂每月制造费用总额为 50 000 元，与制造费用相关的作业有 4 个，有关资料如表 7-8 所示。

表 7-8　A、B 产品制造费用与成本动因资料　　　　　　　金额单位：元

作业名称	成本动因	作业成本	作业动因数 A 产品	作业动因数 B 产品	作业动因数 合计
质量检验	检验次数	4 000	5	15	20
订单处理	生产订单份数	4 000	30	10	40
机器运行	机器小时数	40 000	200	800	1 000
设备调整准备	调整准备次数	2 000	6	4	10

要求：

（1）用作业成本法计算 A、B 两种产品的单位成本。

（2）以机器小时作为制造费用的分配标准，采用传统成本计算法计算 A、B 两种产品的单位成本。

（3）根据上述计算结果，对作业成本法进行评价。

2. 浙江 NHK 材料有限公司专业生产各种塑料制品（包括改性塑料等新产品），几年来，公司业务迅猛发展，逐渐成为业内知名企业。最近一年来，改性塑料等新产品在国家环保政策的激励下发展迅猛。公司在调研中发现：其他公司生产的改性塑料制品产品价格比本公司低20%，本公司与竞争对手的工艺系统相同，原材料消耗、人工工资、动力费等与本公司处于同一种水平。按竞争对手价格销售，公司的这款新产品毛利甚微。管理层意识到，可能是成本管理出了问题。调查发现：公司的制造费用比例高达60%，现有成本系统设计与作业流程没有多大关系，也没有进行资源动因分析。公司两位副总经理认为：把制造费用按照一个标准分配，要么是人工工时，要么是设备工时，这样很难保证成本核算的准确性；新产品的成本可能被高估，普通塑料制品的成本被低估。财务经理提出了作业成本法，要基于对作业流程的理解，分析作业动因，打破原有核算体制。

要求：

分析两位副总经理的说法是否有道理，财务经理提出的作业成本法能否解决问题。

案例讨论题

浙江瑞安市人民医院 ABC 系统设计①

医院长期以来缺乏对全部医疗项目成本的准确核算方法，难以对医疗成本进行有效的管理。内部成本报表体系不够完善，没有根据不同管理层级需求开发有针对性的个性化成本管理报表。管理层希望通过基于 ABC 法的研究，进一步精确核算检验医疗项目成本和手术项目成本，更好服务于医疗项目定价和医疗卫生改革。自 2016 年项目正式启动，截至 2018 年 8 月 30 日，按照实施工作计划安排，项目组完成职能科室、临床科室、附属辅助部门的现场调研 30 余次；划分资源中心、附属辅助作业中心 8 个和生产性作业中心 24 个，共 32 个作业中心，确定 8 个资源动因、30 个作业动因，完成瑞安市人民医院 ABC 系统总体设计。通过综合资源分配路径，进行临床科室、医技科室、手术室和后勤总务的作业设计，最终形成瑞安市人民医院作业成本系统总体设计逻辑框架。作业成本系统总体设计逻辑框架如图 7-1 所示。

---

① 易颜新,陈民,贾勇,等.瑞安市人民医院 ABC 系统设计[J].财务与会计,2020(7).

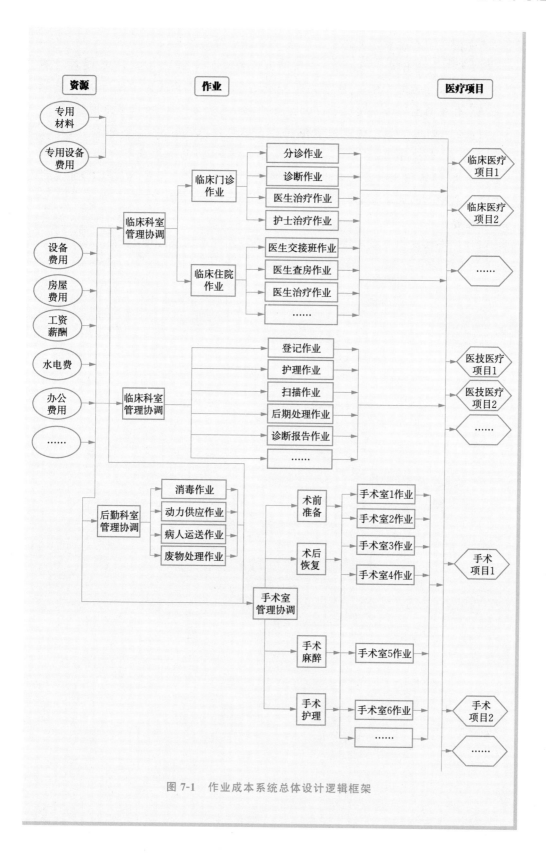

图 7-1　作业成本系统总体设计逻辑框架

瑞安医院作业成本系统的具体分析,以临床科室为例:

(1)临床科室作业中心划分。瑞安市人民医院下设 29 个临床科室,通过对不同科室医务人员的工作任务、业务流程、资源分配、服务产出等因素进行分析,针对临床科室作业的主要特点设计了门诊类、住院类、急诊类三类 ABC 作业模型。

(2)成本动因选择。临床科室消耗的资源包括卫生耗材、工资薪酬、设备费用、房屋费用、物业费用、水电费、办公费用等。首先,将总资源成本分配至各临床科室。其次,将各临床科室成本分配到科室内部各作业中心。最后,将已归集至科室内部作业中心的成本分配到科室内部不同的医疗服务项目上。

讨论题:

浙江瑞安医院作业成本法在实施中,可能存在哪些风险与难点?

第八章 标准成本法

学习目标

1. 理解标准成本法的作用；
2. 了解标准成本的概念和种类；
3. 理解制定标准成本的程序；
4. 掌握标准成本计算方法；
5. 掌握成本差异的计算方法与分析。

课程思政要点

引导案例

面临激烈的市场竞争,浙江 HG 机电科技公司拟实行强化成本的精细化管理,实现成本节约、提升管理水平,最终获取更高的经济效益。管理咨询公司在成本分析中发现以下几个方面的问题:

(1)现有成本管理方法比较粗糙。企业按照传统的会计核算,将设计费、材料费、外协费、试验费、专用费等成本费用进行归集与分类,然后是按领用消耗、工时进行分摊。由于成本指标未层层分解到班组、个人,成本控制责任并未传递到车间、作业区、个人等生产一线。

(2)成本分析例会的参与部门是财务部和生产部,主要分析实际成本和预算成本之间的差异。

(3)成本控制都是在事后处理,无法准确划分责任属于事前、事中或事后的哪一个过程,对差异的处理经常是不了了之。

(4)成本偏差分析时,有时选择同期历史数据或平均数据,偶尔也会选择行业标杆数据,没有一个相对稳定的参考标准,随意性较大,导致差异分析缺乏可比性与一致性。

公司希望通过精细化管理,将各项成本分解到各个作业中心、各个部门以及每个员工,具体落实各部门的成本管理的责任,结合激励机制,增强员工的成本控制意识。同时,强化事前、事中、事后的一体化控制,明确成本差异的责任归属。管理咨询公司认为,公司产品线相对简单,且属于大批量生产,企业的成本控制压力较大。

请思考:

结合公司经营目标和管理水平,如何利用标准成本法,以实现精细化成本控制?

第一节　标准成本法概述

在财务会计体系中,产品成本是根据产品在生产过程中实际消耗的材料、人工、费用等数据信息计算出来的实际成本。在计算实际成本的过程中,探讨的主要问题是成本的计算、存货的计价,基本职能是核算和控制,最终目标是可靠、真实地确定产品成本。由于实际成本使用的会计信息和数据大多是既成事实,因此实际成本是一种历史成本,仅适于进行成本的事后分析,往往难以满足对成本的事前和事中控制。

在管理会计体系中,成本的准确核算不再是主要问题,利用成本数据的主要目的是实现企业生产过程中的成本预测、成本决策、成本控制、成本考核,协助管理层的内部决策和对人员的业绩评价。为此,管理会计中提出了标准成本法。在标准成本法中,通过合理制定标准成本,企业管理层可以利用成本差异及时掌握产品成本的异常变化,分析引起成本异常的原因和责任,并据此采取相应的控制措施。这样就使得产品成本的事前规划、事中控制、事后核算得以有机地结合,有利于实现企业经济效益的最大化。

一、标准成本法的概念

标准成本法(standard costing),也称标准成本制度,是指以预先制定的标准成本为基础,通过比较标准成本与实际成本之间的差异,分析并揭示成本差异产生的原因,并据以评价经济业绩、加强成本控制的一种成本计算方法和成本控制制度。

标准成本法是管理会计的重要组成部分,其核心思想是打破单纯的事后成本计算、实现成本的过程控制。标准成本法主要包括三个部分的内容:标准成本的制定、成本差异的计算和分析、成本差异的账务处理。其中,标准成本的制定是企业应用标准成本的前提,是在综合考虑企业技术水平、生产条件、成本管理依据等相关问题后确定的具有可行性和合理性的体系标准。成本差异的计算和分析是标准成本法的重点,是企业管理层了解成本差异原因、强化成本控制手段以及评价经营业绩的重要手段之一。

标准成本法是早期管理会计的主要支柱之一,它的产生和发展具有深刻的历史背景。标准成本法的产生最早可以追溯到美国南北战争后的工业大发展时期。当时,企业的管理水平比较落后,许多工厂的产量远低于额定生产能力。为了大幅提高工人的劳动生产率,技术人员和管理者对生产管理手段进行了一系列变革,先后提出了标准人工成本、标准材料成本以及标准制造费用的概念。1919 年美国管理会计师协会成立,开始大力推广标准成本法。20 世纪 30 年代初,在经过长期争论之后,美国会计学界将标准成本纳入了会计体系,构成了真正的、完整的标准成本体系。

二、标准成本法的作用

标准成本法的提出对于企业成本管理具有非常重要的作用,主要体现在如下方面。

（一）有利于实施目标管理和有效的成本控制

目标管理是提高企业管理水平的有效方法之一，标准成本本身就是一种目标成本，利用成本差异分析成本问题的过程其实就是一种目标管理。标准成本系统制定的标准成本是"应该发生的成本"，它是企业职工和各部门努力完成的目标，是管理层进行日常成本控制管理的基准和依据。通过标准成本法，企业管理层可以及时发现成本偏差并分析偏差产生的原因，使得成本控制切实有效。

（二）有利于责任和业绩的考核评价

传统的成本核算方法重点关注的是生产过程的实际耗费额，对生产过程中耗用资源的定额信息很少涉及，造成管理层无法评价生产耗费的合理性，不便于确定各部门的责任和业绩。标准成本法中会预先制定标准成本，并以此作为考核评价的尺度。通过成本差异分析，标准成本法可以清晰地确定差异的归属，从而能够有效地评价和考核各部门工作的质量和成果。目前，标准成本系统已经在企业的业绩评价中得到了广泛的应用。

（三）有利于企业的经营决策

企业的定价决策、成本决策、生产决策、营销决策等都需要一个合理的依据，仅仅通过历史数据或者主观意愿很难制定出科学、有效的决策。标准成本是一种预计合理且可以达到的成本水平，在制定过程中兼顾了各种不合理的因素，这就使得标准成本可以充当企业经营决策的参考，因而被广泛应用于企业生产决策之中。

（四）有利于简化会计处理程序

在标准成本系统中，原材料、在产品、产成品等都按照标准成本入账，用预计数计算产品成本，只在期终进行差异调整。因此，利用标准成本可以大大简化会计账务处理，并及时计算出产品成本。另外，无论是采用个别计价法、先进先出法还是加权平均法，实际成本计算中因成本不同而引起的确认各项产品成本的困扰将不再存在。一套完整的标准成本通常还伴有生产操作的标准化，这样在实际工作中就不需要对众多的领料单进行分类和汇总，简化了处理程序。

三、标准成本法的优缺点

标准成本法的主要优点是：一是能及时反馈各成本项目不同性质的差异，有利于考核相关部门及人员的业绩；二是标准成本的制定及其差异和动因的信息可以使企业预算的编制更为科学，有助于企业的经营决策。

标准成本法的主要缺点是：一是要求企业产品的成本标准比较准确、稳定，在使用条件上存在一定的局限性；二是要求企业具有较高的标准化管理水平；三是标准成本需要根据市场价格波动频繁更新，导致成本差异数据缺乏可靠性，影响了成本控制效果。

四、标准成本的种类

标准成本是企业预先制定的单位产品的目标成本。由于目标成本的确定依据各异，标准成本可以分为历史标准成本、基本标准成本、理想标准成本和现实标准成本。

（一）历史标准成本

历史标准成本是指以过去某段时期的实际成本资料为基础,结合历史数据的统计特征(主要是均值)和企业未来的变动趋势制定相应的标准成本。历史标准成本易于计算,但是由于实际成本往往不能充分体现企业的产能,所以该标准的考核要求较低,一般容易达到。

（二）基本标准成本

基本标准成本又称为固定标准成本,是以选定的某一基准年度的实际成本作为标准成本。基本标准成本一经确定即保持多年不变,衡量各年度的成本控制水平时只需将当年成本与标准成本对比即可。由于基本标准成本在某个较长的时间区间内是稳定不变的,所以标准成本的制定工作量较小。但是,该标准成本仅适用于企业生产经营技术条件比较稳定的情况,制定的是稳定的生产效率和经营状况下的成本标准。当企业生产技术、经营条件等变化频繁时,基于该标准成本的业绩考核几乎是毫无意义的。

（三）理想标准成本

理想标准成本是指在最佳的生产经营条件下所确定的标准成本,是一种理想的标准成本。该标准成本是在假定整个生产过程中生产能力处于最佳利用水平时,即在原材料无浪费、设备无故障、人员搭配合理、生产要素价格理想等条件下,成本达到的最低水平。由于理想标准成本过于完美,所以采用该标准意味着企业在生产过程中的成本和费用必须达到现有条件的最优水平,这几乎是不可能实现的。实际上,理想标准成本适于作为长期的战略目标,而不宜成为企业日常成本控制和考核的标准。因为无法达到的目标不仅形同虚设,而且有可能严重挫伤员工的积极性,为企业的经营效果带来负面影响。

（四）现实标准成本

现实标准成本也称为正常标准成本,是依据企业的正常生产状况,充分考虑现有的生产技术水平和有效经营能力后制定的标准成本。现实标准成本介于理想的标准成本和历史实际成本平均值之间。在制定标准时,现实标准成本不仅要求充分考虑正常的原材料损耗和浪费、机器设备的故障检修、人员的闲置等现实问题,同时也要求标准要及时修订以反映生产过程的变化,从而体现了先进性和现实性的统一。对于企业员工而言,现实标准成本既不是高不可攀,也不是举手之劳,因而能够在成本管理工作中发挥重要的作用。目前,实际工作中应用最广泛的就是现实标准成本。

标准成本类型的选择是标准成本系统实施过程中的重要问题之一,不仅要考虑其激励作用,还要考虑企业的生产状况。定过高的标准成本可能会挫伤员工的积极性,从而弱化激励作用;制定过低的标准成本则可能会养成员工的惰性,导致缺乏激励作用;标准成本长期固定则难以有效体现企业生产过程的变化;标准成本变动频繁又使得标准制定部门工作量过大,难以实现较长时间跨度的比较。所以,企业管理人员在选择标准时,应该尽可能地兼顾全局,充分研究标准可能产生的多种后果。一个好的标准成本应该能够鼓励员工积极上进,能够充分发挥标准在成本管理工作中的控制作用。

五、标准成本法的应用

(一) 适用标准成本法的企业与环境

1. 适用标准成本法的企业

标准成本法一般适用于产品及其生产条件相对稳定,或生产流程与工艺标准化程度较高的企业。

2. 标准成本法的应用环境

(1) 企业应建立健全成本相关原始记录,加强和完善成本数据的收集、记录、传递、汇总和整理工作,确保成本基础信息记录真实、完整。

(2) 企业应成立由采购、生产、技术、营销、财务、人力资源、信息等有关部门组成的跨部门团队,负责标准成本的制定、分解、下达、分析等。

(3) 企业能够及时、准确地取得标准成本制定所需要的各种财务和非财务信息。

(4) 企业应用标准成本法,要求处于较稳定的外部市场经营环境,且市场对产品的需求相对平稳。

(二) 标准成本法的应用程序

企业应用标准成本法,一般按照确定应用对象、制定标准成本、实施过程控制、成本差异计算、动因分析,以及修订与改进标准成本等程序进行。

1. 确定应用对象

为了实现成本的精细化管理,企业应根据标准成本法的应用环境,结合内部管理要求,确定应用对象。标准成本法的成本对象可以是不同种类、不同批次或不同步骤的产品。

2. 制定标准成本

企业制定标准成本,可由跨部门团队采用"上下结合"的模式进行,经企业管理层批准后实施。

3. 实施过程控制

企业应在制定标准成本的基础上,将产品成本及其各成本或费用项目的标准用量和标准价格层层分解,落实到部门及相关责任人,形成成本控制标准。在标准成本法的实施过程中,各相关部门(或成本中心)应对其所管理的项目进行跟踪分析。生产部门一般应根据标准用量、标准工时等,实时跟踪和分析各项耗用差异,从操作人员、机器设备、原料质量、标准制定等方面寻找差异原因,采取应对措施,控制现场成本,并及时反馈给人力资源、技术、采购、财务等相关部门,共同实施事中控制。采购部门一般应根据标准价格,按照各项目采购批次,揭示和反馈价格差异形成的原因,控制和降低总采购成本。

4. 成本差异计算与动因分析

比较标准成本和实际成本,分析成本差异的原因。企业应定期将实际成本与标准成本进行比较和分析,确定差异数额及性质,揭示差异形成的动因,落实责任中心,寻求可行的改进途径和措施。在成本差异的分析过程中,企业应关注各项成本差异的规模、趋势及其可控性。对于反复发生的大额差异,企业应进行重点分析与处理。企业可将生成的成本差异信息汇总,定期形成标准成本差异分析报告,并针对性地提出成本改进措施。

5. 修订与改进标准成本

为保证标准成本的科学性、合理性与可行性，企业应定期或不定期对标准成本进行修订与改进。一般情况下，标准成本的修订工作由标准成本的制定机构负责。企业应至少每年对标准成本进行测试，通过编制成本差异分析表，确认是否存在因标准成本不准确而形成的成本差异。当该类差异较大时，企业应按照标准成本的制定程序，对标准成本进行调整。除定期测试外，当外部市场、组织机构、技术水平、生产工艺、产品品种等内、外部环境发生较大变化时，企业也应及时对标准成本进行调整。

第二节　标准成本的制定

一、标准成本的制定原则与程序

（一）标准成本的制定原则

制定标准成本应遵循以下几项主要原则：

1. 先进性原则

标准成本应制定在较为先进的水平上，以激励职工充分挖掘降低成本的潜力。制定标准成本不仅要依据历史成本资料，还应预测未来经济情况及其他各有关因素的变动。

2. 融合性原则

制定标准成本应以企业业务模式为基础，全员共同参与，充分发挥标准成本的激励作用；将成本管理嵌入业务的各领域、各层次、各环节，实现成本管理责任到人、控制到位、考核严格、目标落实。

3. 适应性原则

标准成本应与企业生产经营特点和目标相适应，尤其要与企业发展战略或竞争战略相适应。

（二）标准成本的制定程序

在制定标准成本时，企业一般应结合经验数据、行业标杆或实地测算的结果，运用统计分析、工程试验等方法，按照以下程序进行：

（1）就不同的成本或费用项目，分别确定消耗量标准和价格标准。

（2）确定每一成本或费用项目的标准成本。

（3）汇总不同成本项目的标准成本，确定产品的标准成本。

二、主要成本项目的标准成本制定

产品标准成本通常由直接材料标准成本、直接人工标准成本和制造费用标准成本构成。每一成本项目的标准成本应分为用量标准（包括单位产品消耗量、单位产品人工小时等）和价格标准（包括原材料单价、小时工资率、小时制造费用分配率等）。

（一）直接材料的标准成本

1. 制定程序

直接材料成本标准，是指直接用于产品生产的材料成本标准，包括标准用量和标准单价两方面。

制定直接材料的标准用量，一般由生产部门负责，会同技术、财务、信息等部门，按照以下程序进行：首先，根据产品的图纸等技术文件进行产品研究，列出所需的各种材料以及可能的替代材料，并说明这些材料的种类、质量以及库存情况。其次，在对过去用料经验记录进行分析的基础上，采用过去用料的平均值、最节省数量、实际测定数据或技术分析数据等，科学地制定标准用量。

制定直接材料的标准单价，一般由采购部门负责，会同财务、生产、信息等部门，在考虑市场环境及其变化趋势、订货价格以及最佳采购批量等因素的基础上综合确定。

2. 计算公式

直接材料标准成本的计算公式如下：

$$直接材料标准成本＝单位产品的标准用量×材料的标准单价\qquad(8-1)$$

材料按计划成本核算的企业，材料的标准单价可以采用材料计划单价。

[例8-1]　浙江顺鑫公司生产 A 型产品需要使用直接材料甲和直接材料乙。经测算，正常生产时要耗用甲材料 99 千克、乙材料 19.8 千克；每个单位产品生产过程中的损耗为甲材料 1 千克、乙材料 0.2 千克；甲、乙材料的运杂费分别为 0.5 元/千克、乙材料 1.5 元/千克；甲、乙材料的采购单价分别为 9.5 元/千克、98.5 元/千克。要求：计算生产 A 型产品的直接材料标准成本。

分析如下：

材料甲的标准价格＝9.5＋0.5＝10（元）

材料甲的标准用量＝99＋1＝100（千克）

材料乙的标准价格＝98.5＋1.5＝100（元）

材料乙的标准用量＝19.8＋0.2＝20（千克）

A 型产品的直接材料标准成本＝10×100＋100×20＝3 000（元）

（二）直接人工的标准成本

1. 制定程序

直接人工成本标准，是指直接用于产品生产的人工成本标准，包括标准工时和标准工资率。

制定直接人工的标准工时，一般由生产部门负责，会同技术、财务、信息等部门，在对产品生产所需作业、工序、流程工时进行技术测定的基础上，考虑正常的工作间隙，并适当考虑生产条件的变化，生产工序、操作技术的改善，以及相关工作人员主观能动性的充分发挥等因素，合理确定单位产品的工时标准。

制定直接人工的标准工资率，一般由人力资源部门负责，根据企业薪酬制度等制定。

2. 计算公式

直接人工标准成本的计算公式如下：

$$直接人工标准成本＝单位产品的标准工时×小时标准工资率 \qquad (8-2)$$

[例8-2]　浙江顺鑫公司经过测定，生产A型产品的正常耗时是每件产品5小时，生产过程中允许的休息时间为0.5小时，允许的停工工时和废品工时的总和为0.5小时。该公司实行计时工资制，生产A产品的单位工时工资为25元/小时，单位工时补贴为5元/小时。要求，制定生产A产品的直接人工标准成本。

分析如下：

标准工时＝5＋0.5＋0.5＝6（小时）

标准工资率＝25＋5＝30（元/小时）

A型产品的直接人工标准成本＝6×30＝180（元）

（三）变动制造费用的标准成本

1. 制定程序

变动制造费用，是指通常随产量变化而呈正比例变化的制造费用。变动制造费用项目的标准成本根据标准用量和标准价格确定。

变动制造费用的标准用量可以是单位产量的燃料、动力、辅助材料等标准用量，也可以是产品的直接人工标准工时，或者是单位产品的标准机器工时。标准用量的选择需考虑用量与成本的相关性，制定方法与直接材料的标准用量以及直接人工的标准工时类似。

变动制造费用的标准价格可以是燃料、动力、辅助材料等标准价格，也可以是小时标准工资率等。制定方法与直接材料的价格标准以及直接人工的标准工资率类似。

2. 计算公式

变动制造费用的计算公式如下：

$$变动制造费用标准成本＝标准工时×变动标准分配率 \qquad (8-3)$$

其中：变动标准分配率＝变动制造费用÷基准产能标准

[例8-3]　浙江顺鑫公司在满负荷生产下，预计每月能够生产A型产品10 000件，生产所用的单位标准工时为6小时。该期间变动性制造用预算为240 000元。要求制定A产品变动制造费用的标准成本。

分析如下：

每月A型产品的基准产能＝10 000×6＝60 000（小时）

标准分配率＝240 000÷60 000＝4（元/小时）

变动制造费用标准成本＝6×4＝24（元）

（四）固定制造费用标准成本

1. 制定程序

固定制造费用，是指在一定产量范围内，其费用总额不会随产量变化而变化，始终保持固定不变的制造费用。固定制造费用一般按照费用的构成项目实行总量控制;也可以根据需要,通过计算标准分配率,将固定制造费用分配至单位产品,形成固定制造费用的标准成本。制定固定费用标准,一般由财务部门负责,会同采购、生产、技术、营销、财务、人事、信息等有关部门。

2. 计算公式

$$固定制造费用标准成本＝标准工时×固定制造费用标准分配率 \qquad (8\text{-}4)$$

其中:固定制造费用标准分配率＝固定制造费用÷基准产能标准

> **[例 8-4]**　浙江顺鑫公司在满负荷生产下,预计每月能够生产 A 型产品 10 000 件,生产所用的单位标准工时为 6 小时。该期间的固定性制造用预算为 1 200 000 元。要求制定 A 产品固定制造费用的标准成本。
>
> 分析如下:
>
> 每月 A 型产品的基准产能＝10 000×6＝60 000(小时)
>
> 标准分配率＝1200 000÷60 000＝20(元/小时)
>
> 固定制造费用标准成本＝6×20＝120(元)

三、单位产品的标准成本

在不同的核算方法下,单位产品成本有所不同。与完全成本法相比,变动成本法下的标准成本不包含固定制造费用。具体计算公式如下:

$$完全成本法下的标准成本＝直接材料标准成本＋直接人工标准成本＋变动制造$$
$$费用标准成本＋固定制造费用标准成本 \qquad (8\text{-}5)$$

$$变动成本法下的标准成本＝直接材料标准成本＋直接人工标准成本＋变动制造$$
$$费用标准成本 \qquad (8\text{-}6)$$

编制出标准成本卡就可以确定相关产品的标准成本信息,反映产品成本的具体构成。需要注意的是,如果产品的生产过程包括多道工序,在制定标准成本卡时,必须分别反映每道工序上的标准,以便于对各部门进行成本控制。标准成本卡在产品生产之前要送达生产、会计等部门,作为领料、派工、支付费用等方面的依据。编制企业产品的标准成本卡,可以使用完全成本法,也可以使用变动成本法。使用完全成本法时,标准成本卡包括的成本项目中既有变动成本又有固定成本,所以要将直接材料、直接人工、变动制造费用以及固定制造费用的标准成本全部列出,如表 8-1 所示;使用变动成本法时,标准成本卡的成本项目中仅包含变动成本,所以只需要将直接材料、直接人工、变动制造费用的标准成本列出即可,如表 8-2 所示。

> **[例 8-5]**　沿用[例 8-1]至[例 8-4]中的数据,在完全成本法下,顺鑫公司生产每单位的 A 型产品需要直接材料、直接人工、变动制造费用和固定制造费用的标准成本分别为 3 000 元、180 元、24 元、120 元,因此 A 型产品单位产品的标准成本为 3 324 元,如表 8-1 所示。

表 8-1　顺鑫公司 A 型产品标准成本卡(完全成本法)

成本项目	数量标准	价格标准	标准成本
直接材料：			
甲材料	100 千克	10 元/千克	1 000
乙材料	20 千克	100 元/千克	2 000
直接人工	6 小时	30 元/小时	180
变动制造费用	6 小时	4 元/小时	24
固定制造费用	6 小时	20 元/小时	120
单位产品标准成本合计			3 324

　　在变动成本法下,单位产品标准成本不包括固定制造费用,因此,顺鑫公司的标准成本项目有直接材料、直接人工、变动制造费用,它们的标准成本分别为 3 000 元、180 元、24 元,标准成本合计为 3 204 元,如表 8-2 所示。

表 8-2　顺鑫公司 A 型产品标准成本卡(变动成本法)

成本项目	数量标准	价格标准	标准成本
直接材料：			
甲材料	100 千克	10 元/千克	1 000
乙材料	20 千克	100 元/千克	2 000
直接人工	6 小时	30 元/小时	180
变动制造费用	6 小时	4 元/小时	24
单位产品标准成本合计			3 204

第三节　成本差异的计算

一、成本差异的概念和类型

(一) 成本差异的概念

　　由于产品的标准成本是一种预计成本,生产过程中发生的实际成本可能因种种原因与标准成本不相符,其差额就是成本差异。成本差异是管理当局所需的一项重要的管理信息,是日常成本控制活动的主要结果,也是考核、评价相关责任部门业绩的重要依据。通过对直接材料、直接人工和制造费用的标准成本进行系统的分析,可以查明差异形成的原因和责任者,以便及时采取有效措施,为发展有利差异、消除不利差异提供重要信息。需要注意的是,虽然成本差异所揭示的有利差异、不利差异可以传递出成本控制问题的信号,但不能把这些信号直接作为经营决策和业绩评价的最终依据。只有在查明成本差异性质、明确成本差异类别的基础上,结合对其他信息的认真分析才能作出正确的判断,并成为考评相关责任部门业绩的重要依据。

(二) 成本差异的类型

　　根据不同的划分方法,成本差异可分为不同的类型。

1. 根据成本差异的来源划分

根据成本差异的来源划分,成本差异可以分为用量差异和价格差异。

(1)用量差异,也就是数量差异,是由于直接材料、直接人工和变动制造费用等要素的实际用量与标准用量不同所产生的成本差异。

(2)价格差异,是由于直接材料、直接人工和变动制造费用等要素的实际价格与标准价格不同所产生的成本差异。

2. 根据成本差异是否可控划分

根据成本差异是否可控划分,成本差异可以分为可控差异和不可控差异。

(1)可控差异,也称为主观差异,是指企业主观努力能够影响的差异。这种差异是可控的,企业通过提高管理水平可以消除相应的差异。所以,可控差异是成本控制管理的重点。

(2)不可控差异,也称为客观差异,是指受客观因素影响而产生的差异,与企业主观努力程度关系不大。对于不可控差异,企业往往很难预测和控制,对此企业可以调整标准成本以适应客观环境。

3. 根据成本差异的结果划分

根据成本差异的结果划分,成本差异可以分为不利差异和有利差异。

(1)不利差异,是指实际成本超过标准成本所形成的差异。不利差异意味着成本的超支,往往传递出企业成本控制存在问题的信号。企业使用标准成本系统的目的之一就是及早、准确地获知生产过程中存在的不利差异,以制定相应的改进措施。

(2)有利差异,是指标准成本超过实际成本所形成的差异。有利差异意味着成本的节约,往往也反映了标准成本进一步改进的方向。对于有利差异,企业不仅要肯定相关部门的业绩,更应该认真分析持续获取有利差异的方法和措施。

4. 根据成本差异的性质划分

根据成本差异的具体性质划分,成本差异可以分为执行差异、预测差异、计量差异、模型差异以及随机差异。

(1)执行差异,是指在执行标准成本的过程中,相关部门或人员执行了某种错误行动或发出了某种错误生产指令所产生的成本差异。由于执行差异与某种特定的行动有关,所以较容易查找具体原因,相应的纠正措施也容易产生效果。

(2)预测差异,是指在事前制定标准成本时,实施了不正确的预测参数或某些参数发生了突变所导致的成本差异。由于预测差异与相关参数有关,所以差异原因的查找和差异的纠正也都比较容易,只要及时调整不合适的参数即可。

(3)计量差异,是指在实际执行标准成本时,由于计量错误而产生的成本差异。计量差异发生时,管理层应及时对计量错误予以纠正。同时,为了避免计量差异,管理层应制定一些措施来保证计量工作的准确性。

(4)模型差异,是指在事先制定标准成本设定模型时,由于对影响成本的各因素关系的错误理解或错误设定所导致的成本差异。模型差异与预测差异之间是有本质区别的。当发现模型差异时,必须及时纠正原有的模型,重新制定正确的标准。

(5)随机差异,是指在执行标准的过程中,各种随机因素变化而产生的成本差异。

随机差异往往不易确定,可能需要一个较长的时间进行验证和分析。分析后得到的具体结果也必须区别对待。对于正常发生的随机差异,一般不用校正;对于不正常的随机差异,则必须及时采取措施进行控制。

二、成本差异的计算方法

成本差异是产品实际成本与标准成本发生偏差所造成的,该差异往往是若干因素共同影响的结果。在成本差异的计算分析中,不能仅仅根据成本差异的表象意义作出判断,还需要进一步深入分析相关的具体因素,以便于查找差异形成的真正原因。

通用的成本差异计算公式为:

$$成本差异＝实际成本－标准成本$$
$$＝直接材料成本差异＋直接人工成本差异＋制造费用成本差异 \quad (8\text{-}7)$$

尽管直接材料、直接人工和制造费用的特点各不相同,但是它们的标准成本和实际成本都可以表示为数量和价格两大部分的构成形式。其中,实际成本可以表示为实际数量和实际价格的构成形式,标准成本则可以表示为数量标准和价格标准的构成形式。因此,直接材料、直接人工和制造费用等成本项目的具体差异也可以归结为两大类,即实际价格偏离价格标准导致的价格差异和实际数量偏离数量标准导致的数量差异。据此,可以采用基本相同的思路对各成本项目的成本差异进行分析。相应的成本差异计算公式为:

$$某项成本差异＝实际用量×实际价格－数量标准×价格标准$$
$$＝实际用量×实际价格－实际用量×价格标准＋$$
$$实际用量×价格标准－数量标准×价格标准$$
$$＝实际用量×(实际价格－价格标准)＋$$
$$价格标准×(实际用量－数量标准)$$
$$＝价格成本差异＋数量成本差异 \quad (8\text{-}8)$$

无论是何种成本差异,如果计算结果是正数,则表示成本超支,属于不利差异,需要采取措施进行控制和消除;相反,如果计算结果是负数,则表示成本节约,属于有利差异。

三、直接材料成本差异的概念和计算

(一) 直接材料成本差异的概念

直接材料成本差异,是指直接材料实际成本与标准成本之间的差额,该项差异可分解为直接材料价格差异和直接材料数量差异。

直接材料价格差异,是指在采购过程中,直接材料实际价格偏离标准价格所形成的差异。材料价格差异是在采购过程中形成的,不应由耗用材料的生产部门负责,而应由采购部门对其作出说明。采购部门未能按标准价格进货的原因有:供应厂家价格变动;未按经济采购批量进货;未能及时订货造成的紧急订货;采购时舍近求远使运费和途耗增加;不必要的快速运输方式;违反合同被罚款;承接紧急订货造成额外采购等。

直接材料数量差异,是指在产品生产过程中,直接材料实际消耗量偏离标准消耗量所形成的差异。形成直接材料数量差异的主要原因有:操作疏忽造成废品和废料增加;操作技术变化;新工人上岗造成多用料;机器或工具不适用造成用料增加等。有时用料增多并非生产部门的责任,如购入材料质量低劣、规格不符也会使用料超过标准;工艺变更、检验过严也会使数量差异加大。因此,要进行具体的调查研究才能明确责任归属。

(二) 直接材料成本差异的计算

有关计算公式如下:

$$直接材料成本差异 = 实际成本 - 标准成本$$

$$= 实际耗用量 \times 实际单价 - 标准耗用量 \times 标准单价$$

$$= 直接材料价格差异 + 直接材料数量差异 \qquad (8-9)$$

$$直接材料价格差异 = 实际耗用量 \times (实际单价 - 标准单价) \qquad (8-10)$$

$$直接材料数量差异 = (实际耗用量 - 标准耗用量) \times 标准单价 \qquad (8-11)$$

[例 8-6]　顺达公司甲产品直接材料的标准成本资料如下:标准成本为每件 6 元,其中:价格标准为 3 元/千克,标准消耗量为 2 千克/件。2021 年 1 月份共生产产品 1 000 件,消耗直接材料 2 100 千克,该材料的实际采购成本为 5 880 元。要求:分析其成本差异。

分析如下:

材料的实际采购单价 = 5 880 ÷ 2 100 = 2.8(元/件)

直接材料成本差异 = 5 880 - 1 000 × 6 = -120(元)(有利差异)

直接材料价格差异 = (2.8 - 3.0) × 2 100 = -420(元)(有利差异)

直接材料用量差异 = (2 100 - 2 × 1 000) × 3 = 300(元)(不利差异)

计算结果表明,直接材料实际成本比标准成本减少了 120 元,一方面是直接材料的实际价格降低导致成本节约 420 元;另一方面是直接材料的消耗量提高将导致成本增加 300 元。

四、直接人工成本差异的概念和计算

(一) 直接人工成本差异的概念

直接人工成本差异,是指直接人工实际成本与标准成本之间的差额,该差异可分解为工资率差异和人工效率差异。

工资率差异,是指实际工资率偏离标准工资率形成的差异,按实际工时计算确定。形成工资率差异的主要原因有:直接生产工人升级或降级使用、奖励制度未产生实效、工资率调整、加班或使用临时工、出勤率变化等,原因复杂而且难以控制。一般来说归属于人事劳动部门管理,差异的具体原因会涉及生产部门或其他部门。

人工效率差异,是指实际工时偏离标准工时形成的差异,按标准工资率计算确定。形成人工效率差异的主要原因有:工作环境不良、工人经验不足、劳动情绪不佳、新工人上岗太多、机器或工具选用不当、设备故障较多、作业计划安排不当、产量太少无法发挥批量节约优势等。它主要是生产部门的责任,但这也不是绝对的,例如,材料质量不好,也会影响生产效率。

(二) 直接人工成本差异的计算

有关计算公式如下:

直接人工成本差异＝实际成本－标准成本

　　　　　　　　＝实际工时×实际工资率－标准工时×标准工资率

　　　　　　　　＝直接人工工资率差异＋直接人工效率差异　　　　　　(8-12)

直接人工工资率差异＝实际工时×(实际工资率－标准工资率)　　　　(8-13)

直接人工效率差异＝(实际工时－标准工时)×标准工资率　　　　　　(8-14)

[例8-7] 顺达公司甲产品直接人工的标准成本是 200 元/件,其中:每件产品标准工时为 2 小时,标准工资率为 100 元。本期生产产品 1 000 件,实际使用工时 1 950 小时,支付工资 210 600 元。要求:分析其成本差异。

　　实际工资率＝210 600÷1 950＝108(元/小时)

　　标准工时＝1 000×2＝2 000(小时)

　　直接人工成本差异＝210 600－1 000×200＝10 600(元)

　　直接人工工资率差异＝(108－100)×1 950＝15 600(元)(不利差异)

　　直接人工效率差异＝(1 950－2 000)×100＝－5 000(元)(有利差异)

　　计算结果表明,直接人工实际成本比标准成本增加了 10 600 元,直接人工的工资率提高导致成本增加 15 600 元;直接人工的消耗量降低导致成本降低 5 000 元。

五、变动制造费用差异的概念和计算

(一) 变动制造费用差异的概念

变动制造费用项目的差异,是指实际产量下实际发生的变动制造费用与标准变动制造费用的差异。变动制造费用差异可以分解为耗费差异(价格差异)与效率差异(数量差异)两部分。

变动制造费用项目的耗费差异(价格差异),是指燃料、动力、辅助材料等变动制造费用项目的实际价格偏离标准价格的差异;变动制造费用项目的效率差异(数量差异),是指燃料、动力、辅助材料等变动制造费用项目的实际消耗量偏离标准用量的差异。变动制造费用项目成本差异的计算和分析原理与直接材料和直接人工成本差异的计算和分析相同。

(二) 变动制造费用差异的计算

有关计算公式如下:

变动制造费用差异＝实际变动制造费用－标准变动制造费用　　　　(8-15)

变动制造费用效率差异＝(实际产量下实际工时－实际产量下标准工时)×变动
　　　　　　　　　　　制造费用标准分配率　　　　　　　　　　　　　(8-16)

变动制造费用耗费差异＝(变动制造费用实际分配率－变动制造费用标准分配

率)×实际产量下实际工时　　　　　　　　　　　　(8-17)

说明：工时既可以是人工工时，也可以是机器工时

[例 8-8]　顺达公司生产乙型产品，实际产量为 1 000 件，实际机器工时为 2 100 小时，实际变动制造费用为 10 500 元。单位机器工时标准为 2 小时/件，标准变动制造费用分配率为 4 元/小时。要求分析其变动制造费用差异。

变动制造费用差异＝10 500－1 000×4×2＝2 500(元)

变动制造费用效率差异＝(2 100－1 000×2)×4＝400(元)(不利差异)

变动制造费用耗费差异＝(10 500/2 100－4)×2 100＝2 100(元)(不利差异)

计算结果表明，实际变动制造费用比标准变动制造费用增加了 2 500 元，差异原因是：实际机器工时多于标准工时导致变动制造费用增加 400；变动制造费用实际分配率高于标准分配率导致成本增加 2 100 元。

六、固定制造费用成本差异的概念和计算

(一)固定制造费用成本差异的概念

关于直接材料差异、直接人工差异以及变动制造费用差异的计算，主要利用的是基于变动成本计算的方法。由于固定制造费用不随业务量的变化而变化，因此固定制造费用的差异分析与上述差异的计算分析有所不同。在工作中，由于实际耗用工时等往往很难与标准或预算一致，导致固定制造费用的实际发生额与预算额之间常常有较大的出入。所以，固定制造费用差异就是指一定时期的实际固定制造费用与标准固定制造费用之间的差异。

(二)固定制造费用成本差异的计算

固定制造费用成本差异的计算方法主要有两种：第一种方法是二因素分析法，即将固定制造费用的差异分为预算差异和能量差异两个部分并分别进行计算和分析；第二种方法是三因素分析法，即将固定制造费用的差异分为开支差异、效率差异以及能量差异三个部分并分别进行分析和计算。

1. 二因素分析法

固定制造费用成本差异的二因素分析法主要涉及预算差异和能量差异的计算和分析。

(1)预算差异，又称耗费差异，是指固定制造费用的实际成本发生额偏离预算成本额形成的差异。在计算中，预算差异以预定的预算数为标准，不考虑业务量的变化，实际数超过预算数即为超支，实际数低于预算数即为节约。

(2)能量差异，又称除数差异，是指在标准生产水平下，固定制造费用的预算成本偏离标准成本形成的差异。能量差异是固定制造费用成本差异中的一个重要概念，是由实际生产能量与预计生产能量之间的差异造成的。当某一期间的实际生产能量小于计划的生产能量时，就说明企业的生产能量利用程度不足，未能达到预算水平；相反，则说明企业的生产能量得到充分发挥，达到甚至超过了预算水平。

固定制造费用成本差异的预算差异和能量差异的计算公式为：

固定制造费用预算差异＝实际分配率×实际工时 — 固定标准分配率×预算工时

　　　　　　　　　　＝固定制造费用实际成本 — 固定标准分配率×预算工时

(8-18)

固定制造费用能量差异＝固定制造费用预算成本 — 固定制造费用标准成本

　　　　　　　　　　＝固定标准分配率×(预算工时 — 标准工时)　　　(8-19)

[例8-9]　顺达公司生产乙型产品,实际产量为1 000件,实际机器工时为2 100小时,实际固定制造费用为20 000元。本月预算产量为2 000件,单位机器工时标准为2小时/件,标准固定制造费用分配率为6元/小时。要求运用二因素分析法计算固定制造费用成本差异。

　　分析如下：

　　固定制造费用总差异＝20 000-1 000×2×6＝8 000(元)

　　固定制造费用耗费差异＝20 000-2 000×2×6＝-4 000(元)

　　固定制造费用能量差异＝(2 000×2-1 000×2)×6＝12 000(元)

　　固定制造费用总成本差异为超支8 000元,原因如下：实际成本低于预算费用,使得成本节约4 000元；实际产量标准工时未能达到产能标准工时,导致能量差异增加了12 000元的不利差异。

2. 三因素分析法

　　固定制造费用成本差异的三因素分析法是对二因素分析法的进一步细化。对于二因素分析法中的固定制造费用预算差异,三因素分析法中予以了保留,计算公式相同；对于二因素分析法中的固定制造费用能量差异,三因素分析法中将其拆分为产能利用差异和效率差异两个部分。

　　固定制造费用产能利用差异是指按固定标准分配率确定的、生产过程中实际工时未达到预计产能所导致的差异。固定制造费用效率差异是指实际生产过程中所用工时偏离预先制定的标准工时所导致的差异。其具体的计算公式为：

固定制造费用产能利用差异＝固定制造费用预算额 — 实际工时×固定标准分配率

　　　　　　　　　　　　　＝固定标准分配率×(预算工时 — 实际工时)　　　(8-20)

固定制造费用效率差异＝固定标准分配率×(实际工时 — 标准工时)　　　(8-21)

[例8-10]　顺达公司生产乙型产品,实际产量为1 000件,实际机器工时为2 100小时,实际固定制造费用为20 000元。本月预算产量为2 000件,单位机器工时标准为2小时/件,标准固定制造费用分配率为6元/小时。要求：运用三因素分析法计算固定制造费用成本差异。

　　分析如下：

　　固定制造费用总差异＝20 000-1 000×2×6＝8 000(元)

　　固定制造费用耗费差异＝20 000-2 000×2×6＝-4 000(元)

　　固定制造费用产能利用差异＝2 000×2×6-2 100×6＝11 400(元)

　　固定制造费用效率差异＝2 100×6-1 000×2×6＝600(元)

固定制造费用总成本差异为超支 8 000 元,原因如下:实际成本低于预算费用,使得成本节约 4 000 元;实际产量标准工时未能达到产能预算工时导致产能利用差异增加了 11 400 元的不利差异;实际工时超过产量标准工时未导致效率差异增加了 600 元的不利差异。

(三) 固定制造费用成本差异的分析

固定制造费用能量差异是对企业生产过程中是否积极发挥其生产水平、充分实现其生产能力的一种反映。影响固定制造费用能量差异的因素很多,包括经济萧条、产品销售情况、资源材料的供应情况、生产过程的安排及调度情况、机器设备的完好情况等。当固定制造费用能量差异出现不利差异时,说明实际生产过程中并没有完全释放产能。此时,企业管理层要及时分析差异出现的原因,属于生产调度的问题由生产部门负责、属于生产材料供应的问题由采购部门负责、属于产品销售的问题由销售部门负责。在明确相关部门的责任基础上,及时采取措施进行控制和调整。当固定制造费用能量差异出现有利差异时,说明实际生产过程中有效地利用了现有人员和设备的产能,管理部门不仅要对相关部门的业绩给予肯定,还要及时总结经验,进一步巩固业绩。但是,需要指出的是,固定制造费用能量差异往往会导致生产管理人员不断追求超正常产能的生产水平。此时,一定要及时对市场进行分析和把握,如果产品能够及时销售,则固定制造费用能量差异无疑起到了促进作用;如果产品市场已经基本饱和,面临滞销问题,管理层就一定要纠正这种盲目的生产行为,在此固定制造费用能量差异的作用是负面的。

与变动制造费用相同,固定制造费用也是由多个明细项目组成的综合性费用项目,所以固定制造费用预算差异反映的是多个明细项目的差异总数。直接使用预算分析差异产生原因非常不便甚至无法实施,也就无法落实相关部门的责任。为了对各明细项目进行考核与评价,一般要编制相应的"实绩报告",对各明细项目的实际数与预算数进行详细的对比,以便分别分析明细项目差异产生的原因和相关责任。

根据前文对成本差异计算和分析方法的介绍,可将直接材料、直接人工、变动制造费用和固定制造费用等成本差异各因素的构成列成简表,即成本差异各因素组成表,如表 8-3 所示。

表 8-3　成本差异各因素组成表

成本差异各因素	数量差异	价格差异
直接材料差异	直接材料用量差异	直接材料价格差异
直接人工差异	直接人工效率差异	直接人工工资率差异
变动制造费用差异	变动制造费用效率差异	变动制造费用开支差异
固定制造费用差异	固定制造费用能量差异	固定制造费用预算差异
	产能利用差异、效率差异	

在计算并分析成本差异后,企业的会计部门还应该向管理层提交相应的成本差异分析报告。提交此类报告的目的在于,一方面是对成本差异进行分解,明确相关部门

所应承担的责任或应获得的奖励,以便促进企业的日常管理工作,落实责任会计制度;另一方面是提出解决成本差异问题的相关方案,通过制定具有可行性的方法措施消除不利的成本差异,不断提升企业的成本管理水平,增强企业的竞争力。需要注意的是,在成本差异分析报告中认定相关责任者时要防止责任的转嫁现象。企业生产过程中可能会出现责任转嫁现象,例如,采购部门应生产部门的要求临时紧急采购材料从而使采购部门产生了不利的成本差异;采购部门购入的材料不完全符合生产部门的要求从而导致生产部门产生不利的成本差异;标准制定部门没有根据生产工艺的改进及时调整标准从而导致生产部门产生不利的成本差异。会计部门对于上述责任转嫁现象要深入分析,认真研究,甚至实地调研,以保证公正、公平地确定责任归属。否则,必然会影响到标准成本系统的有效实施。

第四节 标准成本法的账务处理

一般地,标准成本法包括标准成本的制定、成本差异的计算与分析、成本差异的账务处理三个部分。虽然在实际中,某些企业并不一定对标准成本差异进行账务处理,而是仅仅利用标准成本系统所提供的资料、数据以及报告等获得企业的成本控制信息并及时作出调整决策。但是,实施标准成本系统的账务处理,对标准成本差异进行核算和归集,将会使标准成本法的作用得到更大的发挥,使企业的账务处理得到简化,使企业成本计算的效率得到有效提高。因此,一套完善的账务处理制度对于标准成本管理是必要的,这也是多数实施标准成本系统的企业进行相关账务处理的主要原因。

一、标准成本法的账户设置

标准成本法中主要包括标准成本、实际成本以及成本差异等三项内容,根据描述意义的不同,上述三项成本内容可以划分为成本和成本差异两大类,这样就可以将实际发生的各项成本归入标准成本和成本差异之中。所以,对于标准成本法而言,需要设置两大类账户:一类用以反映各项标准成本;另一类用以反映各项成本的差异。

在标准成本法中,设置的各项标准成本的账户都是成本计算账户,主要包括"原材料""生产成本""库存商品"等账户。与实际成本系统不同的是,标准成本的账户在核算时要求使用标准成本,即记入的借方金额或贷方金额都是以实际数量计算的标准成本数额。在标准成本账户中,账户的余额一般反映的是计入资产项目的标准成本,所以出现在账户的借方。

在标准成本法中,设置了用于反映实际成本偏离标准成本所形成的成本差异类账户,对于每一种差异都有对应的具体账户。这些账户主要包括:在直接材料成本差异方面,分别设置"直接材料价格差异"和"直接材料用量差异"两个账户;在直接人工成本差异方面,分别设置"直接人工效率差异"和"直接人工工资率差异"两个账户;在变动制造费用方面,分别设置"变动制造费用效率差异"和"变动制造费用开支差异"两个账户;在固定制造费用方面,分别设置"固定制造费用预算差异"和"固定制造费用能量差异"两个账户,或者分别设置"固定制造费用预算差异""固定制造费用产能利用差异""固定制造费用效率差异"三个账户,具体应用与使用的成本差异分析方法相一致。

由于标准成本差异既可能为正，也可能为负，所以成本差异类账户在登记业务时要根据成本差异的正负记入借方或者贷方。其中，记入借方的金额反映的是实际成本超过标准成本的数额，反映的是不利差异；记入贷方的金额反映的是实际成本低于标准成本的数额，反映的是有利差异。

所以，相对于实际成本法而言，标准成本法账务处理具有如下的特点：①在实际成本系统中，原材料、产成品、生产成本等企业生产过程中涉及的项目都是使用实际成本登记入账的；而在标准成本法中，这些账户的借方和贷方都使用实际数量的标准成本登记入账。②为了适应成本差异入账的需要，标准成本法在账务处理时设置了成本差异类账户。因此，在登记一项实际成本时，要将其分解为标准成本和对应的成本差异，分别在两类账户中予以记录。

二、成本差异的账务处理方法

在期末，需要对成本差异账户的余额进行处理，将其调整至有关账户。月末（或年末）对成本差异账户结转的账户处理方法主要有直接处理法、分摊处理法、年末集中处理法以及分项处理法。

（一）直接处理法

直接处理法的基本原则是本期发生的成本差异全部由本期销售的产品承担。直接处理法的具体处理方法是：在期末，将本期发生的各种成本差异全部转入"主营业务成本"账户，由本期的销售产品负担，并全部从利润表的销售收入项扣减，不再分配给期末在产品和期末库存产成品。也就是说，将本期的各种差异全部纳入利润表，由本期收入直接进行补偿，视为本期产品销售成本的一项调整项目。

直接处理法将本期发生的成本差异全部反映在本期利润上，处理过程简单，一方面有利于使利润指标如实反映本期生产经营工作和成本控制的全部成效，符合权责发生制的要求；另一方面也有利于简化繁杂的期末分配成本差异工作。但是，直接处理法要求制定的标准成本一定要合理并且能够及时更新，否则将造成存货成本严重脱离实际成本以及当期经营业绩不能正确体现的情况。另外，当实际成本水平波动幅度过大时，不宜采用直接处理法结转成本差异。

（二）分摊处理法

分摊处理法的基本原则是本期期末的成本差异并不能全部由本期销售的产品承担，应该由存货、销货共同承担。分摊处理法的具体处理方法是：在期末，将本期发生的各种成本差异在在产品、产成品和本期销售产品之间按一定比例分配，分别记入"生产成本""库存商品"以及"主营业务成本"账户。通过分摊处理法结转成本差异后，期末资产负债表的存货项目下反映的都是在产品和产成品的实际成本，利润表中的主营业务成本反映的也是本期已销售产品的实际成本，一部分差异将随期末存货递延到下期。

分摊处理法将本期发生的成本差异进行了分配，有利于以实际成本反映存货成本和销货成本。但是，分摊处理法的缺点也非常明显：期末的成本差异分配非常复杂，增加了产品成本核算的工作量；期末在产品、产成品、已销产品对应账户的账面成本反映的都是实际成本，不利于对本期成本差异的分析与控制；成本差异中涉及的某些费用分摊记入存货成本并不一定合理,例如固定制造费用产能利用差异是一种损失,应该记入当期并参与损益汇总。

(三) 年末集中处理法

年末集中处理法的具体处理方法是:每月末仅将本月发生的成本差异进行汇总归集,并不进行结转的账务处理,待到年末对所有成本差异进行集中结转处理。也就是说,每月对在产品、产成品、已销产品均以标准成本入账,也不进行成本调整处理,在年末一次性将成本差异分别结转至在产品、产成品、已销产品所对应的账户中。通过年末集中处理法结转成本差异后,在产品、产成品、已销产品所对应账户的年末余额将被调整至实际成本。一般地,当年末余额较小时,可以使用直接处理法结转;当年末余额较大时,则应选择分摊处理法结转。

年末集中处理法在年末对成本差异一次性结转,其明显的优点就是可以简化结转成本差异的工作。另外,在年末结转时,一般情况下各月的成本差异会出现正负抵消的情况,不仅减少了差异结转的处理额,也能一定程度上避免各月利润因负担差异产生的波动。但是,如果年内成本差异的变动趋势是单边的,则年末集中处理就会因累计差异过大而歪曲财务状况与经营成果。

(四) 分项处理法

分项处理法的基本原则是对不同原因形成的成本差异使用不同的方法进行处理。分项处理法的具体处理方法是:在期末,对标准成本系统的数量差异按直接处理法结转,对价格差异按分摊处理法结转。通过对成本差异分类处理,使得分项处理法能够在一定程度上通过利润反映当月成本控制的业绩,同时还能合理地将成本差异予以分配。当然,由于需要细分不同的成本差异,并采用不同的方法对其进行结转,利用分项处理法结转成本差异会使得会计处理工作比较复杂。

以上列出了成本差异结转的几种方法,每种方法都有各自的优势和缺点,企业在选择成本差异处理方法时,应综合考虑成本的差异类型(材料、人工、制造费用)、差异大小、差异原因等多种因素。需要注意的是,差异处理方法一经选择,就不要频繁更换,以免损害成本数据的可比性或导致信息使用者产生误解。

三、标准成本法的账务处理程序

标准成本法的账务处理程序包括三个部分:登记各项标准成本账户,登记各项成本差异账户,期末结转各项成本差异。

(一) 登记各项标准成本账户

对于日常发生的各种实际成本,按照标准成本及差异的相关计算方法,分解为标准成本和成本差异两个部分。根据标准成本涉及的具体科目,将其记入"原材料""产成品""生产成本"等相关的标准成本账户中。由于产品生产的实际数量与标准数量并不一定相同,在登记标准成本的账面金额时均指以实际数量计算出的标准成本。

(二) 登记各项成本差异账户

在标准成本法中,对于实际成本偏离标准成本形成的成本差异,要按其类型的不同分别登记相关的"直接材料价格差异""直接材料用量差异""直接人工效率差异""直接人工工资率差异""变动制造费用效率差异""变动制造费用开支差异""固定制造费用预算差异""固定制造费用能量差异"。使用三因素分析法分析固定制造费用成本差异的,则需将固定性制造成本差异登记"固定制造费用预算差异""固定制造费用产能利用差异""固定制造费用效率差异"三个账户。另外,可以考虑将成本差异进一步细化为各相关部门的成本差异额,并登记对应的部门明细账,便于对成本控制的结果进行考核。

(三) 期末结转各项成本差异

在标准成本系统中,期末结转成本差异的程序包括:根据各项成本差异账户的余额编制"成本差异汇总表",并将各种成本差异额计入"产品成本差异"账户内,然后依据成本差异结转的处理方法将"产品成本差异"账户余额转入相关账户中,从而将销售产品的标准成本调整为实际成本。

四、标准成本法的账务处理案例

以下将通过具体案例对标准成本法各项目的账务处理分别予以说明,以便对标准成本法账务处理特点和程序的进一步理解和掌握。案例中使用直接处理法结转成本差异。

[例 8-11] 顺旺公司本月生产了 XB 型构件 1 000 件。顺旺公司 XB 型构件标准成本表(完全成本法)如表 8-4 所示。顺旺公司生产 XB 型构件时,单位产品实际消耗的直接材料为 200 千克,直接材料的实际总成本是 4 400 000 元;单位产品所用的实际工时为 8 小时,实际耗用的人工成本为 120 000 元;本月实际支出的变动制造费用总额为 18 000 元;本月固定制造费用的预算额为 8 000 元,预算工时为 20 000 小时,本月实际支出的固定制造费用总额为 6 000 元,单位产品所用的实际工时为 8 小时。要求计算 XB 型构件的标准成本差异,同时基于完全成本法,对成本差异进行相应的账务核算处理。

表 8-4 顺旺公司 XB 型构件标准成本表(完全成本法)

成本项目	数量标准	价格标准	标准成本/元
直接材料	210 千克	20 元/千克	4 200
直接人工	10 小时	10 元/小时	100
变动制造费用	10 小时	2 元/小时	20
固定制造费用	10 小时	1 元/小时	10
单位产品标准成本			4 330

分析如下:

(1)直接材料成本差异的账务处理。

直接材料标准成本 $= 1\,000 \times 210 \times 20 = 4\,200\,000$(元)

直接材料用量差异 $= (200 - 210) \times 1\,000 \times 20 = -200\,000$(元)

直接材料的单位实际价格 $= 4\,400\,000 \div 1\,000 \div 200 = 22$(元)

直接材料价格差异 $= (22 - 20) \times 200 \times 1\,000 = 400\,000$(元)

根据计算结果编制会计分录如下：

借：生产成本——XB 型构件　　　　　　　　　　　　　4 200 000

　　直接材料价格差异　　　　　　　　　　　　　　　　　400 000

　　贷：原材料　　　　　　　　　　　　　　　　　　　　　　4 400 000

　　　　直接材料用量差异　　　　　　　　　　　　　　　　　　200 000

（2）直接人工成本差异的账务处理。

直接人工标准成本＝1 000×10×10＝100 000（元）

直接人工效率差异＝（8－10）×1 000×10＝－20 000（元）

直接人工的实际工资率＝120 000÷1 000÷8＝15（元）

直接人工工资率差异＝（15－10）×8×1 000＝40 000（元）

根据计算结果编制会计分录如下：

借：生产成本——XB 型构件　　　　　　　　　　　　　　100 000

　　直接人工工资率差异　　　　　　　　　　　　　　　　40 000

　　贷：应付职工薪酬　　　　　　　　　　　　　　　　　　　120 000

　　　　直接人工效率差异　　　　　　　　　　　　　　　　　　20 000

（3）变动制造费用成本差异的账务处理。

顺旺公司生产 XB 型构件时，实际支出的变动制造费用总额为 18 000 元，单位产品所用的实际工时为 8 小时。则：

变动制造费用标准成本＝1 000×10×2＝20 000（元）

变动制造费用效率差异＝（8－10）×2×1 000＝－4 000 元（有利差异）

变动制造费用的实际分配率＝18 000÷1 000÷8＝2.25（元）

变动制造费用开支差异＝（2.25－2）×8×1 000＝2 000 元（不利差异）

根据计算结果编制会计分录如下：

借：生产成本——XB 型构件　　　　　　　　　　　　　　20 000

　　变动制造费用开支差异　　　　　　　　　　　　　　　2 000

　　贷：制造费用　　　　　　　　　　　　　　　　　　　　　18 000

　　　　变动制造费用效率差异　　　　　　　　　　　　　　　　4 000

（4）固定制造费用成本差异的账务处理。

使用三因素分析法计算成本差异：

固定制造费用的实际分配率＝6 000÷1 000÷8＝0.75（元）

固定制造费用标准成本＝1 000×10×1＝10 000（元）

固定制造费用预算差异＝6 000－1×20 000＝－14 000（元）（有利差异）

固定制造费用效率差异＝1×（8 000－10×1 000）＝－2 000 元（有利差异）

固定制造费用产能利用差异＝1×（20 000－8×1 000）＝12 000 元（不利差异）

根据计算结果编制会计分录如下：

借：生产成本——XB 型构件　　　　　　　　　　　　　　10 000

固定制造费用产能利用差异　　　　　　　　　　　　　　12 000

　　贷:制造费用　　　　　　　　　　　　　　　　　　　　　　　6 000

　　　　固定制造费用预算差异　　　　　　　　　　　　　　　14 000

　　　　固定制造费用效率差异　　　　　　　　　　　　　　　　2 000

（5）假设本月顺旺公司生产的1 000件产品全部完工并且全部销售，货款立即存入银行。

本月XB型构件的生产成本为：

生产成本＝4 200 000＋100 000＋20 000＋10 000＝4 330 000(元)

根据计算结果编制产品入库的会计分录如下：

借:库存商品——XB型构件　　　　　　　　　　　　　　　4 330 000

　　贷:生产成本——XB型构件　　　　　　　　　　　　　　　　4 330 000

（6）月末，对已售产品的生产成本、各项成本差异进行结转。根据各项成本差异账户的余额编制相应的成本差异汇总表(表8-5)，计算出各项内容的总的成本差异净额。

表8-5　成本差异汇总表　　　　　　　　　　　　　　　单位:元

账户名称	借方余额(不利差异)	贷方余额(有利差异)
直接材料用量差异	0	200 000
直接材料价格差异	400 000	0
直接人工效率差异	0	20 000
直接人工工资率差异	40 000	0
变动制造费用效率差异	0	4 000
变动制造费用开支差异	2 000	0
固定制造费用预算差异	0	14 000
固定制造费用产能利用差异	12 000	0
固定制造费用效率差异	0	2 000
合计	454 000	240 000
成本差异净额	214 000	

根据"成本差异汇总表"，编制相应的会计分录如下：

借:产品成本差异　　　　　　　　　　　　　　　　　　　214 000

　　直接材料用量差异　　　　　　　　　　　　　　　　　200 000

　　直接人工效率差异　　　　　　　　　　　　　　　　　　20 000

　　变动制造费用效率差异　　　　　　　　　　　　　　　　4 000

　　固定制造费用预算差异　　　　　　　　　　　　　　　　14 000

　　固定制造费用效率差异　　　　　　　　　　　　　　　　2 000

　　贷:直接材料价格差异　　　　　　　　　　　　　　　　　400 000

　　　　直接人工工资率差异　　　　　　　　　　　　　　　　40 000

　　　　变动制造费用开支差异　　　　　　　　　　　　　　　2000

　　　　固定制造费用产能利用差异　　　　　　　　　　　　　12 000

同时，对"产品成本差异"账户的余额进行结转，由本期销售的产品承担本期发

生的成本差异,相应的会计分录如下:

　　借:主营业务成本　　　　　　　　　　　　　　214 000
　　　　贷:产品成本差异　　　　　　　　　　　　　　　　214 000

结转当期损益时的会计分录如下:

　　借:本年利润　　　　　　　　　　　　　　　　214 000
　　　　贷:主营业务成本　　　　　　　　　　　　　　　214 000

本 章 小 结

　　1. 标准成本法将成本规划、成本控制、成本核算和成本分析有机结合起来的、能够满足对成本进行全过程控制。

　　2. 标准成本法的主要特点是在成本的管理过程中只计算各种产品的标准成本而非实际成本。标准成本法强化了企业对成本的过程控制,有利于管理层详细了解成本差异产生的原因、及时采取措施控制成本、评价相关责任部门的工作业绩;有利于简化成本的会计处理程序。

　　3. 标准成本法主要包括标准成本的制定、成本差异的计算,以及标准成本法的账务处理三个部分。

　　4. 标准成本法的账务处理,包括登记各项标准成本账户、登记各项成本差异账户和期末结转各项成本差异。其中,成本差异账户的结转可以使用直接处理法、分摊处理法、年末集中处理法或分项处理法。

复习思考题

　　1. 产品标准成本的构成内容有哪些?

　　2. 简述标准成本法的应用程序。

　　3. 简述标准成本法的适用企业与应用环境。

　　4. 通过大量采购直接材料能够较容易地达到标准价格,试分析这种做法可能带来的问题? 这种做法是否完全符合标准成本系统制度?

　　5. 直接材料成本差异与直接人工成本差异的常见原因有哪些?

练 习 题

1. 生产 A 产品需要耗用 X、Y、Z 三种材料,其直接材料成本标准如表 8-6 所示。

表 8-6　A 产品直接材料成本标准

项目	X 材料	Y 材料	Z 材料
价格标准/(元/千克)	10	15	20
用量标准/(千克/件)	3	2	2

要求:

计算 A 产品的单位直接材料标准成本。

2. 浙江复兴公司利用标准成本信息编制直接人工预算。生产 A 产品的标准工时为 3 小时/件,标准工资率为 20 元/小时。2021 年 1 月份 A 产品的实际产量为 2 200 件,实际工时为 7 700 小时,实际发生直接人工成本 146 300 元。

要求:

(1) 计算直接人工成本差异。

(2) 计算直接人工效率差异。

(3) 计算直接人工工资率差异。

3. 浙江顺昌公司生产甲产品的单位机器工时标准为 10 小时/件,标准变动制造费用分配率为 100 元/小时,标准固定制造费用分配率为 200 元/小时。本月预算产量为 6 000 件,实际产量为 5 000 件,实际工时为 52 000 小时,实际变动制造费用与固定制造费用分别为 5 720 000 元和 12 200 000 元。

要求:

(1) 单位甲产品的变动制造费用标准成本及固定制造费用标准成本。

(2) 计算变动制造费用效率差异与耗费差异。

(3) 两因素分析法下,计算固定制造费用耗费差异与能量差异。

案例讨论题

　　浙江TTP公司是一家中外合资的电子元器件生产企业,生产工艺复杂,产品种类繁多,且产品生产复杂程度差异较大。在公司产品成本中,制造费用占生产成本比重较高,机器设备成本比重呈逐年上升趋势;随着智能化水平的提高,直接人工成本比例越来越低;借助母公司全球采购的竞争优势,公司原材料价格逐年下降。公司在信息化管理方面水平较高,公司标准成本法应用的实现是通过SAP系统完成的。在现行标准成本管理模式下,公司关注的重点是产品成本的计算结果,成本控制的焦点主要集中在产品量产之后。

　　公司对于标准成本的制定是基于在SAP系统中建立标准工站、物料清单、工艺流程确定标准用量,在对每一标准用量单位计算出标准费率,用量乘以费率加总得到单位产成品标准成本。对于不适用该方法的成本费用,使用成本加成方法计算。所有标准成本都是以下一年度销售预测为起点,估算确定下一年度产量,以各个产品年产量为基础,由公司各个部门参与、财务部统筹协调制定出来的。一般是在12月月末,母公司下达利润目标,TTP公司以该利润目标为起点,并基于预计产量开始预算筹划工作。在整个预算编制过程中,所有部门初步预算数据完成之后,结合预计销售,如果达不到母公司的目标利润,这部分目标利润差额会将直接分摊到各个部门,各部门以初步预算为基数,按一定比例划分到各个成本中心。

　　各项标准成本的制定情况如下:

　　(1)直接材料标准成本制定。直接材料标准成本是由直接材料价格标准和直接材料用量标准决定的。首先,对于每一个产成品,工程部门根据不同产品设计标准不同,在SAP系统中对每一种产品创建各自的生产物料清单,并由工程师对应维护每一种原材料的标准消耗量。其次,在下一年度产量确定之后,在SAP系统里通过每个产成品预计产量及其对应的物料清单计算出全年所需每种原材料的用量,并将原材料预计用量提交给采购部门。最后,采购部门基于SAP系统里当前原材料标准成本以及本年计划用量,拟定下一年度原材料的标准成本。材料价格分为关联公司内部采购材料价格和第三方供应商材料采购价格。关联公司内部采购价格由财务部控制组成员计算,一般年度降价在2个百分点。第三方供应商材料采购价格由中央采购团队与供应商谈判决定,一般年度降价在1～3个百分点。同时在年度预算时会由中央集团下达年度可替换件节省原材料价格目标,一般在1～1.5个百分点。

（2）直接人工标准成本制定。直接人工标准成本是由直接人工的价格标准和直接人工用量标准两项因素决定的。生产部门首先基于产品设计，确定生产该产品所需工站，在 SAP 系统中维护工艺流程，再根据下一年度预计产量估算出每一工站所需直接人工人数，确定每一工位累计人工工时（秒）。人事部门根据每一工种确定不考虑加班的年平均工资费率，结合直接人工人数，计算出每一工位计划人工费用总额。在制定工时消耗定额时，还要考虑生产工人必要的休息和生理上所需时间，机器设备故障及日常维修的停工清理时间，以及不可避免的废品耗用工时等。计算公式如下：

直接人工标准工资率＝计划人工费用总额÷累计人工工时

（3）制造费用标准成本制定。根据 SAP 系统中标准工艺流程，对流程中的每一个成本中心计算出对应的累计人工工时。计算公式如下：

制造费用标准成本率＝成本中心总预算÷累计人工工时

（4）其他增值成本标准成本制定。这一部分费用由于很难准确计算到单批次生产产品成本中，所以标准成本采用成本加成比率的方法制定。

讨论题：

（1）试评价公司标准成本制定合理性。

（2）公司的标准成本管理有何不足？管理咨询公司建议结合作业分析，有无必要建立基于作业的标准成本管理模式？谈谈你的理解。

（3）本案例中，标准成本法的作用是如何体现在事前预算、事中控制、事后分析三个方面的。标准成本法需要各部门协调合作、全员参与，应如何理解？

（4）结合本案例，公司在推动标准成本管理时，还需要与哪些配套制度进行衔接？

第九章 责任会计

学习目标

1. 理解责任会计、责任中心的概念与内容；
2. 理解可控成本的原则；
3. 掌握责任中心的分类；
4. 掌握各责任中心的考核指标；
5. 掌握内部转移价格的种类及特点；
6. 了解责任预算与责任会计报告编制。

课程思政要点

引导案例

　　浙江传化股份有限公司（以下简称"传化股份"）是浙江省第一批管理会计应用试点单位之一，其经营范围涵盖精细化工、物流信息服务、公路港物流基地及其配套等。根据"大集团战略、小核算体系"的经营思想，紧紧围绕阿米巴经营机制建设的目标和思路，提升各业务部、各员工的算账意识，提高业务部经营绩效。传化股份把整个公司分割成许多个"阿米巴"小型组织，每个"阿米巴"都作为一个独立的利润中心，并按照小企业、小商店的方式进行独立经营。制造部门根据工序分割成若干"阿米巴"，所有岗位都纳入阿米巴经营体系进行绩效管理，销售部门按照地区或者产品分割成若干个"阿米巴"。每个"阿米巴"要及时了解市场变化和内部情况，调节经营管理策略。以传化股份化学集团为例，公司成立了以化学集团总裁为主要领导的阿米巴管理团队。化学集团总裁主要负责模拟利润方案的审批，纺化总经理负责模拟利润方案和绩效分配方案的审核以及绩效核算数据的审批；化学集团财务管理部主要负责模拟利润方案的审核以及绩效核算数据的审核督导，根据模拟利润管理方案要求提供阿米巴经营单位主体生产中心相关财务数据支持；集团人力资源部对相关利润管理方案承担审核辅导及绩效分配方案等的审核工作。在此基础上，成立"阿米巴经营管理"项目组，建立组织机构，划分工作职责。

请思考：

传化股份实施阿米巴小核算体系的动机与作用是什么？

第一节　责任会计概述

一、责任会计的概念

责任会计是分权管理与经济责任制的产物,是为了适应企业内部经济责任制的要求,对企业内部各责任中心的经济业务进行规划与控制,以实现业绩考核与评价的一种内部会计控制制度,是把会计资料与各级有关责任单位紧密联系起来的信息控制系统。

二、责任会计的内容

设计责任会计制度,应充分发挥分权管理及经济责任制的效果,并保证各责任中心与企业总体经营目标的一致性。一套行之有效的企业内部责任会计制度,应包括以下内容。

(一)合理划分责任中心

实行责任会计制度,首先要根据企业自身特点,在现有组织结构的基础上,将能独立承担部分生产经营责任的部门划分为责任中心,每个责任中心都有其明确可控的经济活动范围。同时,应按照权利、责任相匹配的原则,赋予责任中心一定的经营决策权。

(二)编制责任预算

责任预算是从责任中心的角度对总预算进行分解而形成的各责任中心自己的预算。为保证公司总体经营目标的实现,需将企业的总预算分解落实到各责任中心,这样就为企业总体经营目标的实现提供了组织保证。各责任中心均完成各自的责任预算时,企业的总体目标也就实现了。可见,编制责任预算是一个目标分解的过程。责任预算也是对各责任中心进行业绩考核的基础。

(三)建立跟踪系统,进行反馈控制

建立严密的记录、报告系统,对责任中心职责履行情况进行跟踪、反馈;制定合理的业绩评价与激励制度;定期编制业绩报告。

(四)建立公正的内部协调机制

各责任中心均有自身的利益诉求,在日常经营过程中,不可避免地会产生各种责权利的纠纷,在某些特定情况下,各责任中心的局部利益与公司的整体利益也会发生冲突,而经济责任制不可能对各种可能出现的情况作出十分明确的规定。为了公正、客观地处理类似问题,需要建立一个由专家或最高管理层人员组成的内部协调机构。

三、责任会计的原则

责任会计服务于企业的内部管理,其形式可以根据企业自身特点而有所不同。但无论采用何种核算形式,责任会计制均应符合以下原则。

（一）目标一致原则

目标一致原则要求各责任中心目标与企业总目标协调一致。因此，在进行责任指标分解、制定业绩考核和评价标准时，应确保与企业总体目标一致，避免因追求局部利益而损害企业整体利益的行为发生。

（二）可控性原则

可控性原则是指在进行制度设计时，应使各责任中心只对自身可以控制的成本、利润、投资等承担责任，在考核时将其不能控制的因素排除在外。可控性原则要求分清各同级责任中心及上下级责任中心的责任界限。例如，某车间的废品率在考核期间超标了，经过调查发现，废品率超标是由于购进的原材料不合格造成的，则废品超标的责任不在车间，而应由采购部门负责。

（三）反馈原则

反馈原则要求信息双向流动，在设计责任会计制度时，一方面应保证公司目标合理分解、逐级落实；另一方面应保证将执行中遇到的问题及时反馈，以便对制度中不合理的部分进行改良。贯彻反馈原则，要求企业建立一套高效的信息系统，能随时对预算执行情况进行追踪，同时，要求管理层能对反馈的信息及时作出处理。

（四）责权利相结合的原则

责权利是指各责任中心的责任、权力与经济利益。责任中心承担由公司总目标分解下来的任务，对任务完成情况负责；为了顺利完成任务，需赋予各责任中心相应的经营决策的权力；为了调动各级员工的工作积极性，要按责任中心目标完成情况，奖优罚劣。

（五）责任主体原则

责任主体原则要求明确各个责任中心应承担的责任，同时赋予他们相应的管理权限，并根据责任的履行情况给予相应的奖惩。一方面，责任中心的权限要与责任大小相匹配；另一方面，责任中心的利益要与责任大小匹配。如果发生责、权、利的失衡，容易损害企业的利益或打击责任中心的积极性。

第二节　责任中心

一、责任中心的概念与特征

责任中心是责任会计核算的主体。责任中心，是指承担一定经济责任，并享有一定权利的企业内部（责任）单位。责任中心就是将企业经营体分割成拥有独自产品或市场的几个绩效责任单位，然后将管理责任授权给这些单位之后，将他们的单位处于市场竞争环境之下，透过客观的业绩指标计算，实施必要的业绩衡量与奖惩，以期达成企业设定经营成果的一种管理制度。由此可见，责任中心必须强调责、权、利相结合。

责任中心具有以下特征：①责任中心内部有正确的授权；②责任中心内部有定期性的评估；③权责与绩效分明；④能够配合企业整体利益；⑤责任中心的经营成果能够

用具体会计数据衡量;⑥各责任中心之间既有合作又有竞争,且有相应的制度保证。

二、责任中心的分类

按照内部单位职责范围和权限大小,责任中心可以分为成本中心、收入中心、利润中心和投资中心。

(一) 成本中心

1. 成本中心的概念

成本中心是指只对其成本或费用承担经济责任并负责控制和报告成本或费用的责任中心。任何只发生成本的责任领域都可以确定为成本中心。对这类责任中心只是考核成本,而不考核其他内容。

2. 成本中心的类型

成本中心包括标准成本中心和费用中心两类。

(1) 标准成本中心是指所生产的产品或劳务稳定而明确,并且已经知道单位产品所需要的投入量的成本中心。通常典型代表是制造业工厂、车间、工段、班组等。实际上任何一种重复性的活动都可以建立标准成本中心,只要这种活动能够计量产出的实际数量,并且能够说明投入与产出之间可期望达到的函数关系。

(2) 费用中心是指那些产出物不能用财务指标来衡量,或者投入与产出之间没有密切关系的内部单位。费用中心的控制应着重于预算总额的审批上。

3. 责任成本

责任成本是以具体的责任单位为对象,以其承担的责任为范围所归集的成本,也就是特定责任中心的全部可控成本。

可控成本是指在特定时期内、特定责任中心能够直接控制其发生的成本。

在理解可控成本时要把握两个要点:第一,可控成本总是针对特定责任中心来说的,即可控成本和不可控成本的划分具有相对性,某项成本在本级是可控的,而在下级单位则可能是不可控的。第二,区别可控成本和不可控成本,还要考虑成本发生的时间范围。

确定可控成本的三大原则如下:

第一,假如某责任中心通过自己的行动能有效地影响一项成本的数额,那么该中心就要对这项成本负责。

第二,假如某责任中心有权决定是否使用某种资产或劳务,它就应对这些资产或劳务的成本负责。

第三,假如某管理人员虽然不直接决定某项成本,但是上级要求他参与有关事项,从而对该项成本的支出施加了重要影响,则他对该成本也要承担责任。

4. 成本中心的制造费用归属和分摊方法

将发生的直接材料和直接人工费用归属于不同的成本中心通常比较容易,而制造费用的归属则比较困难。一般按以下五个步骤来处理:

第一,直接计入责任中心。能清晰判别责任归属的费用项目,就直接列入应负责的成本中心。例如:材料、物料的领用。

第二,按责任基础分配。有些费用虽然不能直接归属于特定成本中心,但其发生数额受该成本中心的控制,并且能找到合理依据来分配。例如:动力费、维修费等。

第三,按受益基础分配。有些费用不是专门属于某个责任中心的,但与各责任中心的受益多少有关,可按受益基础分配。例如:按装机功率分配电费。

第四,直接归入某一个特定的责任中心。有些费用既不能用责任基础分配,也不能按受益基础分配,则考虑有无可能将其归属于一个特定的责任中心。例如:车间的运输费用、试验检验费用。

第五,不进行分摊。不能归属于任何责任中心的固定成本,不进行分摊,可暂时不加控制,作为不可控费用。例如:车间厂房的折旧。

5. 成本中心的考核指标

(1) 标准成本中心:既定产品质量和数量条件下的标准成本。不对生产能力的利用程度负责,只对既定产量下的投入量承担责任。

(2) 费用中心:由于投入与产出之间的关系不密切,故很难运用传统的财务技术来评价业绩。一般地,费用中心使用预算额来实施考核控制。

(二) 收入中心

1. 收入中心的概念

收入中心是只对产品或劳务的营业收入负责的部门。在实践中,企业销售部门如果全权负责营业收入的产生过程(包括销售、收入实现甚至货款回收等),则可界定为收入中心;如果销售部门的职能仅仅定位于顾客订单获取和订单完成,并且只对相关费用负责,则界定为费用中心。

2. 收入中心的考核

若将销售部门认定为收入中心,则销售经理就应当对收入差异(实际收入与目标收入的比较)负责。如果销售部门对产品并没有最终定价权,或者价格超出部门经理所控制的范围,在这种情形下,对收入中心的业绩评价,只能用"销售数量"差异来替代,以体现可控性原则及业绩评价的公正性。

收入中心常见的考核指标有:销售完成百分比、回款率、回款平均回收天数、坏账发生率等。

(三) 利润中心

1. 利润中心的概念

利润中心是指对利润负责的责任中心。利润中心经理既要对收入负责,又要对成本费用负责,具有较多短期经营决策权。多数情况下,子公司、分公司、分部等战略经营单位都可被认定为利润中心。

利润中心虽然拥有经营决策权,但没有投资决策权。另外,它的利润内涵也不同于传统财务报表的利润内涵。

2. 利润中心的类型

(1) 自然利润中心。自然利润中心直接面对市场,向市场销售产品、提供服务并最终取得利润。自然利润中心的典型形式有事业部、子公司、分公司、分厂等。

(2) 人为利润中心。依据企业内部价值链及业务流程等,按照内部设定的"内部转移价格",对企业内部各责任中心提供产品或服务,并取得"内部利润"或"结算利润"。因共同成本无法合理分摊,人为利润中心一般只计算可控成本;如果共同成本容易分摊,自然利润中心不仅计算可控成本,还要计算不可控成本。

3. 利润中心的考核指标

对于利润中心进行考核的指标主要是利润。尽管利润指标具有综合性,但仍然需要一些非货币的衡量方法作为补充,包括生产率、市场地位、产品质量、职工态度、社会责任、短期目标和长期目标的平衡等。

考核利润中心常见财务指标有:贡献毛益、部门可控贡献毛益、部门税前经营利润等。其计算公式如下:

$$贡献毛益＝销售收入－变动成本总额 \tag{9-1}$$

$$部门可控贡献毛益＝贡献毛益－可控固定成本 \tag{9-2}$$

$$部门税前经营利润＝部门可控贡献毛益－不可控固定成本 \tag{9-3}$$

以贡献毛益作为利润中心的业绩评价依据不够全面;以部门可控贡献毛益作为业绩评价依据可能是最好的,它反映了部门经理在其权限和控制范围内有效使用资源的能力;以部门税前经营利润作为业绩评价依据,可能更适合评价该部门对公司利润和管理费用的贡献,而不适合于部门经理的评价。

> [例9-1] 浙江 AW 公司下设的 A 利润中心的相关财务资料如下:营业收入为100 万元,变动成本总额为 40 万元,固定成本为 20 万元,其中:由该中心负担的固定成本为 20 万元,中心负责人可控的固定成本为 10 万元。要求,计算考核 A 利润中心经理业绩的指标;考核 A 利润中心对公司贡献的指标。
>
> 分析如下:
>
> 利润中心可控贡献毛益适合于考核 A 利润中心经理业绩;部门贡献毛益总额适合考核 A 利润中心对公司的贡献。
>
> A 利润中心可控贡献毛益＝100－40－10＝50(万元)
>
> A 利润中心部门贡献毛益总额＝100－40－20＝40(万元)

(四) 投资中心

1. 投资中心的概念和特征

投资中心是指既对成本、收入和利润负责,又对投资效果负责的责任中心。投资中心是最高层次的责任中心,它拥有最大的决策权(经营决策权和投资决策权),也承担最大的责任。大型企业集团内部具有投资决策权和经营决策权的事业部、子公司、分公司等均可成为投资中心。

投资中心必然是利润中心,但利润中心并不都是投资中心。利润中心没有投资决策权,而且在考核利润时也不考虑所占用的资产。

2. 投资中心的考核指标

投资中心常见的考核指标有:投资报酬率、剩余收益。

（1）投资报酬率。其计算公式如下：

$$部门投资报酬率＝部门税前经营利润/部门平均净经营资产 \qquad (9\text{-}4)$$

投资报酬率的优点：第一，它是根据现有会计资料计算的，比较客观，可用于部门之间，以及不同行业之间的比较；第二，投资报酬率可以分解为投资周转率和部门经营利润率两者的乘积，并可进一步分解为资产明细项目和收支明细项目，从而对整个部门经营状况作出评价。

投资报酬率的缺点：第一，部门会放弃高于公司要求报酬率而低于部门投资报酬率的机会；第二，部门可能减少现有投资报酬率较低但高于公司要求报酬率的某些资产。这两种做法都可使得本部门业绩最大化，但它损害了公司整体利益。

（2）剩余收益。其计算公式如下：

$$剩余收益＝部门税前经营利润－部门平均净经营资产×公司要求的税前投资报酬率$$

剩余收益的优点：可以使业绩评价与企业的目标协调一致，引导部门经理采纳高于企业资本成本的决策；允许使用不同的风险调整资本成本。

剩余收益的缺点：这是一个绝对数指标，不利于不同规模的公司或部门业绩比较。

[例 9-2] 浙江 AW 公司的 W 投资中心的部门利润 1 200 万元，平均净经营资产 10 000 万元，AW 公司要求的投资报酬率为 10%。要求：计算 W 投资中心投资报酬率和剩余收益。

分析如下：

投资报酬率＝1 200/10 000 ×100%＝12%

剩余收益＝1 200－10 000×10%＝200（万元）

第三节 内部结算价格

一、内部结算价格的概念

内部结算价格又称内部转移价格，是指企业内部分公司、分厂、车间、分部等责任中心之间相互提供产品（或服务）、资金等内部交易时所采用的计价标准。

制订内部转移价格的目的是防止产品转移带来的部门间责任转嫁，使每个利润中心都能作为单独的组织单位进行业绩评价；内部转移价格机制还可引导下级部门采取明智的决策，生产部门据此确定提供产品的数量，购买部门据此确定所需要的产品数量。

二、内部结算价格的分类和适用范围

（一）市场价格法

市场价格法，是指以中间产品的市场价格为基础制定内部结算价格的方法，采用这种方法要求中间产品有流动性充足的外部市场，市场成交价格容易取得。在市场价格法下,内部结算价格不能简单采用市场成交价,而应在市场成交价的基准上进行调整。这是因为市场成交价往往包含运输费用、广告费用等销售费用及价内税(消费税等),而这些费用不宜包括在内部结算价格中,所以市场价格法下的内部结算价格是一种修正的市场价格。

当内部购销双方均可以自主决策是否外销或外购中间产品时,可采用市场价格法。当内部结算价格高于市场价格时,下游责任中心则会选择外购;当内部结算价格低于市场价格时,上游责任中心会选择外销。可见,市场价格法确定的内部结算价格并不是双方事先约定的,而是通过内部竞争机制形成的。市场价格法在企业内部建立了竞争性的市场环境,内部购销双方相当于市场上独立的企业,从而给各责任中心以竞争压力,有利于激发员工的积极性。

如前所述,市场价格法适用于中间产品有充分竞争的外部市场,并且内部购销双方有自主决策权(外销或外购)的情况。但在实际执行时,情况比较复杂,有可能出现各责任中心的局部利益偏离企业整体利益的情况。比如,当下游责任中心为降低成本选择外购时,如果导致企业生产能力闲置,则需比较外购产生的收益与生产能力闲置产生的损失,如果损失大于收益,则从企业总体考虑不宜外购。下面举例说明市场价格法的应用(不考虑销售费用等)。

[例9-3]　甲、乙两部门均为利润中心,分别生产甲、乙产品,甲部门是第一道环节,负责向乙部门提供半成品甲产品,每年提供10万件;同时,甲产品有充分竞争的外部市场,可直接按照市场价对外销售,甲部门每年最大产能为10万件。乙部门收到甲产品后继续加工成乙产品对外出售。假定全部固定成本均为本部门的不可控成本。甲、乙产品的具体资料如表9-1所示。

表9-1　甲、乙产品的具体资料

项　目	甲产品	乙产品
固定成本总额/万元	3 000	7 000
单位变动成本/万元	200	200(不含甲产品成本)
市场销售单价/(元/件)	800	2 000

分析如下:

因甲乙两个部门均为利润中心,固定成本均不可控,用部门可控利润作为业绩考核指标是比较科学的,由于双方均有外销、外购的决策权,当内部结算价格偏离市场价格时便会有一方选择外部市场,这使得甲部门销售价与乙部门进货价均为市场价格。

(1)如果乙方压价为600元/件,甲选择外销,甲、乙中心与公司的可控利润为:

甲中心的可控利润:(800-200)×10万件=6 000(万元)

乙中心的可控利润:(2 000-800-200)×10万件=10 000(万元)

公司利润:6 000+10 000-(3 000+7 000)=6 000(万元)

(2)如果双方定价为 800 元/件,双方成交,甲、乙中心与公司的可控利润为:

甲中心的可控利润:(800-200)×10 万件=6 000(万元)

乙中心的可控利润:(2 000-800-200)×10 万件=10 000(万元)

公司利润:6 000+10 000-(3 000+7 000)=6 000(万元)

(3)如果甲方抬价为 1000 元/件,乙选择外购,甲、乙与公司的可控利润为:

甲中心的可控利润:(800-200)×10 万件=6 000(万元)

乙中心的可控利润:(2 000-800-200)×10 万件=10 000(万元)

公司利润:6 000+10 000-(3 000+7 000)=6 000(万元)

在没有剩余生产能力的情况下,双方都有自由选择权。由表 9-2 可知,如果内部结算双方有一方压价或抬价,使内部结算价格偏离市场价格,则内部交易不能达成,且无论内部结算价格高低如何,各方的可控利润与公司利润均不受影响公司利润也不会因内部转移价格的变化而受影响。

表 9-2 内部转移价格分析(没有剩余生产能力)

拟定甲的转移价格	600 元/件	800 元/件	1 000 元/件
双方交易选择	甲选择外销	双方成交	乙选择外购
甲中心可控利润/万元	6 000	6 000	6 000
乙中心可控利润/万元	10 000	10 000	10 000
公司利润/万元	6 000	6 000	6 000

通过分析可知,如果内部结算双方有一方压价或抬价,使内部结算价格偏离市场价格,则内部交易不能达成,且无论内部结算价格高低如何,各方的可控利润与公司利润均不受影响。

[例 9-4] 承上例,假定甲部门的生产能力为每年 20 万件,且外部市场只能容纳 10 万件,其他条件不变,甲乙与公司的利润结果计算如下:

(1)如果乙方压价为 600 元/件,甲选择外销,甲、乙中心与公司的可控利润为:

甲中心的可控利润:(800-200)×10 万件=6 000(万元)

乙中心的可控利润:(2 000-800-200)×10 万件=10 000(万元)

公司利润:6 000+10 000-(3 000+7 000)=6 000(万元)

(2)如果双方定价为 800 元/件,双方成交,甲、乙中心与公司的可控利润为:

甲中心的可控利润:(800-200)×20 万件=12 000(万元)

乙中心的可控利润:(2 000-800-200)×10 万件=10 000(万元)

公司利润:12 000+10 000-(3 000+7 000)=12 000(万元)

(3)如果甲方抬价为 1 000 元/件,乙选择外购,甲、乙与公司的可控利润为:

甲中心的可控利润:(800-200)×10 万件=6 000(万元)

乙中心的可控利润:(2 000-800-200)×10 万件=10 000(万元)

公司利润:6 000＋10 000－(3 000＋7 000)＝6 000(万元)

当存在剩余生产能力时,根据表9-3的计算结果可知,内部转移价格的制定可以影响公司利润,部门利益与公司利益发生冲突,公司应视情形进行干预,促进内部交易的达成。

表9-3　内部转移价格分析(有剩余生产能力)

拟定甲的转移价格	600 元/件	800 元/件	1 000 元/件
双方交易选择	甲选择外销	双方成交	乙选择外购
甲中心可控利润/万元	6 000	12 000	6 000
乙中心可控利润/万元	10 000	10 000	10 000
公司利润/万元	6 000	12 000	6 000

若公司最高管理层不按照市场价,强制制定高价或低价达成交易,例如强制采取600元/件或1 000元/件,在这种情况下的利润变化情况计算如下:

(1)如果强制甲方接受600元/件的销价,则甲、乙中心与公司的可控利润为:

甲中心可控利润:(600－200)×10万件＋(800－200)×10万件＝10 000(万元)

乙中心可控利润:(2 000－600－200)×10万件＝12 000(万元)

公司利润:10 000＋12 000－(3 000＋7 000)＝12 000(万元)

(2)如果强制乙方接受1 000元/件的内部采购价,则甲、乙中心与公司的可控利润为:

甲中心可控利润:(1 000－200)×10万件＋(800－200)×10万件＝14 000(万元)

乙中心的可控利润:(2 000－1 000－200)×10万件＝8 000(万元)

公司利润:14 000＋8 000－(3 000＋7 000)＝12 000(万元)

当存在剩余生产能力时,公司管理层可以干预双方交易,根据表9-4的计算结果可知,通过公司干预,强制要求双方接受某个内部转移价格或重新确定内部转移价格,干预后的公司利润高于干预前利润。

表9-4　强制交易的情况

干预甲的转移价格	600 元/件	1 000 元/件
双方交易选择	强制成交	强制成交
甲中心可控利润/万元	10 000	14 000
乙中心可控利润/万元	12 000	80 000
公司利润/万元	12 000	12 000

(二) 成本转移价格法

如果中间产品没有成熟的外部市场,或者是针对成本中心进行核算,则可以采用

成本转移价格作为内部结算价格。按照对成本的不同界定,可分为以下两种类型:

1. 标准制造成本法

标准制造成本法按中间产品的标准制造成本作为内部结算价格,它适用于成本中心之间的产品转移。在进行成本会计核算时,会得出实际成本与标准成本的差异。两者的差异反映出成本管理的效果,当实际成本大于标准成本时,产生不利差异,当实际成本小于标准成本时,产生有利差异。采用标准成本法,可以将成本核算过程与业绩考核过程结合起来,简便易行。同时,各责任中心的考核是相对独立的,可有效避免上游责任中心成本变化对下游责任中心的影响。

2. 标准变动成本法

标准变动成本法是指以单位产品的标准变动成本作为内部结算价格。各责任中心结转中间产品成本时,只按中间产品的数量与标准变动成本计算,固定成本不参与结转,而是直接划转到上一级的责任中心。其优点是能够准确反映责任中心成本节约或超支情况,缺点是不包含固定成本,所以不能反映劳动生产率提高产生的收益。当成本责任中心通过提高劳动生产率增加产量时,会使每件产品分摊的固定成本额降低,这一点在标准变动成本法下无法体现出来,扩大产量产生的经济利益没有被供应方享有,这有可能使责任中心的目标偏离企业目标。下面举例说明两种方式的不同。如前所述,两种方法均适用于成本中心,考核指标选定为责任成本变动率。

[例9-5] 丙、丁部门均为公司的成本中心,丙为丁提供中间产品,该产品本期实际产量为300件,标准制造成本为3 000元/件。直接材料标准成本为1 000元/件,其中:直接材料的标准价格为100元/千克,标准消耗量为10千克/件。直接人工成本1 000元/件,其中:标准人工工时为100小时/件,标准人工工资率为10元/小时。丙中心的最大产能为400件,假定这个产量范围内固定成本总额将稳定在为400 000元。固定成本按人工工时来分配,标准分配率为10元/小时。为简化分析,假定不属于成本中心的责任剔除,假定直接材料与直接人工均不存在价差,实际固定本总额等于计划固定成本总额。责任成本变动额分析如表9-5所示。

表9-5 责任成本变动额分析

项目	直接材料消耗量/千克		直接人工工时		产量/件		合计
	标准	实际	标准	实际	计划	实际	
	10	8	100	95	400	300	
成本差异	直接材料数量差异		直接人工效率差异		固定成本差异		
标准制造成本差异/元	$(8 \times 300 - 10 \times 300) \times 100 = -60\ 000$		$(95 \times 300 - 100 \times 300) \times 10 = -15\ 000$		$400\ 000 - 10 \times 100 \times 300 = 100\ 000$		25 000
标准变动成本差异/元	$(8 \times 300 - 10 \times 300) \times 100 = -60\ 000$		$(95 \times 300 - 100 \times 300) \times 10 = -15\ 000$		不适用		$-75\ 000$

在其他条件均相同的情况下,增加产量时,用标准制造成本法计算出来的有利差异比用标准变动成本法计算出来的有利差异要大。其原因是在标准制造成本法下,增加产量带来的单位产品固定成本下降被包括进来了,可见,在鼓励增加产量时,用标准制造成本法更为合理。通过下述责任成本变功率的分析也能说明这一问题,假设其他条件均与上表相同,但实际产量取不同值,责任成本变动率分析如表 9-6 所示。

表 9-6　责任成本变动率分析

实际产量/件	200	300	400
标准制造成本/元	200×3 000＝600 000	300×3 000＝900 000	400×3 000＝1 200 000
实际制造成本/元	8×100×200＋10×95×200＋400 000＝750 000	8×100×300＋10×95×300＋400 000＝925 000	8×100×400＋10×95×400＋400 000＝11 000 000
责任制造成本变动率	(75万－60万)/60万＝25%	(92.5万－90万)/90万＝2.78%	(110万－120万)/120万＝－8.33%
标准变动成本/元	200×2 000＝400 000	300×2 000＝600 000	400×2 000＝800 000
实际变动成本/元	8×100×200＋10×95×200＝350 000	8×100×300＋10×95×300＝525 000	8×100×400＋10×95×400＝700 000
责任变动成本变动率	(35万－40万)/40万＝－12.5%	(52.5万－60万)/60万＝－12.5%	(70万－80万)/80万＝－12.5%

从表 9-6 中得出结论,随着产量的增加,标准变动成法下的责任成本变动率维持一个常量,而标准制造成本法下的责任成本变动率朝有利的方向变动。以上分析表明,标准制造成本法能反映出劳动生产率提高对降低单位产品固定成本的贡献。如果产量被企业作为至关重要的指标,则标准制造成本法是比较合适的成本管理模式。

(三) 标准制造成本加成法

标准制造成本加成法是指按中间产品的标准制造成本加上合理的利润作为内部结算价格,主要适用于人为利润中心的中间产品转移。其优点是可以调动各责任中心的生产积极性,当产量增加时,即使成本不降低,利润总额也会相应增加。其缺点是合理利润的确定有一定的主观随意性,不易找到客观标准。

(四) 协商价格法

协商价格法也称为议价法,是指各责任中心转移中间产品时,由供需双方定期协商,确定一个双方均愿意接受的价格作为内部结算价格。协商价格法适用于利润中心,当中间产品存在外部市场,但外部市场竞争不充分、成交价格代表性差时,便可采用协商价格法。协商价格一般以市价为上限,以单位变动成本为下限。在双方争执不下时,协商价格的达成往往需要企业高层的协调或仲裁。采用此种方法的优点是,双方可以充分讨价还价,充分表达意见;缺点是费时费力,各方往往相持不下,需要高层干预。

(五) 双重价格法

双重价格法是指提供产品的部门转出产品与接收产品的部门转入产品,分别采用不同的内部结算价格,其差额由会计部门进行调整。由于此方法比较灵活,适用范围也比较广泛。当不同类型的责任中心转移产品,可以采用双重价格法,例如,成本中心向利润中心提供中间产品,则成本中心可选用成本转移价格法,利润中心可以选用市场价格法。同理,利润中心向成本中心提供产品时,利润中心可采用市场价格法,而成本中心可按利润中心的变动成本或制造成本结转。双重价格法的优点是比较灵活,避免各责任中心因内部结算价格不合理而转向外部市场;缺点是标准过多,核算比较复杂。

第四节　责任预算与责任中心业绩报告

一、责任预算编制

责任预算,是指以责任中心为对象,以各责任中心可控的成本、收入、利润或投资为内容编制的预算。全面预算明确了整个企业在一定时期内达到的经营目标,责任预算则将总目标分解落实,为全面预算的实现提供组织保证。

责任预算的编制程序分为自上而下与自下而上两类:

自上而下的编制程序,即高层管理人员将总目标层层分解,这种编制方法效率比较高,但很难全面照顾到各基层单位利益,可能出现苦乐不均的情况,打击基层管理人员的积极性。

自下而上的编制程序,即各责任中心编制完成各自的责任预算,层层汇总至管理层,最高管理层根据企业经营总目标对各责任中心预算进行调整,然后反馈到责任中心。这种编制程序充分调动了全体员工的积极性,但编制过程比较烦琐,各责任中心可能从自身利益出发,损害企业整体利益。

二、责任中心业绩报告

(一) 责任中心业绩报告的概念和特征

1. 责任中心业绩报告的概念

责任中心业绩报告反映责任预算实际执行情况,揭示责任预算与实际结果之间差异的内部管理会计报告。业绩报告至少应包含责任中心的实际业绩、责任中心的预计业绩和差异分析三个方面的信息。

2. 责任中心业绩报告的特征

责任中心业绩报告应具备以下四个特点:

(1) 强调个人责任的划分:区分经理业绩、部门业绩。

(2) 选择恰当的标准:预算标准、历史标准、外部标准。

(3) 重要信息的提示:显著差异、例外原则。

(4) 有效沟通。在充分沟通和调查的基础上,才能决定下一步行动。

(二)责任中心业绩报告编制

责任中心业绩报告的编制是从最基层的责任中心开始,低层次的责任报告按照企业组织结构所建立的责任层次逐级上报,高层次责任中心将下级的责任中心业绩报告与本部相关业绩指标汇总后,编制本中心的责任报告;以此类推,直到最高层次的责任中心编制出业绩报告。

1. 成本中心的业绩报告

成本中心的评价重点是可控成本之和,即责任成本。评价指标为成本差异,即实际成本和预算成本之间的差异,包括不利差异和有利差异。

成本中心业绩指标分析如下:首先是成本中心的"项目"分为"可控成本"和"不可控成本"两个大类;其次,将"可控成本"分为"变动成本"和"固定成本"两个中类;再次,"变动成本"分为"直接材料""直接人工""变动制造费用""其他变动费用"四个小类。成本中心的业绩报告如表9-7所示。

表9-7 成本中心的业绩报告

项 目		实际数	预算数	差异	差异产生原因	备注
可控成本(责任成本)						
可控变动成本	直接材料					
	直接人工					
	变动制造费用					
	其他变动费用					
可控固定成本	固定制造费用					
	其他固定费用					
可控成本小计						
不可控成本						
总成本合计						

2. 收入中心的业绩报告

收入中心业绩可以通过编制收入中心业绩报告体现,收入中心的评价重点是销售完成情况、回款率、货款平均回收天数、坏账发生率等。收入中心的业绩报告如表9-8所示。

表9-8 收入中心的业绩报告

项 目	实际数	预算数	差异	差异产生原因	备 注
销售收入					
当期回款率					
货款平均回收天数					
坏账发生率					

3. 利润中心的业绩报告

利润中心业绩可以通过编制利润中心业绩报告体现。通过一定期间实现的责任利润同预算进行比较，分析差异产生的原因并厘清责任。利润中心编制的责任报告通常应该包括利润中心的销售收入、变动成本、贡献毛益、部门可控贡献毛益、部门营业利润等指标的预算数、实际数、差异数以及差异产生原因四栏。利润中心的业绩报告如表 9-9 所示。

表 9-9 利润中心的业绩报告

项　　目	实际数	预算数	差异	差异产生原因	备　　注
销售净额					
减：变动生产成本					
变动管理费用					
变动销售费用					
贡献毛益					
减：可控性固定成本					
部门可控贡献毛益					
减：不可控固定成本					
部门营业利润					

4. 投资中心的业绩报告

投资中心的业绩评价指标除了成本、收入和利润指标外，主要还包括投资报酬率、剩余收益等指标。因此，投资中心的业绩报告通常包含上述评价指标。投资中心的业绩报告如表 9-10 所示。

表 9-10 投资中心的业绩报告

项　　目	实际数	预算数	差异	差异产生原因	备　　注
销售净额					
减：变动生产成本					
变动管理费用					
变动销售费用					
贡献毛益					
减：可控性固定成本					
部门可控贡献毛益					
减：不可控固定成本					
部门营业利润					
部门投资资本					
部门投资报酬率					
企业资本成本率					
部门剩余收益					

本 章 小 结

1. 随着企业经营规模与组织规模的不断发展,企业管理变得越来越复杂。为适应管理的需要,最高管理者不断地分权给基层部门,在企业内部实行专业化分工和经济责任制管理。为适应分权管理与经济责任制要求,企业发展出了的一套责任会计系统。

2. 责任会计是为适应企业内部经济责任制的要求,对企业内部各责任中心的经济业务进行规划与控制,以实现业绩考核与评价的一种内部会计控制制度。责任会计产生的背景是分权管理与经济责任制。在针对企业自身特点基础上,责任会计的应用还需符合一些指导原则,例如目标一致性、可控性、责权利相结合等原则。

3. 责任中心分为成本中心、收入中心、利润中心和投资中心。每种责任中心均有一系列的考核指标,指标体系的设定应能激发各责任中心的主观能动性,同时又能协调局部利益与整体利益。

4. 在生产经营流程中,各责任中心互相转移产品或劳务时,需按内部转移价格结算,明确责权利;内部转移价格可分为市场价格法、成本转移价格法、标准制造成本加成法、协商价格法及双重价格法。内部转移价格的制定要照顾各方利益,体现公平原则,激励各方的积极性,同时防止局部利益与整体利益产生冲突。

5. 企业完成全面预算后,需将全面预算落实到各责任中心,各责任中心的预算为全面预算的落实提供了组织保证,预算的编制程序有自上而下及自下而上两种。责任中心业绩报告编制是从最基层的责任中心开始,低层次的责任报告按照企业组织结构所建立的责任层次逐级上报,高层次责任中心将下级的责任中心业绩报告与本部相关业绩指标汇总后,编制本中心的责任报告;以此类推,直到最高层次的责任中心编制出业绩报告。

复习思考题

1. 什么是责任会计? 责任会计应遵循哪些原则?

2. 各类型责任中心的特点是什么?

3. 各类型责任中心的考核指标有哪些?

4. 什么是内部转移价格? 简述各类型内部转移价格的适用范围。

练 习 题

1. 甲公司下设 A、B 两个投资中心, A 投资中心的平均净经营资产为 500 万元, 部门营业利润为 75 万元; B 投资中心的平均净经营资产为 200 万元, 部门营业利润 22 万元; 甲公司的资本成本为 10%。目前有一新项目需要投资额 100 万元, 投资后可增加部门营业利润 12 万元。

要求:

(1) 计算追加投资前 A、B 投资中心的投资报酬率和剩余收益。

(2) 从投资报酬率的角度看, A、B 投资中心是否会愿意接受该投资。

(3) 从剩余收益的角度看, A、B 投资中心是否会愿意接受该投资。

2. 乙公司的发展规模越来越大, 业务也越来越复杂和多元化, 为了更好地管理, 乙公司建立了责任会计系统, 并将其三个主要部门划分为成本中心、利润中心和投资中心, 拟定了相应的业绩考核指标。

D 部门为 E 部门提供半成品, 由于该半成品不能直接进入市场, 也无市场价格可供参考, 无法考核收入。公司的考核要求是: 每个单位的产品成本不得高于 100 元。低于 100 元的, 按其减少数值给予 10% 的奖励。

E 部门负责产品加工与销售。公司的考核要求是: 每年完成 1 000 万元的部门税前经营利润, 超过部分按 10% 给予奖励。

F 部门业务较分散, 公司的考核要求是: 投资报酬率要不低于 10%, 超过部分按给予梯级奖励(不同幅度对应相应的金额)。部门经理可以自主确定投资项目, 产品自主定价, 报乙公司本部备案即可。

要求:

(1) 说明三个部门属于责任中心的类型及原因。

(2) D 部门的成本考核指标设计时需要关注哪些问题?

(3) 如果既要考核 E 部门业绩, 还要考核部门经理业绩, 现有指标是否合理, 请说明理由。

(4) 从公司总体利益出发, 分析 F 部门考核指标存在的不足, 并提出改进措施。

3. 浙江龙山公司是一家中小型制造企业, 公司在进一步的发展中, 现有成本管理模式越来越不适应业务经营管理需求。管理层拟将标准成本法和责任会计结合起来进行管理。

要求:

请为该公司设计一个简明的管理流程。

案例讨论题

浙江吉利汽车的自主经营体①

浙江吉利汽车的产品线利润中心是成本会计和管理会计的有机结合。吉利汽车把责任利润中心管理模式全面推广至销售、研发、采购、量产新基地,同时开展相关职能专项经营体建设。经营体是企业根据核心业务流程划分的"经营链",是可以独立核算的最小组织。这一管理模式核心要素是明确资源量化,确立内部交易价格体系和建立完善的信息系统。经营体建设三支柱,如图 9-1 所示。经营体的推进使得销售模块中的营销人员享受市场占有率及销量提升带来的收益;研发模块中的研发人员的收入和新品研发进度和市场表现密切挂钩;采购模块中的采购人员工资和采购产品质量和产品成本密切挂钩;制造模块中所有制造人员不断实现资源利用最大化、成本最小化,分享质量提升、降本增效带来的经营收益。同时绩效考核、薪酬评价与分配体系逐渐完善,在激活整体组织的活力方面效果显著。

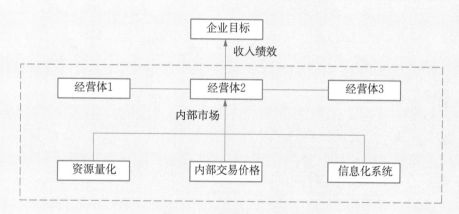

图 9-1 经营体建设三支柱

以制造经营体为例,各制造类公司根据核心业务流程划分"经营链",将企业员工划分为若干可以独立核算的最小组织单位——经营体,而经营体之间通过内部价格进行工厂各工序间的交易合作,将每一个经营体作为业绩核算单位。产品在不同的经济体之间流转,从而构成整个经营链。经营体考核强调"物料和能耗的节约以及效率的提升",主要考核指标包括成本的节约、效率的提升、产品质量的提升、

---

① 季周,吉利汽车的责任利润中心建设与绩效考核[J].财务与会计,2019(23).

作业面积的节约、人员的减少、工装设备使用寿命延长、员工技能提升等。具体实施措施如下：

第一，经营体划分到位是前提。在企业整体的项目管理体系内，经营体以地域、产品为导向，确保经营体划分到位。目前，吉利汽车在全国范围内，如成都、湘潭、晋中、宝鸡、张家口、贵阳及宁波片区设有整车、动力、零部件等制造工厂，每个工厂均作为一个制造经营体，各个经营体之间相互独立。

第二，资源量分配到位是基础。资源量分配与经营体的性质、规模、品牌息息相关。不同的经营体，与之匹配相应的研发、基建、设备以及信息化资源投入，为经营体的运营打下良好开端，顺利实现量产，并强调后期高效利用资源，合理追加配置维持保障及技改类项目投资。

第三，内部价格体系建立到位是核心。目前，由量产工厂、目录公司、销售公司、经销商组成了一套完整的内部价格确立体系，再结合材料成本、政府补贴、销售费用、经销商返利等利润影响因素，确保内部价格体系建立到位。上述措施使得经营链在流转时保证了公平高效的"内部市场"。

讨论题：

浙江吉利汽车的自主经营体表现为哪种类型的责任中心？在实施中，有哪些可能存在的风险与难点？

第十章 业绩评价

学习目标

1. 了解业绩评价体系、业绩评价功能；
2. 掌握经济增加值的计算方法；
3. 理解经济增加值法的优缺点；
4. 掌握平衡计分卡指标体系及其优缺点；
5. 了解平衡计分卡与传统业绩评价系统的区别；
6. 理解 OKR 和 KPI 的内涵、特点与差异；
7. 掌握构建关键绩效指标体系的程序。

课程思政要点

引导案例

随着中国高铁的快速发展,浙江洪江机械公司迎来发展机遇,加之自身产品优势,公司的发展趋势良好。然而,在2018年后,公司的产品技术创新总是落后于主要竞争对手,过去的铁杆客户不断流失,在运营中还经常出现内斗现象。管理层的困惑是:公司战略方向正确,产品质量过硬,营销上也有较好的激励机制,但结果总是不尽如人意。

管理咨询公司经过调研后发现:洪江机械公司上述问题的主要根源在于其不恰当的业绩评价机制。业绩评价对公司的战略目标落地很重要,正所谓"组织想得到什么,就应该评价什么"。从公司到基层部门和个人,公司的业绩评价指标都是财务指标,比如销售部是订单额,并以订单额计算提成。公司的目的是培养狼性的销售队伍,但结果是销售人员追求利益最大化,盲目接单,忽视了与生产组织、技术设计等环节的沟通协调。另外,公司业绩评价的目的是奖惩,这导致部门和员工普遍存在急功近利的思想。公司领导经常在会议上强调"我不管过程,只看结果",企业一直遵循这种"结果导向"文化。

管理咨询公司认为:业绩评价本应成为战略规划到具体行动的推进器,但公司的业绩评价与战略是脱节的;业绩评价具有战略导向作用,影响着企业的价值取向,从而影响企业资源的流向。公司过分重视短期财务结果的取得和维持,容易助长公司管理者急功近利的思想和短期投机行为。现有业绩评价仅仅应用在奖惩上,未能实现企业目标与员工目标的一致性。随着信息技术和通信技术的发展以及全球经济的一体化，企业间竞争日趋激烈，竞争的焦点更多体现在市场份额、客户关系、雇员与顾客满意程度、作业流程以及企业在经营、管理上的学习及创新能力等方面。

请思考：

公司应如何以平衡计分卡为总体框架，以关键业绩指标为构成要素，以绩效合同为表现形式构建战略导向的业绩评价机制？

第一节　业绩评价概述

一、业绩评价的概念

企业业绩评价（或称业绩考核、绩效考核）是企业为了衡量其既定目标的实现程度，以及企业内部各部门、个人对目标实现的贡献程度的一个评判过程。企业业绩评价的最终目的是提升企业的管理水平、管理质量和持续发展能力。

二、业绩评价层次和评价角度

（一）业绩评价层次

业绩评价主要包括企业层面、部门层面、个人层面三个层面。

1. 企业层面

企业层面的业绩评价是指对包括母公司在内的企业集团的业绩评价。它是评价范围最广、评价内容最多、评价指标最全、评价边界相对清晰的业绩评价层面。

2. 部门层面

部门层面的业绩评价是指在公司内部按照业务单元、地域分布等标准将企业整体划分成多个子业绩评价对象，并对其业绩进行评价的过程。部门层面的评价是对企业整体业绩评价的分解与细化。

3. 个人层面

个人层面的业绩评价按领导层次和一般员工层次划分，对企业层面进行业绩评价的同时也是对企业领导的业绩评价。

（二）业绩评价角度

业绩评价主要从外部视角（财务视角）与内部视角（管理视角）两个角度来进行。

1. 外部视角（财务视角）

企业财务报告的使用者是现有或潜在的股东、信贷者、供应商，以及其他一些外部的利益相关者。这些外部的利益相关者，需要根据各自的需要，定期或不定期地对企业进行业绩评价。

外部视角的企业业绩评价主要采用财务指标。

2. 内部视角（管理视角）

企业内部的业绩评价，主要根据预算目标和企业战略来进行。企业整体的业绩目标，必须分解，落实到各分部和经营单位，成为内部各单位业绩评价的依据。

内部视角的企业业绩评价,既可以采用贡献毛利、息税前利润、净利润、自由现金流、EVA 等财务指标或价值指标,也可以采用客户满意度、产品质量等级、送货及时性等非财务指标。

三、业绩评价的功能

业绩评价具有价值判断、预测、战略传达和管理、行为导向四大功能。

(一)价值判断功能

价值判断功能是企业业绩评价的基本功能,也是业绩评价概念的核心内容。

(二)预测功能

科学地评价企业业绩,可以为出资人行使经营者的选择权提供重要依据;可以有效地加强对企业经营者的监管和约束;可以为有效激励企业经营者提供可靠依据;还可以为政府有关部门、债权人、企业职工等利益相关方提供有效的信息支持。

(三)战略传达和管理功能

企业为了实现其远景目标和长期发展战略,必须制定近期的、具体的经营战略并确定相应的关键业绩驱动因素,在此基础上设置反映多方面、多层次经营管理活动的过程及其成果的业绩评价指标体系,并为这些指标设置相应的目标值。

(四)行为导向功能

业绩评价标准对考核的组织目标与个人目标均有导向作用。业绩评价的最终目的就是促进企业与员工的共同成长。通过在考核过程中不断发现问题、改进问题,不断促进提升,从而达到个人和企业的双赢。

四、业绩评价的程序

企业业绩评价的程序一般包括:设计业绩评价体系、下达业绩评价目标值、动态监控业绩执行情况、确认业绩评价结果。

五、业绩评价体系

业绩评价体系的构成要素包括评价主体、评价客体、评价目标、评价指标、指标权重、评价标准、评价计分方法和评价报告。

(一)业绩评价指标与业绩评价指标体系

1. 业绩评价指标

业绩评价指标,是指根据业绩评价目标和评价主体的需要而设计的、以指标形式体现的、能反映评价对象特征的因素。

2. 业绩评价指标体系的特点

一般来说,成功的业绩评价指标体系有如下特点:

(1)指标体系有战略高度。指标体系以顾客为导向,通过学习和成长,内部运营维度的有效运作,实现企业的财务目标。

(2)指标体系能以财务业绩为评价落脚点。如顾客利润率、成本费用降低率、全员劳动生产率、知识与智力资产贡献价值增长率、社会贡献率等。

（3）财务指标与非财务指标的有机结合。指标体系是财务与非财务、定量与定性、静态与动态指标的一个有机集合。经济增加值等财务指标揭示了企业取得的经营业绩及今后发展的基础；而顾客满意度、新产品开发能力等非财务指标则预示着企业的长远发展能力和竞争潜力。

（4）突出知识创新对企业长期发展的影响。知识与智力资产贡献价值增长率、研究开发费用增长率等指标的设置有助于反映知识创新对企业经营业绩的影响，体现了时代发展对业绩评价指标体系改进的主客观要求。

（5）强化企业内部部门间的合作关系。指标涉及企业的供应、生产、营销、人力资源管理、研究开发、财务管理等部门，有效地协调各个部门之间的工作目标，避免滋生本位主义和资源浪费，使企业的整体运营达到优化。

3. 业绩评价指标的类型

业绩评价指标是企业业绩评价内容的载体。常见的业绩评价指标的分类方法有五种：

（1）根据指标是否可以用货币来计量，分为财务指标和非财务指标。财务指标是企业评价财务状况和经营成果的指标，是用货币形式来计量的。非财务指标被认为是能反映未来业绩的指标，良好的非财务指标的设计和应用有利于促进企业实现未来的财务成功。

（2）根据指标是否可以用数字来计量，分为定量指标和定性指标。

（3）根据指标是使用比率或总量形式来表达分为相对指标和绝对指标。

（4）根据指标的功能作用分为基本指标与修正指标。基本指标是评价企业业绩的核心指标，用以产生企业业绩评价的初步结果。修正指标是企业业绩评价指标体系中的辅助指标，用以对基本指标评价形成的初步评价结果进行修正，以产生较为全面的企业业绩评价基本结果。

（5）根据指标的性质方向可分为正向指标、反向指标与适度指标。在企业业绩评价指标体系中，有些是指标值越大评价越好的指标，称为正向指标，例如净资产收益率、总资产报酬率等效益型指标；有些是指标值越小评价越好的指标，称为反向指标，例如成本费用占营业收入比例、应收账款周转天数等指标；还有一些是指标值越接近某个值越好的指标，称为适度指标，例如资产负债率指标，该指标过高，说明杠杆太高，财务风险过大，但该指标过低又说明企业过于保守，当投资报酬率超过利息率时不利于企业价值的提升。

（二）业绩评价指标的权重

对评价客体进行业绩评价时，一般需合理设计多个评价指标，构成一个有机的指标体系。评价指标体系确定之后，需要对每一个指标赋予一定的权重。

权重是一个相对的概念，某一评价指标的权重是指该指标在整体评价指标体系中的相对重要程度。指标权重可以从若干评价指标中分出轻重，并在很大程度上反映企业的考核导向。同一评价指标，在对不同类型评价客体进行评价时可以赋予不同的权重。考核评价实践中应综合运用各种方法科学、合理设置指标权重，通常的做法是主要根据指标的重要性以及考核导向进行设置，并根据需要适时进行调整。

指标权重的确定,可选择运用主观赋权法和客观赋权法,也可综合运用这两种方法。主观赋权法是利用专家或个人的知识与经验来确定指标权重的方法,如德尔菲法、层次分析法等。客观赋权法是从指标的统计性质入手,由调查数据确定指标权重的方法,如主成分分析法、均方差法等。

(三)业绩评价标准

业绩评价标准是判断评价对象业绩优劣的基础,是对企业经营业绩进行价值判断的尺度。业绩评价标准的选择取决于评价的目的,评价标准在一定时期内应该具有相对的稳定性,即选定后并非一成不变。常用的企业业绩评价标准有三种:历史标准、预算标准与外部标准。

1. 历史标准

在明显缺乏外部比照对象的情况下,例如,在市场上企业属于领先者,尚未出现竞争对手时,为了衡量业绩,企业往往会使用历史标准,即采用历史的业绩作为参照物。历史标准的运用方式有三种,包括与上年实际比较、与历史同期实际比较、与历史最高水平比较。

2. 预算标准

企业通常会将长期的战略目标截取为阶段性的预算目标。预算控制的机制在于将实际业绩结果与预算目标进行比较,求出并分析差异,针对差异及时修正目标或实施改进措施。就目前情况来看,我国的大部分企业都有预算管理的传统和习惯,但是工作仅仅停留在预算的编制阶段,耗费了很大的人力物力,而没有将预算管理与业绩评价挂钩,没有提高预算管理的水平。

3. 外部标准

外部标准一般是通过标杆法来确定。标杆法是将企业自身的产品、服务或流程与标杆对象的最佳实务和经验相比较以达到持续改进、提升业绩的目的。企业通常采用的标杆法包括行业标杆、内部标杆和跨行业标杆等。

(1)行业标杆。行业标杆也叫作竞争性标杆,是选取直接竞争对手作为标杆对象,研究对手的产品、服务和工作流程,发现对手的竞争优势所在,从而提升自身,缩小与对手的行业差距。例如,通过购买对手的产品,然后将其拆解,对其内容和结构进行研究,最终达到提高自身产品竞争力的目的。

(2)内部标杆。为了克服行业竞争性标杆某些关键信息难以收集的弱点,企业可以采用内部标杆。具体方法是在企业内部不同产品和不同区域事业部之中选取最优样本,确定最佳管理实践,总结先进经验,在整个企业内部广泛推广。使用内部标杆法,避免了商业机密和行业道德问题,但也需要正确引导,避免内部的利益冲突。

(3)跨行业标杆。跨行业标杆也称为类标杆或职能标杆,就是将处在非相关行业的其他企业的指标纳入比较范围。尽管每个企业所处的行业不同,其价值链上的大部分职能是相同的,例如进货后勤、发货后勤、市场营销、人力资源管理以及采购等,通过比较学习,可以取长补短,促进企业自身的变革与完善,成为自己行业的标杆。

(四)业绩评价计分方法

业绩评价计分方法是根据评价指标,对照评价标准,形成最终评价结果的一系列手段。常见的业绩评价计分方法有:

1. 比率法

$$某项比率得分值＝实际完成值/考核评价目标×100\%×权重分数 \qquad (10\text{-}1)$$

> **[例 10-1]**　BD 公司的业绩评价办法规定,销售收入的完成率权重为 15％(15 分),实际得分不得超过 20 分。公司 2020 年销售收入的完成率为 110％,要求,根据比率法计算得分。
>
> 分析如下:
>
> 销售收入的得分＝110％×15＝16.5(分)

2. 插值法

插值法又称"内插法",是利用函数 $f(x)$ 在某区间中已知的若干点的函数值,作出适当的特定函数,在区间的其他点上用这个特定函数的值作为函数 $f(x)$ 的近似值。

> **[例 10-2]**　QW 公司的业绩评价办法规定,毛利率权重为 15％(即标准分数为 15 分),完成目标值得标准分;完成目标值每超过 2％,加 2 分,累计加分不得超过 8 分;完成目标值每低于 1％,扣减 2 分,累计扣分不得超过 8 分。2020 年,QW 公司实现毛利 5 300 万,超过目标值的 6％。要求,根据插值法计算毛利率考核指标的得分。
>
> 分析如下:
>
> 毛利率的得分:15＋6％÷2％×2＝21(分)

3. 减分法

针对标准分进行减扣而不进行加分的方法,即在执行指标过程中,当发现有异常情况时,按照一定的标准扣分,如果没有异常则得满分。

> **[例 10-3]**　HG 公司对质量管理的考核权重为 5％(即 5 分),公司规定:没有发生质量事故,得 5 分;对质量事故,根据情节轻重扣分(最高扣分不超过 10 分)。每发生一起重大质量事故扣减 5 分;每发生一起一般质量事故扣 2 分。

4. 尾差法

考核结果分为几个层次,实际执行结果落在哪个层次,该层次所对应的分数即为考核分数。

> **[例 10-4]**　FE 公司存货周转次数在业绩评价指标体系中的权重 5％(即标准分为 5 分),其计分方法为:年存货周转次数在 5 次及 5 次以下的,得 2 分;6～7 次,得 3 分;8～9 次,得 4 分;10 次及 10 次以上的,得 5 分。

5. 非此即彼法

即结果只有几种可能性,不存在中间状态。

（五）业绩评价报告

业绩评价报告是企业评价系统的输出信息，也是评价系统的结论性文件。

六、业绩评价指标体系的构建方法

企业可单独或综合运用经济增加值法、平衡计分卡、关键绩效指标法、目标和关键成果法等工具方法构建指标体系。指标体系应反映企业战略目标实现的关键成功因素，具体指标应含义明确、可度量。

第二节　经济增加值法

一、经济增加值法的内涵

（一）经济增加值法的概念

经济增加值法，是指以经济增加值（economic value added，EVA）为核心，建立绩效指标体系，引导企业注重价值创造，并据此进行绩效管理的方法。

经济增加值，是指税后净营业利润扣除全部投入资本的成本后的剩余收益。经济增加值及其改善值是全面评价经营者有效使用资本和为企业创造价值的重要指标。经济增加值为正，表明经营者在为企业创造价值；经济增加值为负，表明经营者在损毁企业价值。

（二）经济增加值法的应用

企业应用经济增加值法，应树立价值管理理念，明确以价值创造为中心的战略目标，建立以经济增加值为核心的价值管理体系，使价值管理成为企业的核心管理制度。经济增加值法较少单独应用，一般与关键绩效指标法、平衡计分卡等其他方法结合使用。

企业应用经济增加值法，一般按照制定以经济增加值指标为核心的绩效计划、制定激励计划、执行绩效计划与激励计划、实施绩效评价与激励、编制绩效评价与激励管理报告等程序进行。

（三）经济增加值法的优缺点

1. 经济增加值法的主要优点

（1）考虑了所有资本的成本，更真实地反映了企业的价值创造能力。

（2）实现了企业利益、经营者利益和员工利益的统一，激励经营者和所有员工为企业创造更多价值。

（3）能有效遏制企业盲目扩张规模以追求利润总量和增长率的倾向，引导企业注重长期价值创造。

2. 经济增加值法的主要缺点

（1）仅对企业当期或未来1~3年价值创造情况的衡量和预判，无法衡量企业长远发展战略的价值创造情况。

（2）计算主要基于财务指标，无法对企业的营运效率与效果进行综合评价。

（3）不同行业、不同发展阶段、不同规模等的企业，其会计调整项和加权平均资本成本各不相同，计算比较复杂，影响指标的可比性。

二、经济增加值指标体系构建程序

构建经济增加值指标体系，一般按照以下程序进行。

（一）制定企业级经济增加值指标体系

企业应结合行业竞争优势、组织结构、业务特点、会计政策等情况，确定企业级经济增加值指标的计算公式、调整项目、资本成本等，并围绕经济增加值的关键驱动因素，制定企业的经济增加值指标体系。

（二）制定所属单位（部门）级经济增加值指标体系

根据企业级经济增加值指标体系，结合所属单位（部门）所处行业、业务特点、资产规模等因素，在充分沟通的基础上，设定所属单位（部门）级经济增加值指标的计算公式、调整项目、资本成本等，并围绕所属单位（部门）经济增加值的关键驱动因素，细化制定所属单位（部门）的经济增加值指标体系。

（三）制定高级管理人员的经济增加值指标体系

根据企业级、所属单位（部门）级经济增加值指标体系，结合高级管理人员的岗位职责，制定高级管理人员的经济增加值指标体系。

三、经济增加值的计算

（一）经济增加值的计算公式

经济增加值的计算公式为：

$$经济增加值＝税后净营业利润－平均资本占用×加权平均资本成本 \qquad (10\text{-}2)$$

其中：

税后净营业利润衡量的是企业的经营盈利情况，它等于会计上的税后净利润加上利息支出等会计调整项目后得到的税后利润。

平均资本占用是所有投资者投入企业经营的全部资本，包括债务资本和股权资本。其中债务资本包括融资活动产生的各类有息负债，不包括经营活动产生的无息流动负债。股权资本中包含少数股东权益。资本占用除根据经济业务实质相应调整资产减值损失、递延所得税等，还可根据管理需要调整研发支出、在建工程等项目，引导企业注重长期价值创造。

加权平均资本成本是债务资本成本和股权资本成本的加权平均，反映了投资者所要求的必要报酬率。企业级加权平均资本成本确定后，应结合行业情况、不同所属单位（部门）的特点，通过计算（能单独计算的）或指定（不能单独计算的）的方式确定所属单位（部门）的资本成本。通常情况下，企业对所属单位（部门）所投入资本即股权资本的成本率是相同的，为简化资本成本的计算，所属单位（部门）的加权平均资本成本一般与企业保持一致。

[例 10-5]　DB 公司 2020 年息税前营业利润为 200 万元,所得税税率 25%,企业平均债务资本 600 万元,利息率为 5%;平均权益资本 400 万元,权益资本成本率为 10%。要求:计算该企业的经济附加值(EVA)。

分析如下:

经济附加值＝税后净营业利润－平均资本占用×加权平均资本成本

税后净营业利润＝200 ×(1－25%)＝150(万元)

加权资本成本＝600/(600＋400)×5%＋400/(600＋400)×10%＝ 7%

经济附加值＝150－(600＋400)×7%＝80(万元)

(二) 经济增加值计算中常用的调整项目

计算经济增加值时,需要进行相应的会计项目调整,以消除财务报表中不能准确反映企业价值创造的部分。会计调整项目的选择应遵循价值导向性、重要性、可控性、可操作性与行业可比性等原则,根据企业实际情况确定。常用的调整项目有:

(1) 研究开发费、大型广告费等一次性支出但收益期较长的费用,应予以资本化处理,不计入当期费用。

(2) 反映付息债务成本的利息支出,不作为期间费用扣除,计算税后净营业利润时扣除所得税影响后予以加回。

(3) 营业外收入和营业外支出具有偶发性,将当期发生的营业外收支从税后净营业利润中扣除。

(4) 将当期减值损失扣除所得税影响后予以加回,并在计算资本占用时相应调整资产减值准备发生额。

(5) 递延税金不反映实际支付的税款情况,将递延所得税资产及递延所得税负债变动影响的企业所得税从税后净营业利润中扣除,相应调整资本占用。

(6) 其他非经常性损益调整项目,如股权转让收益等。

(三) 经济增加值目标值

经济增加值目标值根据经济增加值基准值(简称 EVA 基准值)和期望的经济增加值改善值(简称期望的△EVA)确定。

$$EVA \text{ 目标值} = EVA \text{ 基准值} + \text{期望的} \triangle EVA \qquad (10\text{-}3)$$

企业在确定 EVA 基准值和期望的△EVA 值时,要充分考虑企业规模、发展阶段、行业特点等因素。其中,EVA 基准值可参照上年实际完成值、上年实际完成值与目标值的平均值、近几年(比如前 3 年)实际完成值的平均值等确定。期望的△EVA 值,根据企业战略目标、年度生产经营计划、年度预算安排、投资者期望等因素,结合价值创造能力改善等要求综合确定。

四、简化的经济增加值衡量

(一) 简化的经济增加值计算公式

在实践中,简化的经济增加值主要用于中央国资委下属央企。根据《中央企业负

责人经营业绩考核办法》规定,简化的经济增加值计算公式及相关调整说明如下:

$$经济增加值＝税后净营业利润－调整后资本×平均资本成本率 \quad (10-4)$$

其中:

税后净营业利润＝净利润＋(利息支出＋研究开发费用调整项)×(1－25％)

调整后资本＝平均所有者权益＋平均带息负债－平均在建工程

(二) 相关调整说明

简化的经济增加值计算公式中相关调整说明如下:

1. 利息与研发费用调整项目说明

(1) 利息支出是指企业财务报表中"财务费用"项下的"利息支出"。

(2) 研究开发费用调整项是指企业财务报表中的"研发费用"和当期确认为无形资产的研究开发支出。对于为获取国家战略资源,勘探投入费用较大的企业,经国资委认定后,将其成本费用情况表中的"勘探费用"视同研究开发费用调整项予以加回;对于勘探投入费用较大的企业,经国资委认定后,可将其成本费用情况表中的"勘探费用"视同研究开发费用调整项予以加回。

2. 带息负债与在建工程调整项目说明

(1) 带息负债是指企业带息负债情况表中带息负债合计。

(2) 在建工程是指企业财务报表中的符合主业规定的"在建工程"。

3. 平均资本成本率的确定

(1) 股权资本成本率的确定:对主业处于关系国家安全、国民经济命脉的重要行业和关键领域、主要承担重大专项任务的商业类企业原则上定为 5.5％;对主业处于充分竞争行业和领域的商业类企业原则上定为 6.5％;对公益类企业原则上定为 4.5％;对军工、电力、农业等资产通用性较差的企业下浮 0.5 个百分点。

(2) 债权资本成本率的确定:债权资本成本率＝利息支出总额/平均带息负债。

(3) 平均资本成本率的调整:对于工业企业,负债率高于上年且在 70％(含)至 75％,平均资本成本率上浮 0.2 个百分点;高于上年且在 75％(含)以上,平均资本成本率上浮 0.5 个百分点。对于非工业企业,负债率高于上年且在 75％(含)至 80％,平均资本成本率上浮 0.2 个百分点;高于上年且在 80％(含)以上,平均资本成本率上浮 0.5 个百分点。对于科研技术企业,负债率高于上年且在 65％(含)至 70％,平均资本成本率上浮 0.2 个百分点;高于上年且在 70％(含)以上,平均资本成本率上浮 0.5 个百分点。

4. 其他重大调整事项

发生下列情形之一,对企业经济增加值考核产生重大影响的,国资委酌情予以调整:

(1) 重大政策变化。

(2) 严重自然灾害等不可抗力因素。

(3) 企业重组、上市及会计准则调整等不可比因素。

（4）国资委认可的企业结构调整等其他事项。

第三节　平衡计分卡法

一、平衡计分卡的概念和特征

（一）平衡计分卡的概念

平衡计分卡是指基于企业战略，从财务、客户、内部业务流程、学习与成长四个维度，将战略目标逐层分解转化为具体的、相互平衡的绩效指标体系，并据此进行绩效管理的方法。

（二）平衡计分卡的特征

1. 体现了各类指标的平衡

平衡计分卡以战略为导向，平衡兼顾战略与战术、短期目标与长期目标、财务评价与非财务评价、内部绩效与外部绩效、滞后指标与先行指标，将企业的愿景和战略转化为具体的目标、指标、目标值和行动，对企业的经营业绩和竞争状况进行综合、全面、系统地评价。具体而言，平衡计分卡将企业的愿景和战略转化为四个不同的维度：财务维度、客户维度、内部业务流程维度、学习和成长维度。

2. 提供了一个全面的衡量框架

平衡计分卡提供了一个全面的衡量框架，一个能够将企业实力、为客户创造的价值和由此带来的未来财务业绩建立联系的框架。员工技能的提高，可以保证产品和服务质量，有助于降低成本，缩短生产流程周期，提高内部流程的质量；生产周期的缩短和内部流程质量的提高，有助于保证及时交货；及时交付给客户高质量的产品和服务，会带来更高的客户满意度和忠诚度，这不仅有利于保持现有客户，还有利于开拓新市场，从而增加销量，最终提高企业的财务绩效。因此，平衡计分卡不是业绩衡量指标的简单结合，而是围绕企业战略建立完整的因果关系链，它不仅仅包括具体的业绩衡量指标，还包括具体指标的驱动因素，既界定战略目标，又体现目标实施方法，是企业战略管理的重要手段。

二、平衡计分卡指标体系

平衡计分卡每个维度的指标通常为 4～7 个，总数量一般不超过 25 个。平衡计分卡指标体系构建时，企业应以财务维度为核心，其他维度的指标都与核心维度的一个或多个指标相联系。通过梳理核心维度目标的实现过程，确定每个维度的关键驱动因素，结合战略主题，选取关键绩效指标。

（一）财务维度

财务维度以财务术语描述了战略目标的有形成果。企业常用指标有投资资本回报率、净资产收益率、经济增加值、息税前利润、自由现金流、资产负债率、总资产周转率等。

（二）客户维度

客户维度界定了目标客户的价值主张。企业常用指标有市场份额、客户满意度、客户获得率、客户保持率、客户获利率、战略客户数量等。

（三）内部业务流程维度

内部业务流程维度确定了对战略目标产生影响的关键流程。企业常用指标有交货及时率、生产负荷率、产品合格率、存货周转率、单位生产成本等。

（四）学习与成长维度

学习与成长维度确定了对战略最重要的无形资产。企业常用指标有员工保持率、员工生产率、培训计划完成率、员工满意度等。

[例 10-6] 顺丰速运采用平衡计分卡对企业进行战略管理，专注于服务质量的提升，加大对设备和信息技术的投入，优化内部流程和基础建设，它将财务指标与非财务指标相结合，有效实现了成本战略管控。顺丰速运运用平衡计分卡，建立了四个维度的综合绩效评价指标体系，如表 10-1 所示。

表 10-1　顺丰速运的综合绩效评价指标体系

业绩评价维度及占比	具体评价指标及占比	业绩评价维度及占比	具体评价指标及占比
财务维度（24%）	1）收入（10%） 2）利润（14%） 3）监控指标：货款回收率	客户（20%）	1）客户满意度（4%） 2）客户投诉率（8%） 3）月结客户增长率（4%） 4）月结客户营业金额增长率（4%）
运营管理（26%）	1）出错率 20% 其中：失误率（5%）、遗失率（8%）、逾限率（7%） 2）运作时效性占（6%），（包括中转时效和运作效率）	基础建设（30%）	1）人力资源与团队建设（15%） 其中：人力资源合格率（6%）；人才储备完成率（3%）；团队氛围（4%）；人均效能（2%） 2）制度执行、反馈情况（15%） 3）监控指标：员工满意度和培训计划完成率

资料来源：赵闯，沙秀娟.顺丰速运的平衡计分卡应用[J].财务与会计，2018(3).

三、构建平衡计分卡指标体系的程序

平衡计分卡指标体系的构建应围绕战略地图，针对财务、客户、内部业务流程和学习与成长四个维度的战略目标，确定相应的评价指标。平衡计分卡指标体系构建时，应注重短期目标与长期目标的平衡、财务指标与非财务指标的平衡、结果性指标与动因性指标的平衡、企业内部利益与外部利益的平衡。构建平衡计分卡指标体系的一般程序如下：

（一）制定企业级指标体系

根据企业层面的战略地图，为每个战略主题的目标设定指标，每个目标至少应有1个指标。

（二）制定所属单位（部门）级指标体系

依据企业级战略地图和指标体系，制定所属单位（部门）的战略地图，确定相应的指标体系，协调各所属单位（部门）的行动与战略目标保持一致。

（三）制定岗位（员工）级指标体系

根据企业、所属单位（部门）级指标体系，按照岗位职责逐级形成岗位（员工）级指标体系。

四、平衡计分卡的优缺点

（一）平衡计分卡的优点

（1）战略目标逐层分解并转化为被评价对象的绩效指标和行动方案，使整个组织行动协调一致。

（2）从财务、客户、内部业务流程、学习与成长四个维度确定绩效指标，使绩效评价更为全面完整。

（3）将学习与成长作为一个维度，注重员工的发展要求和组织资本、信息资本等无形资产的开发利用，有利于增强企业可持续发展的动力。

（二）平衡计分卡的缺点

（1）专业技术要求高，工作量比较大，操作难度也较大，需要持续地沟通和反馈，实施比较复杂，实施成本高。

（2）各指标权重在不同层级及各层级不同指标之间的分配比较困难，且部分非财务指标的量化工作难以落实。

（3）系统性强、涉及面广，需要专业人员的指导、企业全员的参与和长期持续地修正与完善，对信息系统、管理能力有较高的要求。

五、平衡计分卡与传统业绩评价系统的区别

（一）对战略目标的影响不同

传统的业绩评价与企业的战略执行脱节，重内部因素，轻外部环境；重部门利益，轻全局战略；重业绩评价，轻绩效管理。

平衡计分卡把企业战略和业绩管理系统联系起来，是企业战略执行的基础架构。平衡计分卡在财务、客户、内部流程以及学习与成长四个方面建立公司的战略目标。平衡计分卡可帮助公司及时考评战略执行的情况，根据需要（每月或每季度）适时调整战略、目标和考核指标；平衡计分卡能够帮助公司有效地建立跨部门团队合作，促进内部管理过程的顺利进行。

（二）控制侧重点不同

传统的目标管理系统是从"制定目标—执行目标—实际业绩与目标值差异的计算与分析—采取纠正措施"，传统的业绩考核注重对员工执行过程的控制。而平衡计分卡则强调目标制订的环节，设定业绩目标的目的不在于控制员工的行为，而在于使员工理解企业的战略使命并为之付努力。

六、平衡计分卡的应用与实施

平衡计分卡适用于战略目标明确、管理制度比较完善、管理水平相对较高的企业。平衡计分卡通常与战略地图等其他工具结合使用，可能涉及组织和流程变革，具有创新精神、变革精神的企业文化有助于成功实施平衡计分卡。企业应用平衡计分卡工具方法，应有明确的愿景和战略。因此，平衡计分卡应以战略目标为核心，全面描述、衡量和管理战略目标，将战略目标转化为可操作的行动。

平衡计分卡的实施是一项复杂的系统工程。企业一般需要建立由战略管理、人力资源管理、财务管理和外部专家等组成的团队，为平衡计分卡的实施提供机制保障。企业应建立高效集成的信息系统，实现绩效管理与预算管理、财务管理、生产经营等系统的紧密结合，为平衡计分卡的实施提供信息支持。

企业应用平衡计分卡工具方法，一般按照制定战略地图、制定以平衡计分卡为核心的绩效计划、制定激励计划、制定战略性行动方案、执行绩效计划与激励计划、实施绩效评价与激励、编制绩效评价与激励管理报告等程序进行。

第四节　关键绩效指标法

一、关键绩效指标法的概念与分类

（一）关键绩效指标法的概念

关键绩效指标法，是指基于企业战略目标，通过建立关键绩效指标（key performance indicator，KPI）体系，将价值创造活动与战略规划目标有效联系，并据此进行绩效管理的方法。

企业应用关键绩效指标法，应综合考虑绩效评价期间宏观经济政策、外部市场环境、内部管理需要等因素，构建指标体系。企业应用关键绩效指标法，并且一般按照制定以关键绩效指标为核心的绩效计划、制定激励计划、执行绩效计划与激励计划、实施绩效评价与激励、编制绩效评价与激励管理报告等程序进行。

（二）关键绩效指标法的分类

企业的关键绩效指标一般可分为结果类和动因类两类指标。结果类指标是反映企业绩效的价值指标，主要包括投资回报率、净资产收益率、经济增加值、息税前利润、自由现金流等综合指标；动因类指标是反映企业价值关键驱动因素的指标，主要包括资本性支出、单位生产成本、产量、销量、客户满意度、员工满意度等。

二、关键绩效指标法的优缺点

1. 关键绩效指标法的优点

（1）使企业业绩评价与战略目标密切相关，有利于战略目标的实现。

（2）通过价值创造模式的识别，把握关键价值驱动因素，能够更有效地实现价值增值目标。

（3）评价指标数量相对较少，易于理解和使用，实施成本相对较低，有利于推广实施。

2. 关键绩效指标法的缺点

（1）关键绩效指标的选取需要透彻理解企业价值创造模式和战略目标，有效识别核心业务流程和关键价值驱动因素，上述工作在实施中难度较大。

（2）指标体系设计不当将导致错误的价值导向或管理缺失。

三、关键绩效指标体系构建

（一）关键绩效指标的含义界定与选取方法

关键绩效指标应含义明确、可度量、与战略目标高度相关。指标的数量不宜过多，每一层级的关键绩效指标一般不超过 10 个。

关键绩效指标选取的方法主要有：关键成果领域分析法、组织功能分解法和工作流程分解法。

关键成果领域分析法，是基于对企业价值创造模式的分析，确定企业的关键成果领域，并在此基础上进一步识别关键成功要素，确定关键绩效指标的方法。

组织功能分解法，是基于组织功能定位，按照各所属单位（部门）对企业总目标所承担的职责，逐级分解和确定关键绩效指标的方法。

工作流程分解法，是按照工作流程各环节对企业价值贡献程度，识别出关键业务流程，将企业总目标层层分解至关键业务流程相关所属单位（部门）或岗位（员工），确定关键绩效指标的方法。

（二）构建关键绩效指标体系的程序

企业构建关键绩效指标体系，一般按照以下程序进行：

1. 制定企业级关键绩效指标

企业应根据战略目标，结合价值创造模式，综合考虑内外部环境等因素，设定企业级关键绩效指标。

2. 制定所属单位（部门）级关键绩效指标

根据企业级关键绩效指标，结合所属单位（部门）关键业务流程，按照上下结合、分级编制、逐级分解的程序，在沟通反馈的基础上，设定所属单位（部门）级关键绩效指标。

3. 制定岗位（员工）级关键绩效指标

根据所属单位（部门）级关键绩效指标，结合员工岗位职责和关键工作价值贡献，设定岗位（员工）级关键绩效指标。

（三）设定关键绩效指标权重

1. 基本原则

关键绩效指标的权重分配应以企业战略目标为导向，反映被评价对象对企业价值贡献或支持的程度，以及各指标之间的重要性水平。

2. 具体原则

（1）单项关键绩效指标权重一般设定在 5%～30% 之间。

（2）对特别重要的指标可适当提高权重。

（3）对特别关键、影响企业整体价值的指标可设立"一票否决"制度，即如果某项关键绩效指标未完成，无论其他指标是否完成，均视为未完成绩效目标。

（四）设定关键绩效指标目标值的参考标准

1. 行业标准或参考竞争对手标准

参考国家有关部门或权威机构发布的行业标准或参考竞争对手标准，比如国务院国资委考核分配局编制并每年更新出版的《企业绩效评价标准值》。

2. 企业内部标准

企业内部标准包括企业战略目标、年度生产经营计划目标、年度预算目标、历年指标水平等。

3. 企业历史经验值

如果不能按照前面两种方法确定的，可以根据企业历史经验值确定。

第五节 目标和关键成果法

一、目标和关键成果法的概念和主要内容

（一）目标和关键成果法的概念

目标和关键成果法（objectives and key results，OKR）。它是一套定义和跟踪重点目标及其完成情况的管理工具和方法。objectives 是目标，key results 是关键成果。OKR 要求公司、部门、团队和员工不但要设置目标，而且要明确完成目标的具体行动，是企业进行目标管理的一个简单有效的系统，能够将目标管理自上而下贯穿到基层。

（二）目标和关键成果法的主要内容

1. OKR 的三个层次

（1）公司 OKR：明确公司的整体目标，聚焦重点。目标需要是具有挑战性的，如果是板上钉钉的事情就是不够的；关键成果能很好地支持目标的完成，是要明显可量化的，便于评分的。

（2）团队 OKR：明确团队的工作优先级。它并不是公司 OKR 的简单拆分，也不是个人 OKR 的简单汇总，而是从团队层面重新思考并确定出来的。

（3）个人 OKR：明确自己该做什么，是最具体的一层。

2. OKR 的特点

（1）OKR 就是将所有精力放至目标，以及为了实现这个目标而要完成的关键事项上，不被过多指标束缚而偏离最初的目标。员工将更加专注和努力，会忙而不乱。

（2）OKR 以目标为主，而不是以指标为主；以沟通为主，而不是以评价为主，具有主观色彩和弹性空间。

（3）OKR 由一个需要极致聚集的明确目标和量化该目标的数个关键结果组成。例如，目标（O）是运营好一款线上游戏；关键结果（KR）是每天 2.5 万下载量或是 10

万元营业收入。

(4) OKR 的企业文化基础是以人为本、员工自主;强调其行动敏捷性与环境适应性。目标(O)的百分之六十是来源于底层,基层的声音应该被听到,有利于激发一线人员的动力。

(5) 频繁刷新目标,从而在竞争激励的商业环境中,活动更敏捷,环境适配,提升经营业绩。

3. 设定 OKR 的三个原则

(1) 目标一定要有明确的方向且鼓舞人心。

(2) 目标要有时间期限,有确定的截止日期,有助于目标的实现。

(3) 由独立的团队来实现目标,即执行主体必须非常清晰明确。

4. 高质量的目标(O)与高质量关键成果(KR)应具备的条件

(1) 高质量的目标需要具备的条件:定性的、有商业价值、鼓舞人心、可达到的;一般以季度为周期;在团队可控范围内。

(2) 高质量的关键成果应遵循的条件:定量的、有挑战性、具体的、自主制定、基于进步、驱动正确的行为表现(公司利益)。

5. OKR 的设定标准

(1) 关键性结果要明确,并且能够以简单的数字进行量化。

(2) 目标要是有野心的,有挑战的,最好是超出能力范围。

(3) 每个人的 OKR 在全公司都是公开透明的。

(4) 既要有质量标准,也要有效率标准。

(5) 个人 OKR 要与整体相匹配契合。

二、目标和关键成果法的产生与发展

《孙子兵法》中讲"上下同欲者胜",这句话践行起来的确有很大的难度,企业管理最大难题之一恐怕就是集中所有人的力量,为了共同的愿景和目标而努力奋斗,这也是领导者在推广和应用传统 KPI/BSC 等绩效管理工具时所遇到的最大挑战。具体而言,领导者通常会在以下方面面临选择:如何制定具有挑战性的目标? 如何将个人目标与团队目标结合起来? 如何将定量目标和定性目标结合起来? 如何将短期目标和长期目标结合起来? 如何让目标管理更加透明? 对于这五个目标管理的难题,OKR 则提供了独特的思维视角。OKR 是一种强大的新型管理工具,是一种由公司、团队和个人协同制定目标的方法,有助于确保公司上下一起聚焦于解决重要的难题。OKR 具有以聚焦重大和挑战性的目标、将团队目标和个人目标紧密连接在一起、定性目标与定量目标相结合、更加注重长期目标四个准则,并且倡导更加透明的管理。它是科学与艺术的融合,为企业在数字化时代管理模式的重塑提供了丰富的思想,帮助企业在数字化时代重塑反思价值创造的模式,帮助企业获得持续的竞争优势。在实际应用中,OKR 管理受到英特尔、谷歌等科技企业的青睐。

严格意义上来说,OKR 是一种目标管理方法,但又不仅仅是一种绩效管理方法。一般而言,目标管理方法更注重绩效结果考核,更关心考核结果与薪酬的结合,而

OKR 则有很大的不同,它有助于确保公司上下一起聚焦于解决重要的难题,是一种由公司、团队和个人协同制定目标的方法。当然,OKR 并不是万能的,它不能代替正确的判断、强有力的领导或创造性的工作文化。但是,如果这些基本要素能够到位的话,OKR 就能引导个人和团队走向巅峰。"目标管理"这个概念最早是由管理大师彼得·德鲁克教授在《管理的实践》一书中提出的,德鲁克教授认为:任何企业都必须建立起真正的团队,并且把每个人的努力融合为共同的力量。企业的每一个人都会有不同的贡献,但所有贡献都必须为了共同的目标。这也是 OKR 所强调的:集中众人的智慧和力量,以达成共同的目标。OKR 目前还广泛应用于 IT、风险投资、游戏、创意等以项目为主要经营单位的大小企业。

三、OKR 和 KPI 的区别

(一)与绩效挂钩程度不同

KPI 与绩效挂钩,强调严谨和量化的指标。

OKR 则与考核绩效分离,运用 OKR 过程中,仅关注 KR 的评分与评级,以沟通为主,而不是以评价为主,具有主观色彩和弹性空间。

(二)制定流程不同

KPI 是为了驱动员工,先有目标,再想方法;由上级制定,自上而下控制。

OKR 是先有途径,择优而做;保证员工自我驱动的方向正确。

(三)实施成本不同

KPI 的实施成本低,理解容易,即便是纯执行单位也适用。

OKR 则要求员工必须有一定的自我驱动力,理解数据意义,有分解问题解决问题的能力,推行较为困难。

(四)关注的侧重点不同

KPI 强调工作成果、完成标准。

OKR 强调瞄准方向不偏离,达到 80% 就算成功。OKR 不像考核工具,更像一个提醒工具。

[例 10-7] 浙江 SD 游戏公司 F 项目的 OKR 绩效表,如表 10-2 所示。

表 10-2　F 项目的 OKR 绩效表

计划表				考评表		
目标 O	关键成果 KR	权重	O 分值	KR 完成	KR 得分	O 得分
第四季度销售额再创新高	10 月份150 万元	30%	100	105 万元	70	81
	11 月份150 万元	30%		120 万元	80	
	12 月份200 万元	40%		180 万元	90	

$$目标（O）得分＝70×30\%＋80×30\%＋90×40\%＝81（分）$$

分析：一般而言，100 分为满分，取得 60～70 分为正常，获得 80 分以上则为优秀；如果低于 40 分，那就研究该项目究竟是不是应该继续进行下去。当然，低于 40 分也并不意味着失败，而是明确了什么东西是不重要的，及时发现问题所在，还可以结合团队的努力程度、外部市场环境因素，再适当加减 5% 的分数，即可得到最终结果。从本例来看，F 项目的 OKR 绩效分数为 81 分，属于优秀。

四、OKR 应用

（一）组织架构与人才培养计划

如果采用 OKR，那么公司的整体经营模式则需要按"阿米巴"思想，给每个独立的经营单元充分授权，对员工的综合能力要求较高。OKR 不是全面的人员考核与评估工具，这就需要配套其他方法来评估选拔员工，可以选用一些成熟的方法帮助进行人才评估选拔，如 360 度评估、人才盘点和继任者计划、职业发展框架。

（二）OKR 应用中的注意事项

1. 实施周期

OKR 一般是以季度为周期的，也有较少以年为周期的。

2. 设定目标

目标要是有野心的，有一些挑战的，有些让你不舒服的，如果能够顺理成章或没有太大挑战即可达成的目标是不能作为目标（O）。目标必须达成共识，它必须是在管理者与员工直接充分沟通后的共识，没有达成共识的目标不能算作目标，目标的设定以达成共识为终点。

3. 明确每个目标的 KR

KR，就是为了完成这个目标我们必须做的，也就是所有的目标都是通过行动来实现的。那么这个行动是什么？简单地说，为了达到这个目标（O），企业、部门和员工打算怎么干？主要成果（KR）有：完成时间、可量化成果等。每个目标（O）的关键成果（KR）一般不要超过 4 个。

4. 确定落地方案

OKR 只是确定了目标，而不设路径，这是为了不限制我们的实现方法，也避免了设定的路径根本不通向目标的情况。因此，我们必须在 OKR 确定后，制定详细的落地方案，也就是具体的作战计划。空盯着目标是没用的，只有具体的任务才有利于执行。

5. 执行 OKR

执行是整个周期的重头戏，执行的重点是"定期检查，必要时调整"。一般一周或一月检查一次，跟普通的工作汇报一样，OKR 的检查要涵盖"目标、当前进度、遇到的问题、问题的原因、需要的支持、下一步的计划"。

本章小结

1. 业绩评价具有价值判断、预测、战略传达和管理、行为导向四大功能。企业业绩评价的程序一般包括以下步骤:设计业绩评价体系、下达业绩评价目标值、动态监控业绩执行情况、确认业绩评价结果。

2. 业绩评价体系的构成要素包括评价主体、评价客体、评价目标、评价指标、指标权重、评价标准、评价计分方法和评价报告。建立以经济增加值为核心的业绩评价体系,可使价值管理成为企业的核心管理制度。计算经济增加值时,需要进行相应的会计项目调整,以消除财务报表中不能准确反映企业价值创造的部分。

3. 平衡计分卡以战略为导向,平衡兼顾战略与战术、短期目标与长期目标、财务评价与非财务评价、内部绩效与外部绩效、滞后指标与先行指标。平衡计分卡从四个不同的维度构建评价指标,包括:财务维度(毛利率、净资产收益率等)、客户维度(客户满意度、市场份额等)、内部业务流程维度(交货及时率、生产负荷率等)、学习和成长维度(培训计划完成率、员工满意度等)。

4. 关键绩效指标,是对企业绩效产生关键影响力的指标,是通过对企业战略目标、关键成果领域的绩效特征分析,识别和提炼出的最能有效驱动企业价值创造的指标。关键绩效指标选取的方法主要有关键成果领域分析法、组织功能分解法和工作流程分解法。

5. OKR法是一套定义和跟踪重点目标及其完成情况的管理工具和方法。不同于前述方法,OKR与考核绩效是分离的,运用OKR过程中,仅关注KR的评分与评级,以沟通为主,而不是以评价为主,具有主观色彩和弹性空间。

复习思考题

1. 简述经济增加值法的优缺点。
2. 简述平衡计分卡指标体系的内容。
3. 简述平衡计分卡的优缺点。
4. 简述构建关键绩效指标体系的程序。

5. 简述 OKR 的特点。

6. 简述 OKR 和 KPI 的区别。

7. 简述净利润和 EVA 存在差异的主要原因。

 练 习 题

1. HK 公司是一个有五十年历史的国有企业,主要生产小家电产品,现已转制为股份有限公司。公司产品竞争非常激烈,消费者对产品的需求也来越苛刻。最近两年,来自顾客与供应链渠道的抱怨不断增加,公司营业收入与利润均出现较大幅度的下降。公司业绩评价的 KPI 指标主要有:资产报酬率、销售利润率、存货周转率、应收账款周转率、资产负债率、销售增长率、利润增长率等财务指标。公司的业绩评价目标是:完成部门及员工的考核与奖惩。公司员工的业绩评价以工作纪律考核为主,考核结果应用在绩效工资和奖惩方面;员工在面对绩效考核时更多的是如何避免惩罚,只要不被扣分即可,对提升自身工作能力并不关心。生产、销售等业务部门的评价指标,是以工作结果为导向,以产量、销量、营业收入作为主要考核指标,体现出很强的财务指标性质,导致业务部门在其他方面的工作很难在考核中体现出来,忽视了内部管理方面的表现情况。

要求:

结合平衡计分卡理论,完善 HK 公司的业绩评价指标,并指出本案例中平衡计分卡应"平衡"哪些内容。

2. HM 公司为一家在上海证券交易所上市的汽车零部件生产企业。近年来,由于内部管理粗放和外部环境变化,公司经营绩效持续下滑。为实现提质增效目标,HM 公司决定从 2016 年起全面深化预算管理,优化绩效评价体系,有关资料如下:为充分发挥绩效考核的导向作用,HM 公司对原来单纯的财务指标考核体系进行了改进,新绩效指标体系分为财务指标体系和非财务指标体系。在财务指标体系中,与去年相比,用经济增加值指标替代了净利润指标,权重仍为 50%;存货周转率指标的权重从 5% 提高到 10%;应收账款周转率指标的权重从 5% 提高到 15%。

要求:

(1) 分析新绩效指标体系引入非财务指标的积极作用。

(2) 核心财务指标调整及权重变化所体现的考核导向。

案例讨论题

DK公司的EVA业绩评价

2010年以前,央企在传统考核与管理模式下,为增加利润可以采用任何方式,尤其是那些短期见效快、带有投机性质的途径,如大力投入证券、炒作房地产、通过收购追逐热门业务(如矿产、再生能源),甚至变卖资产。其决策机制十分简单:只需要预测出(主要是经验估计)投入与产出的数量关系。此外,因为这种方式能够很容易地增加利润,让央企负责人的考核评分与激励性薪酬最大化,因此具有强烈的内在动因。国资委在央企全面推行的经济增加值(EVA)考核,表面上看不过是换了一个指标,微调了指标计分标准,而从理论层面上看,主要是引入了价值的概念。主要体现在:①重视并强化主营业务(非主营或非经常性收入、收益都将在EVA的会计调整中被剔除);②鼓励持续增加技术、产品、战略性资源开发、商业模式创新为目的的研究性支出(此类项目在会计调整中将被资本化,不再作为当期费用而冲减利润);③从资产质量、经营效率的角度管理资本支出、节约资本的使用,自觉提高投资门槛(因为EVA不仅要求扣减以利息支出为代表的债务资本成本,还要求同时扣减股东权益资本的成本)。以上这些方面,在传统以利润和净资产收益率指标为核心的考核体系下,恰恰都是负导向的。所以,就EVA指标的引入来看,新办法确立了价值理念、价值管理在央企的核心地位,在以上三个方向的导向作用上,将对央企的战略、经营与投资产生深远的和实质性的影响。

国资委决定从2010年开始,在央企全面实行EVA考核。对国资委和所有的央企来说,转向EVA都不是件容易的事情。为适应"指挥棒"的新变化,在国资委正式考核之前,上海和深圳等地方国资委先行尝试,为央企的全面推行提供了经验,93家中央企业也曾进行了经济增加值考核试点。2019年3月,国资委提出,考核"指挥棒"要指向高质量发展。为此,国务院、国资委出台了最新的《中央企业负责人经营业绩考核办法》。这是2003年央企负责人经营业绩考核制度建立以来,国资委对央企业绩考核体系进行的第5次调整和完善。

DK市国资委借鉴央企考核办法,出台了《国资委出资企业 经济增加值(EVA)年度考核试行办法》,规定自2019年起,EVA年度经营业绩考核指标为EVA总额和资本回报率,凡EVA总额年终考核为负值的,考核结果不能定为A级。提高EVA考核的比重是为了进一步强化业绩考核的价值导向,更加注重企业成长的可持续性。DK公司是市属国有大型企业,拥有当今世界先进水平的生产工艺流程,各类建材产品共计10大类、600多个品种。为各类建筑和家庭客户提供石膏板墙体吊顶系统、矿棉板吊顶吸声系统、金邦板外墙屋面系统、内外墙环保涂料系统、岩棉防火保温系统、节能门窗系统、高效智能采暖系统、静音建筑管道系统等节能环保新型建材全套解决方案。主要产品有冷轧薄板、冷轧硅钢、热轧板卷、中厚板、大型材、高速线材、棒材等，商品材总生产能力 600 万吨，其中 70％ 为市场畅销的各类板材。在一个充分竞争、完全开放的制造业赢得全国 20％ 的市场份额。公司在 2011—2016 年期间呈现高速发展，2015 年，净利润和销售收入最高，分别高达 24 亿元、4.1 亿元。自 2016 年以来，多元化投资项目的经营业绩出现较大波动，主营业务产品的竞争优势不断下降，销售费用不断飙升，企业科技创新投入呈负增长趋势。DK 公司的竞争优势不断受到挑战，一味地"贪大求全，大而不强；主业不兴，副业一大把"。公司管理层意识到必须要做调整了。过分重视短期利润指标，终究会付出代价的。同时，主管部门的业绩考核调整也为公司转型注入了动力。表 10-3 是该公司 2016—2021 年净利润和经调整计算的 EVA 对照表。

表 10-3　DK 公司 2016—2021 年净利润和经调整计算的 EVA 对照表

项　目	2016 年	2017 年	2018 年	2019 年	2020 年	2021 年
营业收入/亿元	22	19.8	20	21.9	23	25.2
净利润/亿元	3.2	3.3	1.5	−0.2	1.0	1.8
EVA/亿元	0.5	0.49	−1.0	0.8	1.5	2.93

讨论题：

（1）为什么说业绩考核被视为央企经营活动的"指挥棒"？谈谈你的理解。

（2）央企 EVA 作为一个考核指标的导向作用，主要体现在哪些方面？

（3）结合简化的经济增加值计算公式，分析净利润和 EVA 存在差异的可能原因。

（4）有人说："有利润的企业不一定有价值，有价值的企业一定有利润。"结合本案例，谈谈你的理解。

（5）与利润指标相比，使用 EVA 指标评价业绩，有何优点？在实际应用中，EVA 可能存在哪些局限性？

第十一章　智能管理会计

学习目标

1. 了解智能时代下的管理会计变革；
2. 了解智能化信息技术对管理会计的影响；
3. 了解智能管理会计体系与应用；
4. 了解智能管理会计对管理会计人才的要求。

课程思政要点

引导案例

2016 年 3 月 10 日，德勤与 Kira Systems 联手，正式将人工智能引入财务工作中，使财务管理迈入了一个全新的时代。2017 年，德勤的"小勤人"（财务机器人 RPA）"引爆"财务圈，一场传统财务行业的变革正在进行中，一个"RPA＋AI"的智能财务时代正悄悄来临。"小勤人"可以在电脑上不间断地执行基于规则的各种工作流程，"像人类一样工作"，同时结合了其他所需要的认知技术来替代人类进行财务工作的解决方案。"小勤人"携手 DAI 团队，研发出聊天机器人，基于最新人工智能自然语言技术（NLP），具有对话、提问、反馈等完整的交流功能，拥有理解用户意图、引导用户、检索政策内容的能力。这种交互式的人工智能将节约信息交流的成本，提高工作效率。

继"小勤人"之后，毕马威和普华永道都相继诞生了自己的财务机器人。财务机器人不仅仅可以从事基础财务工作，在经营分析与管理决策中更是崭露头角。例如，确定高级自动化的优先领域；为未来的员工制定一个多方面的战略和路线图；为客户的独特需求选择合适的供应商和合作伙伴；制定治理计划，帮助客户实现先进自动化的预期价等。

在企业管理中引进 RPA 和 AI 技术后，管理者需要用新的思维方式对待数据分析，不能只把数据看作生成静态报告的工具，而是要利用各种数据及信息技术，实现流程任务自动化、智能化并支持管理决策。通过 RPA 和 AI 技术帮助财务部门由传统的追溯数据分析模式过渡到数据预测模式，并且获取洞察以指导行动，创造价值。

商业智能、人工智能等智能化信息技术的出现与迅猛发展，将对现有管理会计及管理会计信息系统构建带来一场彻底颠覆。2017 年以来，全球领先的商业智能领导者 IBM 发力管理会计智能化市场。智能化技术在管理会计领域的应用与发展速度之快,远远超出人们的预期。本章内容将起着抛砖引玉的作用,引导大家进一步深入学习。

请思考:

智能化时代下的管理会计将如何发展?

第一节　管理会计迈入智能时代

一、智能时代下的管理会计变革

随着大数据、人工智能、移动互联网、云计算、物联网等新一代智能化信息技术的不断涌现,人类社会正迈向智能时代。智能化信息技术的出现与迅猛发展,成为新一轮经济社会转型、企业商业价值重构的重要推动力,也将推动现有财务构建的大转型。刘勤把财务转型总结为财务电算化、信息化、智能化发展三个阶段。实际上,这个财务转型正好体现了管理会计的应用与发展历程。因此,基于信息技术基础,我国的管理会计的发展经历了电算化、信息化与智能化的三个发展阶段,如图 11-1 所示。

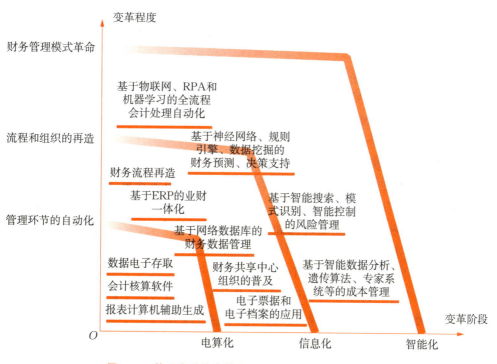

图 11-1　管理会计的电算化、信息化、智能化发展示意图

20 世纪 80 年代,我国企业的财务管理步入了电算化阶段,但是管理会计的信息化水平较低,在企业管理决策的应用较少。进入 21 世纪,随着 ERP 的快速发展和计算机网络的普及,企业管理会计应用进入了信息化阶段。在这个阶段,信息技术推动了业务、财务流程的优化与融合,管理会计的应用越来越广泛。最近十年来,人工智能技术取得突破性进展,管理会计迈入了智能化阶段。在这个阶段,企业利用物联网、RPA、机器学习和专家系统等技术实现财务处理的全流程自动化,以降低成本、提高效率、减少差错；基于神经网络、规则引擎、数据挖掘等技术自动实现财务预测、决策的深度支持，以提升其科学性和实时性。

二、智能化信息技术对管理会计的影响

（一）大数据对管理会计的影响

大数据的涌现使企业数据资产的价值逐渐体现出来，大数据成为推动管理会计应用的核心技术。大数据技术具有强大的预测能力与分析能力，能够及时发现有价值的线索。大数据可以验证资源投入的真实性，构建更为复杂的预测模型，实施敏感性分析，并展开业绩达成和资源投向的相关性分析，从而准确评价资源配置方案。管理会计师利用大数据可提供专业化的实时决策支持，在价值创造中占据中心位置，扮演更为主动积极的角色。

（二）人工智能与商业智能对管理会计的影响

人工智能的核心技术包括智能感知、智能传输、智能数据处理和智能引擎等，主要应用于信息交互化和可视化以及系统反馈，支持管理决策，影响管理会计内容和流程、大数据智能处理和使用数据的维度。人工智能在管理会计领域的应用主要有几个方面：一是财务预测，包括各类财务指标预测和未来趋势洞察等；二是经营推演，包括模拟推演、确定最优资产架构、产品投资推演等；三是风险量化，包括模式识别、智能预警、风险量化等；四是价值优化，包括对企业现金、资产、成本进行优化分析等；五是决策自动化，包括构建模型、进行决策推荐与判断等；六是信息推荐，包括智能问答、决策参考等。

商业智能（BI）的本质是一套商业方面辅助决策的信息化解决方案，它利用人工智能、数据仓库、数据挖掘等技术，按企业既定的业务目标，对大量数据进行分析和挖掘，从而支持企业的智能管理与决策，提高企业核心竞争力。商业智能（BI）通过应用基于事实的支持系统来辅助商业决策的制定，培养依托数据做决策的基础和习惯。以成本管理为例，基于互联网和商业智能等技术，企业可以聚集内部财务小数据、业务中数据和社会大数据，建立多维成本数据库，实现对结构复杂、数量巨大的成本数据的分析处理。这不但有利于推动成本管理方法在更多企业落地和应用，还有利于提升成本管理方法应用的价值。

（三）移动互联网对管理会计的影响

移动互联网时代，不同于互联网时代，更不同于工业时代，它又一次改变了商业规则与管理理念。移动互联网带来了商业模式变化，改变了企业与客户、供应商合作伙伴等市场参与者的交流方式。

随着移动互联网的发展，信息资源进一步开放和共享，单位与外部环境之间、单位内部各部门之间的信息沟通更加广泛和快捷，业务信息与会计信息之间融合加快，为单位运用管理会计提供了更多可能。管理会计在新的商业模式下也应做相应调整，以便于充分利用移动互联网在数据收集、传递、汇总方面的优势，利用网络集成管控系统，提高战略决策、流程设计、预测分析、成本管控、风险预警、绩效管理等方面的质量和效率。移动互联网使得基于全价值链的流动性管理成为企业管理的主线，如集团企业内部的资金池管理；基于互联网的电子商务、客户关系管理，使财务参与业务和管控的范围从企业内部延伸到上下游产业链。

（四）云技术对管理会计的影响

云技术（cloud technology）是基于云计算商业模式应用的网络技术、信息技术、整合技术、管理平台技术、应用技术等的总称，可以组成资源池，按需所用，灵活便利。将云计算作为基础的数据存储、数据处理和数据挖掘技术，能够便捷、有效地将终端数据保留下来，以便进行计算和分析，有助于降低海量信息生产成本，提高信息生产效率。

云技术平台有助于提高管理会计获取数据的能力。云技术平台提供了大量财务与非财务会计信息，这些内外部业财数据细节中往往蕴含着具有价值的业务规律。将海量财务、业务数据存储至数据仓库，利用商业智能技术进行核算、分析、考核及预测，使得管理会计具有更敏锐的商机洞察力、更高的流程优化能力和更强的决策力。云技术的应用，使得流动性管理从集团内部扩展到上下游产业链，可以实时监控全价值链的营运资金。

（五）物联网对管理会计的影响

物联网的目的就是实现人、物与网络三者之间的相互结合，便于识别和控制。复杂的物联网产生了人与物、物与网络三者之间相互关联的数据，包括结构化和非结构化数据，如数字、文字、视频等。物联网的这种关联性，使得数据的种类变得更加繁多。应用物联网技术可为企业经营中的实物变动、凭证流动等打上"物联"标签，实现互联方式从"数联"向"物联"转变，实现人与物、物与物、企业内外的全连接、大共享。

（六）区块链对管理会计的影响

区块链可助力智能管理会计的实现，主要体现在：一是区块链促进了人工智能变革，重塑了生产关系；二是区块链加速了数据资产确权时代的到来，而数据资产蕴藏着商业价值；三是区块链的分布式账本与集中式思想的大数据结合，必然产生较大价值；四是区块链的可溯源和不可篡改特点，可以解决大数据的安全和交易问题；同时它能够打破大数据信息孤岛，建立开放的共享数据体系，扩大数据规模，同时提高数据价值。

第二节　智能管理会计应用

一、智能决策支持

在智能决策支持应用场景中，以大数据技术、人工智能、移动互联网、云计算、物联网、区块链等智能信息技术为基础，利用战略预测和决策、战略计划与控制、财务分析与报告以及绩效考核与评价等方面的模型和方法，对企业运行的业财数据和经济宏观数据进行实时自动采集、监控、挖掘和分析，为企业经营决策进行事前预测、事中控制和事后分析提供依据。决策的原始数据来源于业务信息系统、共享平台、第三方数据平台等。

在管理会计智能化决策支持系统中，首先需要组建一个全面的企业级数据仓库（data warehouse），得到企业数据的"全局视图"；在此基础上，再利用数据挖掘（data mining）、联机分析处理（OLAP）等工具对数据进行分析处理，形成有用信息；最后，通过数据可视化工具为管理者展现出数字化仪表盘,为决策提供智能化支撑。

二、人机智能一体化的业财融合管理

基于人工智能一体化的业财融合应用场景是以云共享、大数据处理、物联网、机器人,以及自然语言理解、深度学习模型等技术为基础的,它强调两方面的融合:人脑智能、人工智能以及环境之间的相互作用和融合;企业业务活动、财务活动和其他管理活动的深度融合。

在该应用场景下,由于智能化程度较高,业务、财务与管理人员之间的划分将会消失。在智能化应用下,企业管理分工只是信息应用视图的划分。由于人机智能系统需要在人、机之间合理地进行任务分配,以及科学地设计两者的功能,同时需考虑人机智能下带来的风险控制和伦理问题。因此,这个应用场景比前述应用可能会存在更大的不确定性。

三、全景化智能分析与预测

企业将应用全景化分析手段、模型(包括预算预测、目标分解、定价模型、归因分析、成本分摊、财务预警等)、严谨的假设条件与驱动因子,结合业务部门对市场趋势、竞争对手、地域、客群等外部因素的判断,实现更为精准的业务预测、盈利测算和创新产品定价等。同时,运用金融科技技术(fintech),实现快速高效的敏捷计算,成为市场精准分析和产品敏捷研发最亲密的合作伙伴。

四、财务机器人应用

随着人工智能的深度发展,财务机器人可能拥有深度学习能力、计算能力和反应能力,像人类一样进行自主信息搜集、信息分析,并代替人类作出经营决策。

深度学习是机器学习发展的核心领域,主要解决三个方面的问题:运算大量不同领域的数据;在不同财务情景中建模解决问题;财务知识融入机器学习。深度学习使区块链管理会计更具智慧性;深度学习与预测性、图形和描述性以及规范性分析等方法相结合,可以预测异常情况和欺诈行为,使区块链管理会计数据更有价值。

在区块链智能管理会计基础上,将机器人流程自动化、大数据、深度学习等与现代管理会计理论在实践中深度融合,可构建具有智慧型预测、控制、风险管理、智能报告和财务决策等功能的新型管理会计模式。

第三节　智能管理会计人才需求的特点

一、智能管理会计人员应具备的能力

(一)智能化分析与决策能力

智能管理会计人员还需具有大数据思维和人工智能思维。智能管理会计人员首先应明确的是思考什么,而不是怎样思考,发现问题比解决问题更重要。会计人员不仅需要会计思维,更需要基于大数据和智能化的管理思维。在很多情况下,智能管理会计人员即便是掌握了很好的技术和方法,但未必能够发现问题所在,发现问题需要的是管理智慧,而不是技术。

面对商业逻辑的深刻改变和企业管理的数字化、智能化、精细化,管理会计职业教育应着力于信息和数据下的决策、分析、管理能力培养。突出培养管理会计人员在面向智能财务和大数据环境下的生成、应用与分析会计信息的能力,以及支持管理决策的能力。根据不同岗位职级财务人员特点,综合运用多方资源,进行精准培训,培养其具有熟练应用计算机、会计信息系统、智能财务系统和数据分析等工具进行分析和决策的能力,具备通过人机协同完成企业预测、决策、规划、控制的执行能力。

(二) 智能信息技能

智能信息技能包括管理会计相关软件、工具与方法的使用能力,如浪潮 GS 财务共享软件、平衡计分卡、战略地图等。大数据挖掘与分析能力的形成需掌握 Python 程序语言进行数据的爬取,并使用回归、机器学习等算法进行数据的分析。掌握大数据储存与处理技术的能力,要求会使用 MYSQL、Oracle 等数据库管理系统建立数据库,并进行大量级数据的存储、增减、删除与修改。会计信息系统开发软件与辅助工具的使用能力包括:使用 Power Builder 进行会计软件开发,使用 Power Designer 提高软件开发效率。

(三) 数据管理与数据分析能力

大数据将打破传统的财务组织架构,公司将设置与数据收集和处理相关的岗位。管理会计师需具备数据分析能力,并将这种核心技能运用于战略决策,摆脱"幕后工作者"的形象,在价值创造中占据中心位置,扮演更为主动积极的角色。

(四) 场景寻找能力

很多底层技术现在已经很成熟了,关键是如何把技术结合到实际应用场景里。探索应用场景的过程是很痛苦的,一个好的应用场景往往需要较长时间的磨合与调整。

(五) 良好的职业判断能力

人工智能还不能实现真正的智能化,进行管理决策等主观的工作行为还无法通过智能系统来完成,需要依靠财务人员的主观判断。因此,具备专业的职业判断能力就十分重要。例如,当经济环境发生了变化等,财务人员应当依据自身丰富的社会经验进行预判,并对工作内容进行相应的调整。

二、智能管理会计人员应该具备的基本素养

(一) 跨部门、跨专业的多元化知识结构

智能管理会计需要强化人员的知识深度,需要提升知识宽度,能够进行跨领域协同创新的知识体系。因此,管理会计人员需突破专业壁垒,具备前沿的人工智能、信息技术、数据科学理论基础和应用能力,通过跨界复合型培养方案,精心打造跨领域协同创新的知识体系。

未来智能时代的管理会计将是场景驱动、体验为王的时代,管理会计与大数据、人工智能等技术相融合成为主要的创新发展方向。高校应重视智能信息技术与管理会计专业教育的交叉融合。如何推动业务、财务、技术的工作界面,实现业财技融合是需要继续深入探讨的。同时,高校应以战略眼光培养管理会计人才,有效融合管理会计与智能技术教学,着力解决师资问题和促进应用场景案例开发。

(二)富有创新精神与科技洞见

通晓商业规律和管理理论,兼备数据分析能力与技术创新能力,能够洞察、引领和实现价值创造作用;具备推理判断能力、洞察理解能力以及谈判沟通等能力。要实现智能时代的新技术和管理会计的深度融合,还有许多工作要做,必须依靠财务人员与时俱进、勇于探索和创新。要努力探索依靠大数据提升风险管控的能力、预测和资源配置能力、经营分析和决策能力;努力提升云计算、内部管理制度和安全性的关系;努力探索机器学习在智能共享作业、智能财务报告、智能风险管控方面的能力;努力探索区块链技术与关联交易、跨境结算、业财一致性方面的关系。

(三)数字化技术思维

管理会计人员需要强化数字化技术思维,学会利用新的"武器",如大数据、云计算、移动互联、物联网、人工智能、区块链等。利用数字化技术思维重新分析企业的业务,为企业管理层赋能,提高洞察力,真正成为业务的伙伴。重点包含四方面:一是要树立用户的思维;二是要有社会化的思维;三是要有开放、共享、共赢的平台思维;四是要有跨界的思维,打破部门界限、分工界限。

本 章 小 结

1. 智能化信息技术的出现与迅猛发展,成为新一轮经济社会转型、企业颠覆与重构商业价值的重要推动力,也将推动现有财务构建的大转型。基于信息技术基础,我国的财务管理模式先后经历了电算化、信息化到智能化的发展阶段;各种智能化信息技术对管理会计带来了不同的影响。

2. 智能管理会计的常见应用包括智能决策支持、人机智能一体化的业财融合管理、智慧管理会计等。

3. 智能管理会计人才需求的新特点,包括:智能管理会计人员应具备的能力与基本素养。

复习思考题

1. 智能化信息技术是如何影响管理会计的？
2. 智能管理会计人员应具备哪些能力？
3. 智能管理会计人员应该具备哪些基本素养？

案例讨论题

我们将与机器人一起打卡上班

财务机器人"小勤人"已经在德勤等公司上岗了，拥有自己的工牌，并与公司员工一起打卡上班。

大连重工引入了德勤的智能财务机器人，解决了公司财务工作中烦琐且重复率高的低价值工作。"小勤人"在银行对账、成本结转、外部报表填报流程中都有着相当精彩的表现，三个已成功上线的项目均达到提升84%及以上的工作效率，同时还优化并设计标准的业务流程逻辑，创造更高效服务价值。此外，"小勤人"还名副其实地成为了集团的真正一员，拥有自己的工牌工位等员工信息。

讨论题：

谈谈财务机器人对管理会计发展的影响。

附录一　复利终值系数表

计算公式：$f=(1+i)^n$

期数	1%	2%	3%	4%	5%	6%	7%	8%	9%	10%	11%	12%	13%	14%	15%
1	1.010 0	1.020 0	1.030 0	1.040 0	1.050 0	1.060 0	1.070 0	1.080 0	1.090 0	1.100 0	1.110 0	1.120 0	1.130 0	1.140 0	1.150 0
2	1.020 1	1.040 4	1.060 9	1.081 6	1.102 5	1.123 6	1.144 9	1.166 4	1.188 1	1.210 0	1.232 1	1.254 4	1.276 9	1.299 6	1.322 5
3	1.030 3	1.061 2	1.092 7	1.124 9	1.157 6	1.191 0	1.225 0	1.259 7	1.295 0	1.331 0	1.367 6	1.404 9	1.442 9	1.481 5	1.520 9
4	1.040 6	1.082 4	1.125 5	1.169 9	1.215 5	1.262 5	1.310 8	1.360 5	1.411 6	1.464 1	1.518 1	1.573 5	1.630 5	1.689 0	1.749 0
5	1.051 0	1.104 1	1.159 3	1.216 7	1.276 3	1.338 2	1.402 6	1.469 3	1.538 6	1.610 5	1.685 1	1.762 3	1.842 4	1.925 4	2.011 4
6	1.061 5	1.126 2	1.194 1	1.265 3	1.340 1	1.418 5	1.500 7	1.586 9	1.677 1	1.771 6	1.870 4	1.973 8	2.082 0	2.195 0	2.313 1
7	1.072 1	1.148 7	1.229 9	1.315 9	1.407 1	1.503 6	1.605 8	1.713 8	1.828 0	1.948 7	2.076 2	2.210 7	2.352 6	2.502 3	2.660 0
8	1.082 9	1.171 7	1.266 8	1.368 6	1.477 5	1.593 8	1.718 2	1.850 9	1.992 6	2.143 6	2.304 5	2.476 0	2.658 4	2.852 6	3.059 0
9	1.093 7	1.195 1	1.304 8	1.423 3	1.551 3	1.689 5	1.838 5	1.999 0	2.171 9	2.357 9	2.558 0	2.773 1	3.004 0	3.251 9	3.517 9
10	1.104 6	1.219 0	1.343 9	1.480 2	1.628 9	1.790 8	1.967 2	2.158 9	2.367 4	2.593 7	2.839 4	3.105 8	3.394 6	3.707 2	4.045 6
11	1.115 7	1.243 4	1.384 2	1.539 5	1.710 3	1.898 3	2.104 9	2.331 6	2.580 4	2.853 1	3.151 8	3.478 6	3.835 9	4.226 2	4.652 4
12	1.126 8	1.268 2	1.425 8	1.601 0	1.795 9	2.012 2	2.252 2	2.518 2	2.812 7	3.138 4	3.498 5	3.896 0	4.334 5	4.817 9	5.350 3
13	1.138 1	1.293 6	1.468 5	1.665 1	1.885 6	2.132 9	2.409 8	2.719 6	3.065 8	3.452 3	3.883 3	4.363 5	4.898 0	5.492 4	6.152 8
14	1.149 5	1.319 5	1.512 6	1.731 7	1.979 9	2.260 9	2.578 5	2.937 2	3.341 7	3.797 5	4.310 4	4.887 1	5.534 8	6.261 3	7.075 7
15	1.161 0	1.345 9	1.558 0	1.800 9	2.078 9	2.396 6	2.759 0	3.172 2	3.642 5	4.177 2	4.784 6	5.473 6	6.254 3	7.137 9	8.137 1

续表

期数	1%	2%	3%	4%	5%	6%	7%	8%	9%	10%	11%	12%	13%	14%	15%
16	1.172 6	1.372 8	1.604 7	1.873 0	2.182 9	2.540 4	2.952 2	3.425 9	3.970 3	4.595 0	5.310 9	6.130 4	7.067 3	8.137 2	9.357 6
17	1.184 3	1.400 2	1.652 8	1.947 9	2.292 0	2.692 8	3.158 8	3.700 0	4.327 6	5.054 5	5.895 1	6.866 0	7.986 1	9.276 5	10.761 3
18	1.196 1	1.428 2	1.702 4	2.025 8	2.406 6	2.854 3	3.379 9	3.996 0	4.717 1	5.559 9	6.543 6	7.690 0	9.024 3	10.575 2	12.375 5
19	1.208 1	1.456 8	1.753 5	2.106 8	2.527 0	3.025 6	3.616 5	4.315 7	5.141 7	6.115 9	7.263 3	8.612 8	10.197 4	12.055 5	14.231 8
20	1.220 2	1.485 9	1.806 1	2.191 1	2.653 3	3.207 1	3.869 7	4.661 0	5.604 4	6.727 5	8.062 3	9.646 3	11.523 1	13.743 5	16.366 5
21	1.232 4	1.515 7	1.860 3	2.278 8	2.786 0	3.399 6	4.140 6	5.033 8	6.108 8	7.400 2	8.949 2	10.803 8	13.021 1	15.667 6	18.821 5
22	1.244 7	1.546 0	1.916 1	2.369 9	2.925 3	3.603 5	4.430 4	5.436 5	6.658 6	8.140 3	9.933 6	12.100 3	14.713 8	17.861 0	21.644 7
23	1.257 2	1.576 9	1.973 6	2.464 7	3.071 5	3.819 7	4.740 5	5.871 5	7.257 9	8.954 3	11.026 3	13.552 3	16.626 6	20.361 6	24.891 5
24	1.269 7	1.608 4	2.032 8	2.563 3	3.225 1	4.048 9	5.072 4	6.341 2	7.911 1	9.849 7	12.239 2	15.178 6	18.788 1	23.212 2	28.625 2
25	1.282 4	1.640 6	2.093 8	2.665 8	3.386 4	4.291 9	5.427 4	6.848 5	8.623 1	10.834 7	13.585 5	17.000 1	21.230 5	26.461 9	32.919 0
26	1.295 3	1.673 4	2.156 6	2.772 5	3.555 7	4.549 4	5.807 4	7.396 4	9.399 2	11.918 2	15.079 9	19.040 1	23.990 5	30.166 6	37.856 8
27	1.308 2	1.706 9	2.221 3	2.883 4	3.733 5	4.822 3	6.213 9	7.988 1	10.245 1	13.110 0	16.738 7	21.324 9	27.109 3	34.389 9	43.535 3
28	1.321 3	1.741 0	2.287 9	2.998 7	3.920 1	5.111 7	6.648 8	8.627 1	11.167 1	14.421 0	18.579 9	23.883 9	30.633 5	39.204 5	50.065 6
29	1.334 5	1.775 8	2.356 6	3.118 7	4.116 1	5.418 4	7.114 3	9.317 3	12.172 2	15.863 1	20.623 7	26.749 9	34.615 8	44.693 1	57.575 5
30	1.347 8	1.811 4	2.427 3	3.243 4	4.321 9	5.743 5	7.612 3	10.062 7	13.267 7	17.449 4	22.892 3	29.959 9	39.115 9	50.950 2	66.211 8

续　表

期数	16%	17%	18%	19%	20%	21%	22%	23%	24%	25%	26%	27%	28%	29%	30%
1	1.160 0	1.170 0	1.180 0	1.190 0	1.200 0	1.210 0	1.220 0	1.230 0	1.240 0	1.250 0	1.260 0	1.270 0	1.280 0	1.290 0	1.300 0
2	1.345 6	1.368 9	1.392 4	1.416 1	1.440 0	1.464 1	1.488 4	1.512 9	1.537 6	1.562 5	1.587 6	1.612 9	1.638 4	1.664 1	1.690 0
3	1.560 9	1.601 6	1.643 0	1.685 2	1.728 0	1.771 6	1.815 8	1.860 9	1.906 6	1.953 1	2.000 4	2.048 4	2.097 2	2.146 7	2.197 0
4	1.810 6	1.873 9	1.938 8	2.005 3	2.073 6	2.143 6	2.215 3	2.288 9	2.364 2	2.441 4	2.520 5	2.601 4	2.684 4	2.769 2	2.856 1
5	2.100 3	2.192 4	2.287 8	2.386 4	2.488 3	2.593 7	2.702 7	2.815 3	2.931 6	3.051 8	3.175 8	3.303 8	3.436 0	3.572 3	3.712 9
6	2.436 4	2.565 2	2.699 6	2.839 8	2.986 0	3.138 4	3.297 3	3.462 8	3.635 2	3.814 7	4.001 5	4.195 9	4.398 0	4.608 3	4.826 8
7	2.826 2	3.001 2	3.185 5	3.379 3	3.583 2	3.797 5	4.022 7	4.259 3	4.507 7	4.768 4	5.041 9	5.328 8	5.629 5	5.944 7	6.274 9
8	3.278 4	3.511 5	3.758 9	4.021 4	4.299 8	4.595 0	4.907 7	5.238 9	5.589 5	5.960 5	6.352 8	6.767 5	7.205 8	7.668 6	8.157 3
9	3.803 0	4.108 4	4.435 5	4.785 4	5.159 8	5.559 9	5.987 4	6.443 9	6.931 0	7.450 6	8.004 5	8.594 8	9.223 4	9.892 5	10.604 5
10	4.411 4	4.806 8	5.233 8	5.694 7	6.191 7	6.727 5	7.304 6	7.925 9	8.594 4	9.313 2	10.085 7	10.915 3	11.805 9	12.761 4	13.785 8
11	5.117 3	5.624 0	6.175 9	6.776 7	7.430 1	8.140 3	8.911 7	9.748 9	10.657 1	11.641 5	12.708 0	13.862 5	15.111 6	16.462 2	17.921 6
12	5.936 0	6.580 1	7.287 6	8.064 2	8.916 1	9.849 7	10.872 2	11.991 2	13.214 8	14.551 9	16.012 0	17.605 3	19.342 8	21.236 2	23.298 1
13	6.885 8	7.698 7	8.599 4	9.596 4	10.699 3	11.918 2	13.264 1	14.749 1	16.386 3	18.189 9	20.175 2	22.358 8	24.758 8	27.394 7	30.287 5
14	7.987 5	9.007 5	10.147 2	11.419 8	12.839 2	14.421 0	16.182 2	18.141 4	20.319 1	22.737 4	25.420 7	28.395 7	31.691 3	35.339 1	39.373 8
15	9.265 5	10.538 7	11.973 7	13.589 5	15.407 0	17.449 4	19.742 3	22.314 0	25.195 6	28.421 7	32.030 1	36.062 5	40.564 8	45.587 5	51.185 9

续 表

期数	16%	17%	18%	19%	20%	21%	22%	23%	24%	25%	26%	27%	28%	29%	30%
16	10.748 0	12.330 3	14.129 0	16.171 5	18.488 4	21.113 8	24.085 6	27.446 2	31.242 6	35.527 1	40.357 9	45.799 4	51.923 0	58.807 9	66.541 7
17	12.467 7	14.426 5	16.672 2	19.244 1	22.186 1	25.547 7	29.384 8	33.758 8	38.740 8	44.408 9	50.851 0	58.165 2	66.461 4	75.862 1	86.504 2
18	14.462 5	16.879 0	19.673 3	22.900 5	26.623 3	30.912 7	35.849 0	41.523 3	48.038 6	55.511 2	64.072 2	73.869 8	85.070 6	97.862 2	112.455 4
19	16.776 5	19.748 4	23.214 4	27.251 6	31.948 0	37.404 3	43.735 8	51.073 7	59.567 9	69.388 9	80.731 0	93.814 7	108.890 4	126.242 2	146.192 0
20	19.460 8	23.105 6	27.393 0	32.429 4	38.337 6	45.259 3	53.357 6	62.820 6	73.864 1	86.736 2	101.721 1	119.144 6	139.379 7	162.852 4	190.049 6
21	22.574 5	27.033 6	32.323 8	38.591 0	46.005 1	54.763 7	65.096 3	77.269 4	91.591 5	108.420 2	128.168 5	151.313 7	178.406 0	210.079 6	247.064 5
22	26.186 4	31.629 3	38.142 1	45.923 3	55.206 1	66.264 1	79.417 5	95.041 3	113.573 5	135.525 3	161.492 4	192.168 3	228.359 6	271.002 7	321.183 9
23	30.376 2	37.006 2	45.007 6	54.648 7	66.247 4	80.179 5	96.889 4	116.900 8	140.831 2	169.406 6	203.480 4	244.053 0	292.300 3	349.593 5	417.539 1
24	35.236 4	43.297 3	53.109 0	65.032 0	79.496 8	97.017 2	118.205 0	143.788 0	174.630 6	211.758 2	256.385 3	309.948 3	374.144 4	450.975 6	542.800 8
25	40.874 2	50.657 8	62.668 6	77.388 1	95.396 2	117.390 9	144.210 1	176.859 3	216.542 0	264.697 8	323.045 4	393.634 0	478.904 9	581.758 5	705.641 0
26	47.414 1	59.269 7	73.949 0	92.091 8	114.475 5	142.042 9	175.936 4	217.536 9	268.512 1	330.872 2	407.037 0	499.915 7	612.998 2	750.468 5	917.333 3
27	55.000 4	69.345 5	87.259 8	109.589 1	137.370 6	171.871 9	214.642 4	267.570 4	332.955 0	413.590 3	512.867 0	634.892 9	784.637 7	968.104 4	1 192.533 3
28	63.800 4	81.134 2	102.966 6	130.411 2	164.844 7	207.965 1	261.863 7	329.111 5	412.864 2	516.987 9	646.212 4	806.314 0	1 004.336 3	1 248.854 6	1 550.293 3
29	74.008 5	94.927 1	121.500 5	155.189 3	197.813 6	251.637 7	319.473 7	404.807 2	511.951 6	646.234 9	814.227 7	1 024.018 7	1 285.550 4	1 611.022 5	2 015.381 3
30	85.849 9	111.064 7	143.370 6	184.675 3	237.376 3	304.481 6	389.757 9	497.912 9	634.819 9	807.793 6	1 025.926 7	1 300.503 8	1 645.504 6	2 078.219 0	2 619.995 6

附录二 复利现值系数表

计算公式：$f = (1+i)^{-n}$

期数	1%	2%	3%	4%	5%	6%	7%	8%	9%	10%	11%	12%	13%	14%	15%
1	0.990 1	0.980 4	0.970 9	0.961 5	0.952 4	0.943 4	0.934 6	0.925 9	0.917 4	0.909 1	0.900 9	0.892 9	0.885 0	0.877 2	0.869 6
2	0.980 3	0.961 2	0.942 6	0.924 6	0.907 0	0.890 0	0.873 4	0.857 3	0.841 7	0.826 4	0.811 6	0.797 2	0.783 1	0.769 5	0.756 1
3	0.970 6	0.942 3	0.915 1	0.889 0	0.863 8	0.839 6	0.816 3	0.793 8	0.772 2	0.751 3	0.731 2	0.711 8	0.693 1	0.675 0	0.657 5
4	0.961 0	0.923 8	0.888 5	0.854 8	0.822 7	0.792 1	0.762 9	0.735 0	0.708 4	0.683 0	0.658 7	0.635 5	0.613 3	0.592 1	0.571 8
5	0.951 5	0.905 7	0.862 6	0.821 9	0.783 5	0.747 3	0.713 0	0.680 6	0.649 9	0.620 9	0.593 5	0.567 4	0.542 8	0.519 4	0.497 2
6	0.942 0	0.888 0	0.837 5	0.790 3	0.746 2	0.705 0	0.666 3	0.630 2	0.596 3	0.564 5	0.534 6	0.506 6	0.480 3	0.455 6	0.432 3
7	0.932 7	0.870 6	0.813 1	0.759 9	0.710 7	0.665 1	0.622 7	0.583 5	0.547 0	0.513 2	0.481 7	0.452 3	0.425 1	0.399 6	0.375 9
8	0.923 5	0.853 5	0.789 4	0.730 7	0.676 8	0.627 4	0.582 0	0.540 3	0.501 9	0.466 5	0.433 9	0.403 9	0.376 2	0.350 6	0.326 9
9	0.914 3	0.836 8	0.766 4	0.702 6	0.644 6	0.591 9	0.543 9	0.500 2	0.460 4	0.424 1	0.390 9	0.360 6	0.332 9	0.307 5	0.284 3
10	0.905 3	0.820 3	0.744 1	0.675 6	0.613 9	0.558 4	0.508 3	0.463 2	0.422 4	0.385 5	0.352 2	0.322 0	0.294 6	0.269 7	0.247 2
11	0.896 3	0.804 3	0.722 4	0.649 6	0.584 7	0.526 8	0.475 1	0.428 9	0.387 5	0.350 5	0.317 3	0.287 5	0.260 7	0.236 6	0.214 9
12	0.887 4	0.788 5	0.701 4	0.624 6	0.556 8	0.497 0	0.444 0	0.397 1	0.355 5	0.318 6	0.285 8	0.256 7	0.230 7	0.207 6	0.186 9
13	0.878 7	0.773 0	0.681 0	0.600 6	0.530 3	0.468 8	0.415 0	0.367 7	0.326 2	0.289 7	0.257 5	0.229 2	0.204 2	0.182 1	0.162 5
14	0.870 0	0.757 9	0.661 1	0.577 5	0.505 1	0.442 3	0.387 8	0.340 5	0.299 2	0.263 3	0.232 0	0.204 6	0.180 7	0.159 7	0.141 3
15	0.861 3	0.743 0	0.641 9	0.555 3	0.481 0	0.417 3	0.362 4	0.315 2	0.274 5	0.239 4	0.209 0	0.182 7	0.159 9	0.140 1	0.122 9

续　表

期数	1%	2%	3%	4%	5%	6%	7%	8%	9%	10%	11%	12%	13%	14%	15%
16	0.852 8	0.728 4	0.623 2	0.533 9	0.458 1	0.393 6	0.338 7	0.291 9	0.251 9	0.217 6	0.188 3	0.163 1	0.141 5	0.122 9	0.106 9
17	0.844 4	0.714 2	0.605 0	0.513 4	0.436 3	0.371 4	0.316 6	0.270 3	0.231 1	0.197 8	0.169 6	0.145 6	0.125 2	0.107 8	0.092 9
18	0.836 0	0.700 2	0.587 4	0.493 6	0.415 5	0.350 3	0.295 9	0.250 2	0.212 0	0.179 9	0.152 8	0.130 0	0.110 8	0.094 6	0.080 8
19	0.827 7	0.686 4	0.570 3	0.474 6	0.395 7	0.330 5	0.276 5	0.231 7	0.194 5	0.163 5	0.137 7	0.116 1	0.098 1	0.082 9	0.070 3
20	0.819 5	0.673 0	0.553 7	0.456 4	0.376 9	0.311 8	0.258 4	0.214 5	0.178 4	0.148 6	0.124 0	0.103 7	0.086 8	0.072 8	0.061 1
21	0.811 4	0.659 8	0.537 5	0.438 8	0.358 9	0.294 2	0.241 5	0.198 7	0.163 7	0.135 1	0.111 7	0.092 6	0.076 8	0.063 8	0.053 1
22	0.803 4	0.646 8	0.521 9	0.422 0	0.341 8	0.277 5	0.225 7	0.183 9	0.150 2	0.122 8	0.100 7	0.082 6	0.068 0	0.056 0	0.046 2
23	0.795 4	0.634 2	0.506 7	0.405 7	0.325 6	0.261 8	0.210 9	0.170 3	0.137 8	0.111 7	0.090 7	0.073 8	0.060 1	0.049 1	0.040 2
24	0.787 6	0.621 7	0.491 9	0.390 1	0.310 1	0.247 0	0.197 1	0.157 7	0.126 4	0.101 5	0.081 7	0.065 9	0.053 2	0.043 1	0.034 9
25	0.779 8	0.609 5	0.477 6	0.375 1	0.295 3	0.233 0	0.184 2	0.146 0	0.116 0	0.092 3	0.073 6	0.058 8	0.047 1	0.037 8	0.030 4
26	0.772 0	0.597 6	0.463 7	0.360 7	0.281 2	0.219 8	0.172 2	0.135 2	0.106 4	0.083 9	0.066 3	0.052 5	0.041 7	0.033 1	0.026 4
27	0.764 4	0.585 9	0.450 2	0.346 8	0.267 8	0.207 4	0.160 9	0.125 2	0.097 6	0.076 3	0.059 7	0.046 9	0.036 9	0.029 1	0.023 0
28	0.756 8	0.574 4	0.437 1	0.333 5	0.255 1	0.195 6	0.150 4	0.115 9	0.089 5	0.069 3	0.053 8	0.041 9	0.032 6	0.025 5	0.020 0
29	0.749 3	0.563 1	0.424 3	0.320 7	0.242 9	0.184 6	0.140 6	0.107 3	0.082 2	0.063 0	0.048 5	0.037 4	0.028 9	0.022 4	0.017 4
30	0.741 9	0.552 1	0.412 0	0.308 3	0.231 4	0.174 1	0.131 4	0.099 4	0.075 4	0.057 3	0.043 7	0.033 4	0.025 6	0.019 6	0.015 1

续　表

期数	16%	17%	18%	19%	20%	21%	22%	23%	24%	25%	26%	27%	28%	29%	30%
1	0.862 1	0.854 7	0.847 5	0.840 3	0.833 3	0.826 4	0.819 7	0.813 0	0.806 5	0.800 0	0.793 7	0.787 4	0.781 3	0.775 2	0.769 2
2	0.743 2	0.730 5	0.718 2	0.706 2	0.694 4	0.683 0	0.671 9	0.661 0	0.650 4	0.640 0	0.629 9	0.620 0	0.610 4	0.600 9	0.591 7
3	0.640 7	0.624 4	0.608 6	0.593 4	0.578 7	0.564 5	0.550 7	0.537 4	0.524 5	0.512 0	0.499 9	0.488 2	0.476 8	0.465 8	0.455 2
4	0.552 3	0.533 7	0.515 8	0.498 7	0.482 3	0.466 5	0.451 4	0.436 9	0.423 0	0.409 6	0.396 8	0.384 4	0.372 5	0.361 1	0.350 1
5	0.476 1	0.456 1	0.437 1	0.419 0	0.401 9	0.385 5	0.370 0	0.355 2	0.341 1	0.327 7	0.314 9	0.302 7	0.291 0	0.279 9	0.269 3
6	0.410 4	0.389 8	0.370 4	0.352 1	0.334 9	0.318 6	0.303 3	0.288 8	0.275 1	0.262 1	0.249 9	0.238 3	0.227 4	0.217 0	0.207 2
7	0.353 8	0.333 2	0.313 9	0.295 9	0.279 1	0.263 3	0.248 6	0.234 8	0.221 8	0.209 7	0.198 3	0.187 7	0.177 6	0.168 2	0.159 4
8	0.305 0	0.284 8	0.266 0	0.248 7	0.232 6	0.217 6	0.203 8	0.190 9	0.178 9	0.167 8	0.157 4	0.147 8	0.138 8	0.130 4	0.122 6
9	0.263 0	0.243 4	0.225 5	0.209 0	0.193 8	0.179 9	0.167 0	0.155 2	0.144 3	0.134 2	0.124 9	0.116 4	0.108 4	0.101 1	0.094 3
10	0.226 7	0.208 0	0.191 1	0.175 6	0.161 5	0.148 6	0.136 9	0.126 2	0.116 4	0.107 4	0.099 2	0.091 6	0.084 7	0.078 4	0.072 5
11	0.195 4	0.177 8	0.161 9	0.147 6	0.134 6	0.122 8	0.112 2	0.102 6	0.093 8	0.085 9	0.078 7	0.072 1	0.066 2	0.060 7	0.055 8
12	0.168 5	0.152 0	0.137 2	0.124 0	0.112 2	0.101 5	0.092 0	0.083 4	0.075 7	0.068 7	0.062 5	0.056 8	0.051 7	0.047 1	0.042 9
13	0.145 2	0.129 9	0.116 3	0.104 2	0.093 5	0.083 9	0.075 4	0.067 8	0.061 0	0.055 0	0.049 6	0.044 7	0.040 4	0.036 5	0.033 0
14	0.125 2	0.111 0	0.098 5	0.087 6	0.077 9	0.069 3	0.061 8	0.055 1	0.049 2	0.044 0	0.039 3	0.035 2	0.031 6	0.028 3	0.025 4
15	0.107 9	0.094 9	0.083 5	0.073 6	0.064 9	0.057 3	0.050 7	0.044 8	0.039 7	0.035 2	0.031 2	0.027 7	0.024 7	0.021 9	0.019 5

续　表

期数	16%	17%	18%	19%	20%	21%	22%	23%	24%	25%	26%	27%	28%	29%	30%
16	0.093 0	0.081 1	0.070 8	0.061 8	0.054 1	0.047 4	0.041 5	0.036 4	0.032 0	0.028 1	0.024 8	0.021 8	0.019 3	0.017 0	0.015 0
17	0.080 2	0.069 3	0.060 0	0.052 0	0.045 1	0.039 1	0.034 0	0.029 6	0.025 8	0.022 5	0.019 7	0.017 2	0.015 0	0.013 2	0.011 6
18	0.069 1	0.059 2	0.050 8	0.043 7	0.037 6	0.032 3	0.027 9	0.024 1	0.020 8	0.018 0	0.015 6	0.013 5	0.011 8	0.010 2	0.008 9
19	0.059 6	0.050 6	0.043 1	0.036 7	0.031 3	0.026 7	0.022 9	0.019 6	0.016 8	0.014 4	0.012 4	0.010 7	0.009 2	0.007 9	0.006 8
20	0.051 4	0.043 3	0.036 5	0.030 8	0.026 1	0.022 1	0.018 7	0.015 9	0.013 5	0.011 5	0.009 8	0.008 4	0.007 2	0.006 1	0.005 3
21	0.044 3	0.037 0	0.030 9	0.025 9	0.021 7	0.018 3	0.015 4	0.012 9	0.010 9	0.009 2	0.007 8	0.006 6	0.005 6	0.004 8	0.004 0
22	0.038 2	0.031 6	0.026 2	0.021 8	0.018 1	0.015 1	0.012 6	0.010 5	0.008 8	0.007 4	0.006 2	0.005 2	0.004 4	0.003 7	0.003 1
23	0.032 9	0.027 0	0.022 2	0.018 3	0.015 1	0.012 5	0.010 3	0.008 6	0.007 1	0.005 9	0.004 9	0.004 1	0.003 4	0.002 9	0.002 4
24	0.028 4	0.023 1	0.018 8	0.015 4	0.012 6	0.010 3	0.008 5	0.007 0	0.005 7	0.004 7	0.003 9	0.003 2	0.002 7	0.002 2	0.001 8
25	0.024 5	0.019 7	0.016 0	0.012 9	0.010 5	0.008 5	0.006 9	0.005 7	0.004 6	0.003 8	0.003 1	0.002 5	0.002 1	0.001 7	0.001 4
26	0.021 1	0.016 9	0.013 5	0.010 9	0.008 7	0.007 0	0.005 7	0.004 6	0.003 7	0.003 0	0.002 5	0.002 0	0.001 6	0.001 3	0.001 1
27	0.018 2	0.014 4	0.011 5	0.009 1	0.007 3	0.005 8	0.004 7	0.003 7	0.003 0	0.002 4	0.001 9	0.001 6	0.001 3	0.001 0	0.000 8
28	0.015 7	0.012 3	0.009 7	0.007 7	0.006 1	0.004 8	0.003 8	0.003 0	0.002 4	0.001 9	0.001 5	0.001 2	0.001 0	0.000 8	0.000 6
29	0.013 5	0.010 5	0.008 2	0.006 4	0.005 1	0.004 0	0.003 1	0.002 5	0.002 0	0.001 5	0.001 2	0.001 0	0.000 8	0.000 6	0.000 5
30	0.011 6	0.009 0	0.007 0	0.005 4	0.004 2	0.003 3	0.002 6	0.002 0	0.001 6	0.001 2	0.001 0	0.000 8	0.000 6	0.000 5	0.000 4

附录三 年金终值系数表

计算公式：$f = [(1+i)^n - 1]/i$

期数	1%	2%	3%	4%	5%	6%	7%	8%	9%	10%
1	1.000 0	1.000 0	1.000 0	1.000 0	1.000 0	1.000 0	1.000 0	1.000 0	1.000 0	1.000 0
2	2.010 0	2.020 0	2.030 0	2.040 0	2.050 0	2.060 0	2.070 0	2.080 0	2.090 0	2.100 0
3	3.030 1	3.060 4	3.090 9	3.121 6	3.152 5	3.183 6	3.214 9	3.246 4	3.278 1	3.310 0
4	4.060 4	4.121 6	4.183 6	4.246 5	4.310 1	4.374 6	4.439 9	4.506 1	4.573 1	4.641 0
5	5.101 0	5.204 0	5.309 1	5.416 3	5.525 6	5.637 1	5.750 7	5.866 6	5.984 7	6.105 1
6	6.152 0	6.308 1	6.468 4	6.633 0	6.801 9	6.975 3	7.153 3	7.335 9	7.523 3	7.715 6
7	7.213 5	7.434 3	7.662 5	7.898 3	8.142 0	8.393 8	8.654 0	8.922 8	9.200 4	9.487 2
8	8.285 7	8.583 0	8.892 3	9.214 2	9.549 1	9.897 5	10.259 8	10.636 6	11.028 5	11.435 9
9	9.368 5	9.754 6	10.159 1	10.582 8	11.026 6	11.491 3	11.978 0	12.487 6	13.021 0	13.579 5
10	10.462 2	10.949 7	11.463 9	12.006 1	12.577 9	13.180 8	13.816 4	14.486 6	15.192 9	15.937 4
11	11.566 8	12.168 7	12.807 8	13.486 4	14.206 8	14.971 6	15.783 6	16.645 5	17.560 3	18.531 2
12	12.682 5	13.412 1	14.192 0	15.025 8	15.917 1	16.869 9	17.888 5	18.977 1	20.140 7	21.384 3
13	13.809 3	14.680 3	15.617 8	16.626 8	17.713 0	18.882 1	20.140 6	21.495 3	22.953 4	24.522 7
14	14.947 4	15.973 9	17.086 3	18.291 9	19.598 6	21.015 1	22.550 5	24.214 9	26.019 2	27.975 0
15	16.096 9	17.293 4	18.598 9	20.023 6	21.578 6	23.276 0	25.129 0	27.152 1	29.360 9	31.772 5

续　表

期数	1%	2%	3%	4%	5%	6%	7%	8%	9%	10%
16	17.257 9	18.639 3	20.156 9	21.824 5	23.657 5	25.672 5	27.888 1	30.324 3	33.003 4	35.949 7
17	18.430 4	20.012 1	21.761 6	23.697 5	25.840 4	28.212 9	30.840 2	33.750 2	36.973 7	40.544 7
18	19.614 7	21.412 3	23.414 4	25.645 4	28.132 4	30.905 7	33.999 0	37.450 2	41.301 3	45.599 2
19	20.810 9	22.840 6	25.116 9	27.671 2	30.539 0	33.760 0	37.379 0	41.446 3	46.018 5	51.159 1
20	22.019 0	24.297 4	26.870 4	29.778 1	33.066 0	36.785 6	40.995 5	45.762 0	51.160 1	57.275 0
21	23.239 2	25.783 3	28.676 5	31.969 2	35.719 3	39.992 7	44.865 2	50.422 9	56.764 5	64.002 5
22	24.471 6	27.299 0	30.536 8	34.248 0	38.505 2	43.392 3	49.005 7	55.456 8	62.873 3	71.402 7
23	25.716 3	28.845 0	32.452 9	36.617 9	41.430 5	46.995 8	53.436 1	60.893 3	69.531 9	79.543 0
24	26.973 5	30.421 9	34.426 5	39.082 6	44.502 0	50.815 6	58.176 7	66.764 8	76.789 8	88.497 3
25	28.243 2	32.030 3	36.459 3	41.645 9	47.727 1	54.864 5	63.249 0	73.105 9	84.700 9	98.347 1
26	29.525 6	33.670 9	38.553 0	44.311 7	51.113 5	59.156 4	68.676 5	79.954 4	93.324 0	109.181 8
27	30.820 9	35.344 3	40.709 6	47.084 2	54.669 1	63.705 8	74.483 8	87.350 8	102.723 1	121.099 9
28	32.129 1	37.051 2	42.930 9	49.967 6	58.402 6	68.528 1	80.697 7	95.338 8	112.968 2	134.209 9
29	33.450 4	38.792 2	45.218 9	52.966 3	62.322 7	73.639 8	87.346 5	103.965 9	124.135 4	148.630 9
30	34.784 9	40.568 1	47.575 4	56.084 9	66.438 8	79.058 2	94.460 8	113.283 2	136.307 5	164.494 0

续　表

期数	16%	17%	18%	19%	20%	21%	22%	23%	24%	25%	26%	27%	28%	29%	30%
1	1.000 0	1.000 0	1.000 0	1.000 0	1.000 0	1.000 0	1.000 0	1.000 0	1.000 0	1.000 0	1.000 0	1.000 0	1.000 0	1.000 0	1.000 0
2	2.160 0	2.170 0	2.180 0	2.190 0	2.200 0	2.210 0	2.220 0	2.230 0	2.240 0	2.250 0	2.260 0	2.270 0	2.280 0	2.290 0	2.300 0
3	3.505 6	3.538 9	3.572 4	3.606 1	3.640 0	3.674 1	3.708 4	3.742 9	3.777 6	3.812 5	3.847 6	3.882 9	3.918 4	3.954 1	3.990 0
4	5.066 5	5.140 5	5.215 4	5.291 3	5.368 0	5.445 7	5.524 2	5.603 8	5.684 2	5.765 6	5.848 0	5.931 3	6.015 6	6.100 8	6.187 0
5	6.877 1	7.014 4	7.154 2	7.296 6	7.441 6	7.589 2	7.739 6	7.892 6	8.048 4	8.207 0	8.368 4	8.532 7	8.699 9	8.870 0	9.043 1
6	8.977 5	9.206 8	9.442 0	9.683 0	9.929 9	10.183 0	10.442 3	10.707 9	10.980 1	11.258 8	11.544 2	11.836 6	12.135 9	12.442 3	12.756 0
7	11.413 9	11.772 0	12.141 5	12.522 7	12.915 9	13.321 4	13.739 6	14.170 8	14.615 3	15.073 5	15.545 8	16.032 4	16.533 9	17.050 6	17.582 8
8	14.240 1	14.773 3	15.327 0	15.902 0	16.499 1	17.118 9	17.762 3	18.430 0	19.122 9	19.841 9	20.587 6	21.361 2	22.163 4	22.995 3	23.857 7
9	17.518 5	18.284 7	19.085 9	19.923 4	20.798 9	21.713 9	22.670 0	23.669 0	24.712 5	25.802 3	26.940 4	28.128 7	29.369 2	30.663 9	32.015 0
10	21.321 5	22.393 1	23.521 3	24.708 9	25.958 8	27.273 8	28.657 9	30.112 8	31.643 4	33.252 9	34.944 9	36.723 5	38.592 6	40.556 4	42.619 5
11	25.732 9	27.199 9	28.755 1	30.403 5	32.150 4	34.001 3	35.962 0	38.038 8	40.237 9	42.566 1	45.030 6	47.638 8	50.398 5	53.317 8	56.405 3
12	30.850 2	32.823 9	34.931 1	37.180 2	39.580 5	42.141 6	44.873 7	47.787 7	50.895 0	54.207 7	57.738 6	61.501 3	65.510 0	69.780 0	74.327 0
13	36.786 2	39.404 0	42.218 7	45.244 5	48.496 6	51.991 3	55.745 9	59.778 8	64.109 7	68.759 6	73.750 6	79.106 6	84.852 9	91.016 1	97.625 0
14	43.672 0	47.102 7	50.818 0	54.840 9	59.195 9	63.909 5	69.010 0	74.528 0	80.496 1	86.949 5	93.925 8	101.465 4	109.611 7	118.410 8	127.912 5
15	51.659 5	56.110 1	60.965 3	66.260 7	72.035 1	78.330 5	85.192 2	92.669 4	100.815 1	109.686 8	119.346 5	129.861 1	141.302 9	153.750 0	167.286 3

续　表

期数	16%	17%	18%	19%	20%	21%	22%	23%	24%	25%	26%	27%	28%	29%	30%
16	60.925 0	66.648 8	72.939 0	79.850 2	87.442 1	95.779 9	104.934 5	114.983 4	126.010 8	138.108 5	151.376 6	165.923 6	181.867 7	199.337 4	218.472 2
17	71.673 0	78.979 2	87.068 0	96.021 8	105.930 6	116.893 7	129.020 1	142.429 5	157.253 4	173.635 7	191.734 5	211.723 0	233.790 7	258.145 3	285.013 9
18	84.14 07	93.405 6	103.740 3	115.265 9	128.116 7	142.441 3	158.404 5	176.188 3	195.994 2	218.044 6	242.585 5	269.888 2	300.252 1	334.007 4	371.518 0
19	98.603 2	110.284 6	123.413 5	138.166 4	154.740 0	173.354 0	194.253 5	217.711 6	244.032 8	273.555 8	306.657 7	343.758 0	385.322 7	431.869 6	483.973 4
20	115.379 7	130.032 9	146.628 0	165.418 0	186.688 0	210.758 4	237.989 3	268.785 3	303.600 6	342.944 7	387.388 7	437.572 6	494.213 1	558.111 8	630.165 5
21	134.840 5	153.138 5	174.021 0	197.847 4	225.025 6	256.017 6	291.346 9	331.605 9	377.464 8	429.680 9	489.109 8	556.717 3	633.592 7	720.964 2	820.215 1
22	157.415 0	180.172 1	206.344 8	236.438 5	271.030 7	310.781 3	356.443 2	408.875 3	469.056 3	538.101 1	617.278 3	708.030 9	811.998 7	931.043 8	1 067.279 6
23	183.601 4	211.801 3	244.486 8	282.361 8	326.236 9	377.045 4	435.860 7	503.916 6	582.629 8	673.626 4	778.770 7	900.199 3	1 040.358 3	1 202.046 5	1 388.463 5
24	213.977 6	248.807 6	289.494 5	337.010 5	392.484 2	457.224 9	532.750 1	620.817 4	723.461 0	843.032 9	982.251 1	1 144.253 1	1 332.658 6	1 551.640 0	1 806.002 6
25	249.214 0	292.104 9	342.603 5	402.042 5	471.981 1	554.242 2	650.955 1	764.605 4	898.091 6	1 054.791 2	1 238.636 3	1 454.201 4	1 706.803 1	2 002.615 6	2 348.803 3
26	290.088 3	342.762 7	405.272 1	479.430 6	567.377 3	671.633 0	795.165 3	941.464 7	1 114.633 6	1 319.489 0	1 561.681 8	1 847.835 8	2 185.707 9	2 584.374 1	3 054.444 3
27	337.502 4	402.032 3	479.221 1	571.522 4	681.852 6	813.675 9	971.101 6	1 159.001 6	1 383.145 7	1 650.361 2	1 968.719 1	2 347.751 5	2 798.706 1	3 334.842 6	3 971.777 6
28	392.502 8	471.377 8	566.480 9	681.111 6	819.223 3	985.547 9	1 185.744 0	1 426.571 9	1 716.100 7	2 063.951 5	2 481.586 0	2 982.644 4	3 583.343 8	4 302.947 0	5 164.310 9
29	456.303 2	552.512 1	669.447 5	811.522 8	984.068 0	1 193.512 9	1 447.607 7	1 755.683 5	2 128.964 8	2 580.939 4	3 127.798 4	3 788.958 3	4 587.680 5	5 551.801 6	6 714.604 2
30	530.311 7	647.439 1	790.948 0	966.712 2	1 181.881 6	1 445.150 7	1 767.081 3	2 160.490 7	2 640.916 4	3 227.174 3	3 942.026 0	4 812.977 1	5 873.230 6	7 162.824 1	8 729.985 5

附录四 年金现值系数表

计算公式：$f = [1 - (1+i)^{-n}] / i$

期数	1%	2%	3%	4%	5%	6%	7%	8%	9%	10%	11%	12%	13%	14%	15%
1	0.990 1	0.980 4	0.970 9	0.961 5	0.952 4	0.943 4	0.934 6	0.925 9	0.917 4	0.909 1	0.900 9	0.892 9	0.885 0	0.877 2	0.869 6
2	1.970 4	1.941 6	1.913 5	1.886 1	1.859 4	1.833 4	1.808 0	1.783 3	1.759 1	1.735 5	1.712 5	1.690 1	1.668 1	1.646 7	1.625 7
3	2.941 0	2.883 9	2.828 6	2.775 1	2.723 2	2.673 0	2.624 3	2.577 1	2.531 3	2.486 9	2.443 7	2.401 8	2.361 2	2.321 6	2.283 2
4	3.902 0	3.807 7	3.717 1	3.629 9	3.546 0	3.465 1	3.387 2	3.312 1	3.239 7	3.169 9	3.102 4	3.037 3	2.974 5	2.913 7	2.855 0
5	4.853 4	4.713 5	4.579 7	4.451 8	4.329 5	4.212 4	4.100 2	3.992 7	3.889 7	3.790 8	3.695 9	3.604 8	3.517 2	3.433 1	3.352 2
6	5.795 5	5.601 4	5.417 2	5.242 1	5.075 7	4.917 3	4.766 5	4.622 9	4.485 9	4.355 3	4.230 5	4.111 4	3.997 5	3.888 7	3.784 5
7	6.728 2	6.472 0	6.230 3	6.002 1	5.786 4	5.582 4	5.389 3	5.206 4	5.033 0	4.868 4	4.712 2	4.563 8	4.422 6	4.288 3	4.160 4
8	7.651 7	7.325 5	7.019 7	6.732 7	6.463 2	6.209 8	5.971 3	5.746 6	5.534 8	5.334 9	5.146 1	4.967 6	4.798 8	4.638 9	4.487 3
9	8.566 0	8.162 2	7.786 1	7.435 3	7.107 8	6.801 7	6.515 2	6.246 9	5.995 2	5.759 0	5.537 0	5.328 2	5.131 7	4.946 4	4.771 6
10	9.471 3	8.982 6	8.530 2	8.110 9	7.721 7	7.360 1	7.023 6	6.710 1	6.417 7	6.144 6	5.889 2	5.650 2	5.426 2	5.216 1	5.018 8
11	10.367 6	9.786 8	9.252 6	8.760 5	8.306 4	7.886 9	7.498 7	7.139 0	6.805 2	6.495 1	6.206 5	5.937 7	5.686 9	5.452 7	5.233 7
12	11.255 1	10.575 3	9.954 0	9.385 1	8.863 3	8.383 8	7.942 7	7.536 1	7.160 7	6.813 7	6.492 4	6.194 4	5.917 6	5.660 3	5.420 6
13	12.133 7	11.348 4	10.635 0	9.985 6	9.393 6	8.852 7	8.357 7	7.903 8	7.486 9	7.103 4	6.749 9	6.423 5	6.121 8	5.842 4	5.583 1
14	13.003 7	12.106 2	11.296 1	10.563 1	9.898 6	9.295 0	8.745 5	8.244 2	7.786 2	7.366 7	6.981 9	6.628 2	6.302 5	6.002 1	5.724 5
15	13.865 1	12.849 3	11.937 9	11.118 4	10.379 7	9.712 2	9.107 9	8.559 5	8.060 7	7.606 1	7.190 9	6.810 9	6.462 4	6.142 2	5.847 4

262

续　表

期数	1%	2%	3%	4%	5%	6%	7%	8%	9%	10%	11%	12%	13%	14%	15%
16	14.717 9	13.577 7	12.561 1	11.652 3	10.837 8	10.105 9	9.446 6	8.851 4	8.312 6	7.823 7	7.379 2	6.974 0	6.603 9	6.265 1	5.954 2
17	15.562 3	14.291 9	13.166 1	12.165 7	11.274 1	10.477 3	9.763 2	9.121 6	8.543 6	8.021 6	7.548 8	7.119 6	6.729 1	6.372 9	6.047 2
18	16.398 3	14.992 0	13.753 5	12.659 3	11.689 6	10.827 6	10.059 1	9.371 9	8.755 6	8.201 4	7.701 6	7.249 7	6.839 9	6.467 4	6.128 0
19	17.226 0	15.678 5	14.323 8	13.133 9	12.085 3	11.158 1	10.335 6	9.603 6	8.950 1	8.364 9	7.839 3	7.365 8	6.938 0	6.550 4	6.198 2
20	18.045 6	16.351 4	14.877 5	13.590 3	12.462 2	11.469 9	10.594 0	9.818 1	9.128 5	8.513 6	7.963 3	7.469 4	7.024 8	6.623 1	6.259 3
21	18.857 0	17.011 2	15.415 0	14.029 2	12.821 2	11.764 1	10.835 5	10.016 8	9.292 2	8.648 7	8.075 1	7.562 0	7.101 6	6.687 0	6.312 5
22	19.660 4	17.658 0	15.936 9	14.451 1	13.163 0	12.041 6	11.061 2	10.200 7	9.442 4	8.771 5	8.175 7	7.644 6	7.169 5	6.742 9	6.358 7
23	20.455 8	18.292 2	16.443 6	14.856 8	13.488 6	12.303 4	11.272 2	10.371 1	9.580 2	8.883 2	8.266 4	7.718 4	7.229 7	6.792 1	6.398 8
24	21.243 4	18.913 9	16.935 5	15.247 0	13.798 6	12.550 4	11.469 3	10.528 8	9.706 6	8.984 7	8.348 1	7.784 3	7.282 9	6.835 1	6.433 8
25	22.023 2	19.523 5	17.413 1	15.622 1	14.093 9	12.783 4	11.653 6	10.674 8	9.822 6	9.077 0	8.421 7	7.843 1	7.330 0	6.872 9	6.464 1
26	22.795 2	20.121 0	17.876 8	15.982 8	14.375 2	13.003 2	11.825 8	10.810 0	9.929 0	9.160 9	8.488 1	7.895 7	7.371 7	6.906 1	6.490 6
27	23.559 6	20.706 9	18.327 0	16.329 6	14.643 0	13.210 5	11.986 7	10.935 2	10.026 6	9.237 2	8.547 8	7.942 6	7.408 6	6.935 2	6.513 5
28	24.316 4	21.281 3	18.764 1	16.663 1	14.898 1	13.406 2	12.137 1	11.051 1	10.116 1	9.306 6	8.601 6	7.984 4	7.441 2	6.960 7	6.533 5
29	25.065 8	21.844 4	19.188 5	16.983 7	15.141 1	13.590 7	12.277 7	11.158 4	10.198 3	9.369 6	8.650 1	8.021 8	7.470 1	6.983 0	6.550 9
30	25.807 7	22.396 5	19.600 4	17.292 0	15.372 5	13.764 8	12.409 0	11.257 8	10.273 7	9.426 9	8.693 8	8.055 2	7.495 7	7.002 7	6.566 0

续　表

期数	16%	17%	18%	19%	20%	21%	22%	23%	24%	25%	26%	27%	28%	29%	30%
1	0.862 1	0.854 7	0.847 5	0.840 3	0.833 3	0.826 4	0.819 7	0.813 0	0.806 5	0.800 0	0.793 7	0.787 4	0.781 3	0.775 2	0.769 2
2	1.605 2	1.585 2	1.565 6	1.546 5	1.527 8	1.509 5	1.491 5	1.474 0	1.456 8	1.440 0	1.423 5	1.407 4	1.391 6	1.376 1	1.360 9
3	2.245 9	2.209 6	2.174 3	2.139 9	2.106 5	2.073 9	2.042 2	2.011 4	1.981 3	1.952 0	1.923 4	1.895 6	1.868 4	1.842 0	1.816 1
4	2.798 2	2.743 2	2.690 1	2.638 6	2.588 7	2.540 4	2.493 6	2.448 3	2.404 3	2.361 6	2.320 2	2.280 0	2.241 0	2.203 1	2.166 2
5	3.274 3	3.199 3	3.127 2	3.057 6	2.990 6	2.926 0	2.863 6	2.803 5	2.745 4	2.689 3	2.635 1	2.582 7	2.532 0	2.483 0	2.435 6
6	3.684 7	3.589 2	3.497 6	3.409 8	3.325 5	3.244 6	3.166 9	3.092 3	3.020 5	2.951 4	2.885 0	2.821 0	2.759 4	2.700 0	2.642 7
7	4.038 6	3.922 4	3.811 5	3.705 7	3.604 6	3.507 9	3.415 5	3.327 0	3.242 3	3.161 1	3.083 3	3.008 7	2.937 0	2.868 2	2.802 1
8	4.343 6	4.207 2	4.077 6	3.954 4	3.837 2	3.725 6	3.619 3	3.517 9	3.421 2	3.328 9	3.240 7	3.156 4	3.075 8	2.998 6	2.924 7
9	4.606 5	4.450 6	4.303 0	4.163 3	4.031 0	3.905 4	3.786 3	3.673 1	3.565 5	3.463 1	3.365 7	3.272 8	3.184 2	3.099 7	3.019 0
10	4.833 2	4.658 6	4.494 1	4.338 9	4.192 5	4.054 1	3.923 2	3.799 3	3.681 9	3.570 5	3.464 8	3.364 4	3.268 9	3.178 1	3.091 5
11	5.028 6	4.836 4	4.656 0	4.486 5	4.327 1	4.176 9	4.035 4	3.901 8	3.775 7	3.656 4	3.543 5	3.436 5	3.335 1	3.238 8	3.147 3
12	5.197 1	4.988 4	4.793 2	4.610 5	4.439 2	4.278 4	4.127 4	3.985 2	3.851 4	3.725 1	3.605 9	3.493 3	3.386 8	3.285 9	3.190 3
13	5.342 3	5.118 3	4.909 5	4.714 7	4.532 7	4.362 0	4.202 8	4.053 0	3.912 4	3.780 1	3.655 5	3.538 1	3.427 2	3.322 4	3.223 3
14	5.467 5	5.229 3	5.008 1	4.802 3	4.610 6	4.431 7	4.264 6	4.108 2	3.961 6	3.824 1	3.694 9	3.573 3	3.458 7	3.350 7	3.248 7
15	5.575 5	5.324 2	5.091 6	4.875 9	4.675 5	4.489 0	4.315 2	4.153 0	4.001 3	3.859 3	3.726 1	3.601 0	3.483 4	3.372 6	3.268 2

续 表

期数	16%	17%	18%	19%	20%	21%	22%	23%	24%	25%	26%	27%	28%	29%	30%
16	5.668 5	5.405 3	5.162 4	4.937 7	4.729 6	4.536 4	4.356 7	4.189 4	4.033 3	3.887 4	3.750 9	3.622 8	3.502 6	3.389 6	3.283 2
17	5.748 7	5.474 6	5.222 3	4.989 7	4.774 6	4.575 5	4.390 8	4.219 0	4.059 1	3.909 9	3.770 5	3.640 0	3.517 7	3.402 8	3.294 8
18	5.817 8	5.533 9	5.273 2	5.033 3	4.812 2	4.607 9	4.418 7	4.243 1	4.079 9	3.927 9	3.786 1	3.653 6	3.529 4	3.413 0	3.303 7
19	5.877 5	5.584 5	5.316 2	5.070 0	4.843 5	4.634 6	4.441 5	4.262 7	4.096 7	3.942 4	3.798 5	3.664 2	3.538 6	3.421 0	3.310 5
20	5.928 8	5.627 8	5.352 7	5.100 9	4.869 6	4.656 7	4.460 3	4.278 6	4.110 3	3.953 9	3.808 3	3.672 6	3.545 8	3.427 1	3.315 8
21	5.973 1	5.664 8	5.383 7	5.126 8	4.891 3	4.675 0	4.475 6	4.291 6	4.121 2	3.963 1	3.816 1	3.679 2	3.551 4	3.431 9	3.319 8
22	6.011 3	5.696 4	5.409 9	5.148 6	4.909 4	4.690 0	4.488 2	4.302 1	4.130 0	3.970 5	3.822 3	3.684 4	3.555 8	3.435 6	3.323 0
23	6.044 2	5.723 4	5.432 1	5.166 8	4.924 5	4.702 5	4.498 5	4.310 6	4.137 1	3.976 4	3.827 3	3.688 5	3.559 2	3.438 4	3.325 4
24	6.072 6	5.746 5	5.450 9	5.182 2	4.937 1	4.712 8	4.507 0	4.317 6	4.142 8	3.981 1	3.831 2	3.691 8	3.561 2	3.440 6	3.327 2
25	6.097 1	5.766 2	5.466 9	5.195 1	4.947 6	4.721 3	4.513 9	4.323 2	4.147 6	3.984 9	3.834 2	3.694 3	3.564 0	3.442 3	3.328 6
26	6.118 2	5.783 1	5.480 4	5.206 0	4.956 3	4.728 4	4.519 6	4.327 8	4.151 1	3.987 9	3.836 7	3.696 3	3.565 6	3.443 7	3.329 7
27	6.136 4	5.797 5	5.491 9	5.215 1	4.963 6	4.734 2	4.524 3	4.331 6	4.154 2	3.990 3	3.838 7	3.697 9	3.566 9	3.444 7	3.330 5
28	6.152 0	5.809 9	5.501 6	5.222 8	4.969 7	4.739 0	4.528 1	4.334 6	4.156 6	3.992 3	3.840 2	3.699 1	3.567 9	3.445 5	3.331 2
29	6.165 6	5.820 4	5.509 8	5.229 2	4.974 7	4.743 0	4.531 2	4.337 1	4.158 5	3.993 8	3.841 4	3.700 1	3.568 7	3.446 1	3.331 7
30	6.177 2	5.829 4	5.516 8	5.234 7	4.978 9	4.746 3	4.533 8	4.339 1	4.160 1	3.995 0	3.842 4	3.700 9	3.569 3	3.446 6	3.332 1

参考文献

[1] 曹惠民,徐波,李贻莹.管理会计[M].2版.上海:立信会计出版社,2007.

[2] 杜学森.管理会计实训教程[M].南京:东南大学出版社,2005.

[3] 郭晓梅.管理会计[M].北京:北京师范大学出版社,2007.

[4] 黄正健,龚凯颂.管理会计学[M].广州:广东人民出版社,2002.

[5] 贾成海.管理会计[M].2版.北京:电子工业出版社,2008.

[6] 吕长江.管理会计[M].上海:复旦大学出版社,2009.

[7] 刘爱东.管理会计学[M].长沙:中南大学出版社,2004.

[8] 李天民.现代管理会计学[M].上海:立信会计出版社,1996.

[9] 毛付根.管理会计[M].北京:高等教育出版社,2007.

[10] 潘飞.管理会计[M].2版.上海:上海财经大学出版社,2009.

[11] 秦洪珍.管理会计教程[M].上海:立信会计出版社,2004.

[12] 石人瑾,林宝環,谢荣.管理会计[M].上海:上海三联书店,1994.

[13] 孙茂竹,文光伟,杨万贵.管理会计学[M].2版.北京:中国人民大学出版社,2009.

[14] 孙茂竹,文光伟,杨万贯.管理会计学学习指导书[M].北京:中国人民大学出版社,2010.

[15] 温素彬.管理会计:理论·模型·案例[M].北京:机械工业出版社,2008.

[16] 吴大军,牛彦秀.管理会计[M].大连:东北财经大学出版社,2007.

[17] 吴晶.管理会计最新实务指南[M].北京:中国纺织出版社,2010.

[18] 王文清,甘永生.管理会计[M].北京:清华大学出版社,2007.

[19] 余绪缨.管理会计学[M].北京:中国人民大学出版社,2004.

[20] 余绪缨.管理会计理论·实务·案例·习题[M].北京:首都经济贸易大学出版社,2005.

[21] 余绪缨,王怡心.成本管理会计[M].上海:立信会计出版社,2004.

[22] 杨月梅,于君.管理会计[M].3版.北京:中国财政经济出版社,2007.

[23] 周峰.管理会计[M].北京:中国金融出版社,2007.

[24] 曾松,郑雄伟.国际外包:国际外包全球案例与商业机会[M].北京:经济管理出版社,2008.

[25] 美国管理会计师协会.管理会计公告:第1辑[M].刘霄仑,译.北京:人民

邮电出版社,2012.

[26] 美国管理会计师协会.管理会计公告:第2辑［M］.刘霄仑,译.北京:人民邮电出版社,2013.

[27] 美国管理会计师协会.管理会计公告:第3辑［M］.刘霄仑,译.北京:人民邮电出版社,2013.

[28] 美国管理会计师协会.管理会计公告:第4辑［M］.刘霄仑,译.北京:人民邮电出版社,2013.

[29] 董皓.智能时代财务管理.［M］.北京:电子工业出版社,2018.

[30] 郭晓梅.责任会计［M］.北京:经济科学出版社,2020.

[31] 徐鹏,徐向艺.人工智能时代企业管理变革的逻辑与分析框架［J］.管理世界,2020(1).

[32] 杜尔.这就是OKR［M］.曹仰锋,王永贵,译.北京:中信出版社,2018.

[33] 温素彬.智能管理会计:趋势与体系构建［J］.航空财会,2019(4).

[34] 刘勤,杨寅.智能财务的体系架构、实现路径和应用趋势探讨［J］.管理会计研究,2018(1).

[35] 许金叶.智能管理会计:智能合约的缔结与履行［J］.会计之友,2020(10).

[36] 韩向东,余红燕.智能财务的探索与实践［J］.财务与会计,2018(17).

[37] 何雪锋,薛霞."大智移云"下管理会计驾驶舱的构建与应用［J］.财会月刊,2019(24).

[38] 刘光强,干胜道,姜骞."区块链＋"视阈下智慧管理会计应用逻辑［J］.财会月刊,2020(16).

[39] 苏慧文,李博.自主经营体商业模式创新案例研究［J］.管理案例研究与评论,2013(5).

[40] 李懋劼.智能运用 管理会计的今天与明天［J］.中国管理会计,2020(3).

[41] 中华人民共和国财政部.管理会计应用指引:2019年版［M］.上海:立信会计出版社,2019.